U0578317

基于知识融合的
上市公司财务危机
预警方法研究

李诗轩　著

WUHAN UNIVERSITY PRESS
武汉大学出版社

图书在版编目(CIP)数据

基于知识融合的上市公司财务危机预警方法研究/李诗轩著.—武汉：武汉大学出版社,2023.6
ISBN 978-7-307-23737-7

Ⅰ.基… Ⅱ.李… Ⅲ.股份有限公司—财务管理—风险管理—研究 Ⅳ.F276.6

中国国家版本馆 CIP 数据核字(2023)第 075126 号

责任编辑:林　莉　　　责任校对:鄢春梅　　　版式设计:马　佳

出版发行:**武汉大学出版社**　　(430072　武昌　珞珈山)
　　　　　(电子邮箱:cbs22@whu.edu.cn　网址:www.wdp.com.cn)
印刷:武汉邮科印务有限公司
开本:720×1000　1/16　印张:14.75　字数:238 千字　插页:1
版次:2023 年 6 月第 1 版　　2023 年 6 月第 1 次印刷
ISBN 978-7-307-23737-7　　定价:58.00 元

版权所有,不得翻印;凡购我社的图书,如有质量问题,请与当地图书销售部门联系调换。

前　言

　　上市公司财务危机预警是进行企业风险管理及助力资本市场稳定发展的重要手段之一。将人工智能方法引入该领域，对海量、多源、异构的财务危机预警信息资源，进行获取、组织、转换与分析，是实现基于知识融合的上市公司财务危机预警的关键。本书遵循"财务危机知识组织—财务危机特征融合—财务危机预警实现"的逻辑主线，获取分布在经济金融数据库、上市公司年度报告和财经新闻网站中的财务危机预警结构化与非结构化信息资源，利用机器学习、语义分析、深度学习等方法实现对各类财务危机预警信息的转换、抽取和融合，生成财务危机预警特征集合，最终构建基于融合算法的财务危机预警模型，实现跨年度的上市公司财务危机预警，以期为相关利益主体提供早期财务危机预警信号。本书主要包括以下几个方面的内容：

　　（1）梳理了知识融合的定义、框架及实现路径。先从融合对象和知识处理方式两个维度对与知识融合相关的概念进行辨析，再从基于本体和基于层次的两类知识融合框架出发，梳理知识融合的内涵，最终将知识融合定义为：利用多源知识解决目标问题的过程，具体包含知识获取、知识处理和知识应用；首先利用相应的技术和工具获取分布在不同来源和载体上的知识，再对知识进行抽取、匹配及转换，挖掘隐性知识及知识单元间的关联，进而实现知识单元的分析及合并，最终实现目标问题的求解。此外，明确了知识融合的实现路径，本书主要是利用融合算法实现知识融合。

　　（2）构建了基于知识融合的上市公司财务危机预警模型。首先梳理了上市公司财务危机预警信息的来源，然后结合 DIKW 价值链视角下的知识融合流程明确了本书在知识融合过程中的三个目标，包括多源上市公司财务危机预警信息资源采集与知识组织问题、上市公司财务危机预警知识的特征建模问题、上市公司财

1

务危机预警的实现问题。再将 DIKW 价值链与三层知识融合框架进行匹配，发现能够利用三层知识融合框架实现本书的三个知识融合目标。最终构建了包含数据层知识融合、处理层知识融合和应用层知识融合的上市公司财务危机预警模型。

（3）实现了基于数据层知识融合的上市公司财务危机预警信息获取与知识组织。在信息获取方面，首先明确了财务危机和财务健康样本企业的选择依据，然后进行财务危机预警结构化和非结构化信息获取。在知识组织方面，首先对上市公司财务危机预警结构化和非结构化信息进行了特征分析，明确各类信息的处理方式，其中主要利用情感标引和可读性标引两种方法对非结构化的财务危机预警信息进行处理。着重介绍了基于深度学习的领域情感词典构建方法，提出了结合多头注意力机制的全连接神经网络（MA-DNN）分类模型，该模型在上市公司年度报告情感词汇分类中取得 90.12% 的准确率，在上市公司网络财经新闻情感词汇分类中取得 88.70% 的准确率，进而利用已创建的词典实现情感标引；随后介绍了面向上市公司年度报告的可读性标引方法，将基于深度学习和统计学的可读性标引方法应用于上市公司年度报告的可读性标引任务中；最终得到基于情感标引和可读性标引的上市公司财务危机预警知识。

（4）实现了基于处理层知识融合的上市公司财务危机预警特征建模。首先利用 SMOTE-Tomek 对已获取的上市公司财务危机预警非平衡样本进行了处理，以减少非平衡样本集对后续模型的影响。然后对现有的特征降维方法进行了比较，构建了结合 Filter 和 Wrapper 方法的特征降维模型，先利用 T 检验对上市公司财务危机预警样本集进行特征初选，再利用结合遗传算法和随机森林（GARF）的方法对初选特征进行优选，最终在最佳适应度 96.49%、98.61%、98.13% 和 97.83% 下得到 T-3、T-4、T-5 和 T-6 优选特征集合。在完成特征优选后，分别对各个优选特征集合的分布进行了分析，发现在不同年度影响财务危机预警的知识间的共性与差异。

（5）实现了基于应用层知识融合的上市公司财务危机预警。首先梳理了基于单分类器的上市公司财务危机预警模型，以此作为实验的基准模型。然后利用神经网络和 D-S 证据理论两类融合算法，构建了上市公司财务危机预警模型，包括 DNN、AttDNN 和 DSFDP。再将已优选的特征集进行组合，分别作为基准模型和基于融合算法的财务危机预警模型的输入，对各模型在不同特征组合及年度上的差异进行比较,实验表明最优准确率是 AttDNN 模型在特征全集组合下的 T-4 年度取得的,其准确率达到 96.85%,实验结果证明了基于融合算法的财务危机预警模型的效果普遍优于基准模型,也证明了本书构建的融合多类信息资源的财务危机预警特征集合优于传统的仅依赖于财务和股票信息的特征集合。发现上市公司年度报告及新闻特征能够在财务危机预警中发挥重要作用,且在 T-4 和 T-5 年度这两个特征的作用效果更优,而财务、股票和公司治理特征的作用随着时间的推移而衰减,因此,需要分时段综合利用各类财务危机预警知识。

作　者

2023 年 3 月

目　　录

图 目 录

表 目 录

1 引　言

1.1　研究背景及意义

1.1.1　研究背景

随着经济的增长及金融市场的完善，中国证券市场高速发展，健全金融监管体系也成为了国家关注的重点问题。"十九大"高度重视防控金融风险、保障金融安全，而上市公司财务危机预警是防控金融风险的重要措施之一。上市公司财务危机也被称为上市公司财务困境或财务失败，是指由于公司内部经营管理不善或无法适应外部环境变化，对正常的生产经营活动造成不利影响，导致公司经济效益受损，危及公司的生存发展状态（王鲁，2017）。发生财务危机的公司会出现盈利能力下降、股票价格下跌、无法按期偿还债务，甚至破产等现象，这对上市公司、信用机构、证券投资者等相关利益主体造成不利影响，严重时还会对国家的经济安全及发展产生危害（Farooq and Qamar，2019）。因此，财务危机预警是进行企业风险管理及助力资本市场稳定发展的重要手段之一。有效的财务危机预警能够为相关利益主体提供早期预警信息，公司能够尽早制定补救措施，相关投资者能够及时调整投资策略，进而减少财务损失（Geng et al.，2015）。金融学、管理科学及计算机科学等领域已对财务危机预警这一问题开展了大量的研究，研究内容主要包括两个方面，即财务危机预警特征体系构建和财务危机预警模型构建。

在财务危机预警特征体系构建方面，大部分研究仅利用公司的财务报表实现财务危机预警，主要包括公司盈利能力、偿债能力、营运能力、财务结构等方面的内容。但是，财务报表存在着固有的缺陷，例如仅能反映公司的历史经营状况、仅包含定量信息、无法全面地反映公司多方面的特征等（宋彪等，2015）。因此，近年来相关研究开始尝试引入更多维度的数据来进行财务危机预警，包括证券市场数据、公司治理数据、宏观经济数据等（Ghazali et al.，2015；Manzaneque et al.，2016；Jiang and Jones，2018），研究表明数据维度的扩展提升了财务危机预警的效率。此外，除上述结构化数据外，非结构化的文本信息中也蕴含着大量有关公司当前运营状况及潜在发展趋势的信息（陈艺云，2017），已有研究利用社交媒体文本、财经新闻、上市公司年度报告等文本信息进行股票预测、欺诈检测等方面的证实分析，但综合利用财务、股票、公司治理和非结构化文本四类信息进行财务危机预警的研究还十分有限，因此，构建融合四类信息的财务危机预警特征体系是扩展该领域研究的重要方向之一。

在财务危机预警模型构建方面，财务危机预警模型主要可被分为两类，即基于统计方法的模型和基于人工智能方法的模型。早期研究集中于将统计方法应用于财务危机预警，包括单变量分析、多元判别分析、回归分析等。上述统计学方法在财务危机预警研究的发展过程中发挥了重要作用，然而当数据的分布无法满足线性假设、独立性假设等相关假设时，这些统计方法的适用性十分有限（Chen et al.，2016）。因此，无需对数据的分布进行假设的人工智能模型为财务危机预警研究开阔了新的思路（Gordini，2014），其中单分类器模型和集成学习模型已被广泛的应用于该领域，而近年来热门的深度学习模型，在这一领域的应用相对缺乏。因此，优化财务危机预警模型也是该领域研究的重点问题之一。

本书以"基于知识融合的上市公司财务危机预警方法研究"为题，遵循"财务危机知识获取—财务危机特征融合—财务危机预警实现"的逻辑主线，构建基于知识融合的上市公司财务危机预警模型，基于数据层知识融合、处理层知识融合和应用层知识融合实现财务危机预警。具体而言，从结构化的财务报表、股票和公司治理信息，以及非结构化的上市公司年度报告文本和财经新闻出发，综合运用人工智能、机器学习、自然语言处理、语义分析和深度学习等技术方法，进行财务危机特征获取、金融领域文本的情感标引和可读性标引、财务危机特征建模，进而构建一个包含多源知识的财务危机预警模型，对上市公司财务危机预警知识的挖掘和融合进行深入探讨，以期为相关利益主体提供高效的财务预警信息。

1.1.2 研究意义

本书从多源金融信息资源中抽取上市公司财务危机预警知识，基于知识融合理论与方法进行上市公司财务危机预警研究。兼具理论与现实意义，不仅从金融视角对已有的知识融合理论和方法进行了扩展和优化，研究成果还能应用于上市公司财务危机预警的具体实践。

1. 理论意义

（1）将知识融合理论和方法应用到金融领域，扩展了知识融合理论与方法的应用场景。本书以财务报表、股票信息、企业治理信息和金融文本为信息来源，以财务危机预警为目标，融合各类财务危机预警信息，进而构建上市公司财务危机预警特征体系，构建了基于知识融合的上市公司财务危机预警模型，该模型包括三个层次，即数据层、处理层和应用层，系统地展示了财务危机预警的知识来源、知识抽取、知识融合和知识应用的实现路径，对丰富知识融合理论具有一定的意义，为其他领域的知识融合研究提供参考。

（2）实现了结合语料库与知识库的金融领域情感词典构建，拓展了金融文本情感分类的研究视角。将语料库与知识库相结合的方法应用于金融领域文本的情感词典自动构建过程中，利用深度学习方法实现种子情感词汇的自动分类，生成面向上市公司年度报告和面向上市公司网络财经新闻的两个情感词典，最终利用情感词典实现了金融文本的情感标引。这种方法拓展了中文金融文本情感分类的研究视角，为中文金融领域的文本分析研究提供参考和借鉴。

（3）构建了融合结构化与非结构化信息的上市公司财务危机预警特征体系，丰富了财务危机预警理论。本书基于财务报表、股票信息、企业治理信息、上市公司年度报告和网络财经新闻构建了面向财务危机预警的特征体系，并综合利用机器学习和深度学习模型进行财务危机预警实证研究，进一步揭示了各类特征在财务危机预警研究中的作用，拓展了上市公司财务危机预警理论。

2. 现实意义

（1）综合利用多种智能技术与方法，优化了上市公司财务危机预警过程。传统的上市公司财务危机预警大多依赖于财务理论、统计方法和财务审计报告，而本书综合利用人工智能、机器学习、自然语言处理、知识挖掘、语义分析和深度学习等技术方法对上市公司财务状况进行智能化检测，判别上市公司是否存在财务危机风险，优化了上市公司财务危机预警过程，提升了监管效率。

（2）构建融合财务及非财务特征的财务危机预警特征体系，提升了上市公司财务危机预警效率。本书将结构化的财务报表、股票信息、企业治理信息，以及非结构化的年报文本和财经新闻纳入财务危机预警特征体系，通过机器学习和深度学习方法进行财务危机预警实践，提升了上市公司财务危机预警效率，有利于向相关利益主体提供更为准确的财务危机预警信号。

（3）揭示了上市公司财务危机特征，有利于保护相关利益主体并为其决策提供科学依据。本书通过利用上市公司财务危机发生前三、四、五和六年度（T-3、T-4、T-5 和 T-6）的财务及非财务特征进行财务危机预警，能够识别不同年度中的关键特征，从而揭示上市公司财务危机特征，尽早向企业提供危机预警信号。有利于相关利益主体进行事前控制，改善经营策略及投资决策，避免遭受严重损失。

1.2　国内外研究现状

基于知识融合的上市公司财务危机预警方法研究的落脚点主要在三个方面：一是如何从多源信息资源中挖掘上市公司财务危机预警特征；二是如何筛选及融合上市公司财务危机预警特征；三是利用何种技术方法实现基于知识融合的上市公司财务危机预警。围绕上述三个方面，本节将从财务危机预警相关研究入手，在明确目前财务危机预警研究的主要研究视角、内容和方法的基础上，结合知识融合相关理论与方法，明晰应用于上市公司财务危机预警过程中的知识融合框架及实现路径，最后对相关研究现状进行总结和评述，梳理值得借鉴的技术和方法，并分析历史研究的不足，进一步明确本书的研究思路。

1.2.1　财务危机预警相关研究

上市公司的财务状况会对企业的持续发展、各相关利益主体的投资战略，乃至区域及国家的金融安全产生影响（Farooq and Qamar, 2019），进行上市公司的财务危机预警已成为学术界、企业、金融监管机构共同关注的重点问题之一。

1. 财务危机预警发展概况

目前学术界对财务危机还没有统一的定义，因各国政策法规及经济发展状况的不同，不同学者对这一概念有不同的定义标准。部分学者将宣告破产的企业定义为财务危机企业，Altman（1968）指出企业的财务困境包括法律上的破产、被接管和重组等；Deakin（1972）认为进入破产程序、无力偿还债务或与债权人达成协议进行债务清算的企业是财务失败企业；后续的许多研究将财务危机企业等同于法定破产企业（Gilbert et al., 1990; Zięba et al., 2016; Jabeur, 2017）。但是，相对于企业破产，财务危机涵盖的范围更广，财务危机是企业经营状况出现异常的初期阶段，在发生危机到破产的这一过程中相关利益主体会持续蒙受经济损失，直接将企业破产等同于财务危机本质上是弱化了财务危机的影响。

因此，应明确界定企业破产预警和企业财务危机预警两者的区别，将研究视角着眼于其他能够界定企业发生财务危机的标志性特征。Beaver（1966）认为当企业出现无法支付优先股股利、债券违约、银行账户透支或宣告破产这四者其一的状况时，该企业可被判定为财务危机企业。也有部分学者将某一财务指标视为判定企业财务危机的标志，例如，Coats and Fant（1993）将财务报表的审计意见作为判定企业是否发生财务危机的依据，当注册会计师在审计报告中对企业作出拒绝表示意见的评估时，该企业被视为财务危机企业；Asquith et al.（1994）和 Kam et al.（2005）将利息保障倍数视为判定企业是否发生财务危机的重要标志；吕长江等（2004）利用流动比率这一财务指标对企业的财务状况进行判定。

此外，部分学者认为企业财务危机是一个动态的过程，Lau（1987）将企业的财务状况分为五个阶段：阶段 0 表示良好的财务状况，阶段 1 表示未支付股利或股利减少的状况，阶段 2 表示无法偿还贷款的状况，阶段 3 表示进入破产保护的状况，阶段 4 表示进入破产程序的状况。从阶段 1 开始企业已发生财务危机，阶段 1 到 4 体现了企业财务状况逐步恶化的趋势。吕长江和赵岩（2004）也将企业的财务状况分为五个阶段：财务闲置、财务充盈、财务均衡、财务困境以及财务破产。总体而言，财务危机是企业在一段时间内财务状况连续发生异常的结果

（Sun et al.，2014），尽早识别企业的异常财务状况，是进行企业财务危机预警的重点之一。

对于中国上市公司而言，中国证券监督管理委员会于 1998 年颁布了《关于上市公司状况异常期间的股票特别处理方式的通知》，该通知要求当上市公司出现财务状况或其他状况异常时，证券交易所应对其股票交易实行特别处理（Special treatment，简称 ST）。其中异常主要指两种状况：一是上市公司经审计两个会计年度的净利润均为负值，二是上市公司最近一个会计年度经审计的每股净资产低于股票面值。基于 ST 企业的判定标准，众多学者把被 ST 的企业视为财务危机企业，通过获取被 ST 的上市公司的多种信息资源实现中国上市公司财务危机预警研究（卢永艳，2012；孙洁，2013；边海容等，2013；宋彪，2015；王鲁，2017；Jiang and Jones，2018；Wang et al.，2018），本书也将 ST 视为判定企业是否发生财务危机的准则。

2. 财务危机预警特征体系研究

财务危机预警特征的选择是实现企业财务危机预警的重要环节，对财务危机预警效果产生重要影响。通过梳理国内外相关文献，财务危机预警特征大体可分为两大类：其一是基于结构化信息资源的特征，例如财务报表、股权特征、董事会结构等；其二是基于非结构化信息资源的特征，例如企业年报文本、财经新闻、股吧评论等。

在企业财务危机预警研究发展初期，学者们主要依据财务报表中的相关特征进行财务危机预警研究，Beaver（1966）选用了 6 类财务指标作为备选进行财务危机预警，包括现金流、净收入、资产负债率、流动资产率、流动比率和周转率。Altman（1968）选用了 5 个财务指标，包括流动性、盈利能力、杠杆率、偿付能力和活动比率进行财务危机预警。傅荣和吴世农（2002）也利用财务指标实现财务危机预警，包括流动比率、负债比率、应收账款周转率、存货周转率、总资产收益率、每股收益、每股净资产和每股经营性现金流量。Alfaro et al.（2008）构建了一个包含 16 个财务指标的财务危机预警特征体系，并发现投资报酬率和负债比率在企业财务危机预警中发挥着重要的作用。总体而言，从财务报表中获取的财务特征能够直观地展现企业的财务状况，在财务危机预警中发挥着重要的作用（Sun et al.，2014；Manzaneque et al.，2015；Zhou et al.，2016）。

但是，随着财务危机预警研究的深入，学者们发现财务指标的预测能力是十分有限的，此类特征仅能展示企业的部分历史财务状况，而不能代表企业经营状况的全貌（Hájek et al.，2014；du Jardin et al.，2016）。因此，部分学者开始将非财务特征引入财务危机预警研究，以提升财务危机预警的效率。结构化的非财务特征主要是有关企业内外部管理机制的特征，可直接从上市公司年度报告或相关文件中获取，包括股权特征、高管持股比例、董事会结构、CEO 与董事长的兼任情况、宏观经济指标、审计师意见、高管薪酬等（Xie et al.，2011；Manzaneque et al.，2016；Jiang and Jones，2018；Farooq and Qamar，2019）。此外，以文本信息为代表的非结构化信息，也是非财务特征获取的重要来源，此类特征的获取依赖于文本挖掘技术的发展。

相关研究主要利用词频统计、可读性标引和情感分类方法进行金融文本挖掘（Hájek et al.，2014；Loughran and McDonald，2016；丘心颖等，2016；陈艺云，2017；胡家珩等，2018），其结果可以转化为企业财务危机预警研究的文本特征。具体而言，词频统计方法可用于揭示文本的基本特征，例如文本字数统计、关键词词频统计等，而可读性标引和情感分类可以揭示文本语义层面的特征。吴思远等（2018）对文本可读性相关研究进行了系统综述，将文本可读性标引的方法总结为三类，即公式法、分类法和排序法。具体而言，就是基于可读性计算公式的方法和基于机器学习的方法。较为常用的可读性计算公式包括 Fog 指数，Coleman-Liau 指数、SMOG 指数和 Flesch-Kincaid 指数。在中文上市公司年度报告可读性研究方面，丘心颖等（2016）从分析师对中国企业年报的解读能力出发，探究中文年报文本的可读性标引；孙文章（2019）则从董事会秘书声誉的角度出发，探究董事会秘书声誉与上市公司年度报告可读性之间的关系。

在金融文本情感分类方面，相关研究主要利用基于词典的情感分类方法，较为权威的金融文本分析词典是 Loughran and McDonald 词典（LM），该词典定义了积极词汇、消极词汇、不确定词汇、诉讼词汇、强模态词汇和弱模态词汇 6 类情感词（Loughran and McDonald，2011），该词典被广泛应用于金融文本分析研究，包括财务欺诈识别、财务危机预警、股票市场预测等（Bollen et al.，2011；Hájek and Henriques，2017；Wang et al.，2018）。但是，因中英文表达差异及中美上市公司年度报告书写规范的不同，LM 词典在中文金融文本分析中的优势略显不足，构建符合中文金融文本特征的金融词典是该领域研究的重要课题。吴江等（2014）基于公众股吧评论信息，提取情感词汇及相关副词和否定词等，通过定义语义规则进行匹配，实现金融文本情感分类；胡家珩等（2018）以新浪财经新闻为数据源，结合语料库和知识库特点，利用词向量方法将文本信息映射到向量空间，基于通用中文情感词典，进行自动标引训练语料，进一步利用深度神经网络模型实现情感词性判定，构建金融领域情感词典。但是，目前较为缺乏针对中文上市公司年度报告文本的情感词典研究。

3. 财务危机预警模型研究

财务危机预警模型可以分为两类，即基于统计学方法和基于人工智能方法的模型。早期研究主要利用统计学模型实现财务危机预警，主要包括单变量分析模型、多元判别模型、回归模型等。统计学模型在财务危机预警研究发展早期发挥了重要的作用，但是这些统计方法的适用性十分有限，要求数据的分布需要满足部分假设，例如线性假设、独立性假设等（Chen et al.，2016），并且有时会存在多重共线性问题。因此，随着信息技术的发展，许多学者将人工智能模型引入财务危机预警研究（Gordini，2014），例如：人工神经网络、支持向量机、决策树、遗传算法、粗糙集理论、集成学习模型等已被广泛应用于该领域研究，而近年来兴起的深度学习模型，在这一领域的应用相对缺乏。

（1）统计模型主要可分为以下三类：

单变量分析模型（Univariate Analysis Model，UA）是较早被应用于财务危机预警研究中的统计模型，该模型的中心思想是比较各类财务指标的均值，通过均值发现财务危机企业与健康企业之间的差异性，将差异最大的指标作为判别指标，将样本进行排序，选择误判率最小的指标值作为最佳决策点。Beaver（1966）利用 UA 模型比较了 79 家财务危机企业与 79 家健康企业的 30 个财务指标，筛选出了 5 个判别效果较好的财务指标，包括：资产负债率、营运资产/总资产、现金流量/负债总额、现值率、资产净利率，其中现金流量/负债总额这一指标的判别准确率最高。易于理解并且操作便捷是 UA 模型的优势，但是基于不同的财务指标进行分析，对于公司的判定存在差异，而且基于单个指标的判定缺乏可靠性。

多元判别模型（Multiple Discriminant Analysis，MDA），在一定程度上弥补了 UA 的不足，Altman（1968）选择了 5 类共 22 个财务指标作为备选指标，利用 MDA 模型，基于误判率最小的原则，建立了由 5 个财务指标构成的 Z-score 模型，其中包括运营资本/总资产、留存收益/总资产、息税前利润/总资产、股票价值/债务价值、运营收入/总资产。MDA 是一个简洁高效的模型，但是该模型对指标有着严格的约束，要求财务危机企业和健康企业两组样本的协方差矩阵相等，并且指标需要符合正态分布，在实际应用中很多样本难以满足上述约束，因此 MDA 模型的适用性十分有限。

回归分析（Regression Model，RM）也被广泛应用于财务危机预警研究。其中比较常用的 RM 模型包括 Probit 模型和 Logistic 模型，两者都是非线性模型，其差异在于不同的累积概率函数。Logistic 模型的假设前提较为宽松，对数据分布没有严格的要求，其中影响力较大的研究是 Ohlson（1980）基于 9 个解释变量构建 Logistic 模型实现企业财务危机预警，变量包括：负债比率、营运资金/总资产、流动比率、总资产报酬率、净收入等，研究发现流动性、财务结构、公司规模和经营绩效是影响企业财务状况的主要因素，后续许多学者将 Logistic 模型应用于企业财务危机预警研究（吴世农和卢贤义，2001；Jones and Hensher，2004；鲜文铎和向锐，2007）。Probit 模型首次被应用于财务危机预警研究是在 Zmijewski（1984），研究结果表明 Probit 模型的预测效果与 Logistic 模型相当，两者均优于 MDA 模型。

（2）人工智能模型可分为以下五类：

人工神经网络（Artificial Neural Network，ANN）是对人脑的神经元网络进行抽象，可以通过模型训练、识别、学习并记忆解释变量的特征和规律，通过不断学习，优化参数得出结果。反向传播神经网络是 ANN 的典型代表，Odom and Sharda（1990）首次将 ANN 引入财务危机预警，构建了一个三层前馈的反向传播神经网络模型，预测结果优于 MDA 模型的效果；后续也有许多学者利用 ANN 进行财务危机预警研究（秦小丽和田高良，2011；Jo and Shin，2016）。此外，近年来兴起的深度学习（Deep Learning，简称 DL）其本质是多层的人工神经网络，而目前仅有少数研究尝试将深度学习模型应用于财务危机预警研究，

Alexandropoulos et al. （2019）和 Mai et al. （2019）利用深层全连接神经网络模型实现企业财务危机预警，并取得了较高的预测准确率。

支持向量机（Support Vector Machines，SVM）利用核函数将输入向量映射到高维特征空间中，巧妙地解决了数据维度过高的问题，实现了非线性与线性之间的转换。Shin et al. （2005）利用 SVM 模型进行企业财务危机预警研究；Min and Lee （2005）也将 SVM 应用于财务危机预警研究，并将 SVM 的结果与 MDA 和 Logistic 的预测结果进行比较，结果表明 SVM 的分类性能优于其他模型。类似的，许多学者也将 SVM 应用于企业财务危机预警，例如 Hua et al. （2007）、Hsu and Pai （2013）和 Liang et al. （2016）。

决策树（Decision Tree，DT）是一种基于监督学习的分类算法，DT 具有树形结构，每一个叶子节点代表一种类别，通过决策树的生成过程实现对样本的分类，并且决策树可以生成 IF-THEN 规则，有利于对模型进行解释。Frydman et al. （1985）提出了一种基于递归分析的决策树算法，构建了一个包含 4 层的决策树模型进行企业的破产预测。Sun and Li （2008）利用 MATLAB 构建了一个包含 6 层的决策树模型进行企业财务危机预警。Chen （2011）利用 C5.0、CART 和 CHAID 三种决策树算法实现企业财务危机预警。

遗传算法（Genetic Alogrithm，GA）是一种通过模拟生物界自然选择和遗传过程搜索最优解的计算模型，可基于变量提取 IF-THEN 规则，具有结构清晰和便于理解的特点。Shin and Lee （2002）基于 9 个财务指标，利用遗传算法生成了 5 条规则，基于生成的规则实现企业破产预测；Ahn and Kim （2009）在案例推理的基础上，进一步利用遗传算法进行特征选取，优化企业破产预测结果。

集成学习模型（Ensemble Learning，EL）是将多个弱监督模型组合起来，形成一个有更好效果的强监督模型，集成学习模型主要包括 3 类：Bagging、Boosting 和 Stacking。Bagging 是将多个分类器取平均，可减少分类器的方差；Boosting 通过构建几个增量模型来减少偏差；Stacking 基于分层方式来构造多级分类器，该方法能有效地增强分类器的预测能力。随机森林、Bagging SVM、Xgboost、梯度提升树等集成学习模型已被广泛应用于财务危机预警研究，并取得了较好的预测效果（Alfaro et al. ，2008；Zhou et al. ，2016；Wang et al. ，2018；Liang et al. ，2018）。

1.2.2 知识融合相关研究

知识融合是面向目标问题,将多源知识资源整合为新的知识,从而辅助决策者利用新的融合知识做出高效和正确的决策,知识融合正逐渐受到计算机科学、管理科学和图书情报学等领域学者的广泛关注。已有学者对知识融合的相关研究进行了梳理,党洪莉(2015)、邱均平和余厚强(2015)均从知识科学视角对国内和国外的知识融合研究进行了总结,前者从知识融合背景、知识融合主要研究内容和图书情报领域的知识融合应用三个角度对国内的知识融合研究进行归纳总结;后者从知识融合的实现路径、评价研究、系统研究和应用研究四个角度对国外知识融合研究进行了梳理。此外,杨瑞仙和朱甜甜(2016)从关键技术、体系结构和应用三个角度深入分析了国内外知识融合相关研究;张心源和邱均平(2016a)从图书情报学科的特点出发,比较分析了国内知识融合研究的现状;唐晓波和朱娟(2017)基于大数据背景,对知识融合的关键问题进行综述;林海伦等(2017)从知识融合的定义出发,面向网络大数据对知识融合的技术和算法进行系统综述。本节主要从知识融合框架研究、知识融合实现路径和知识融合应用研究三个方面对相关文献进行梳理和总结。

1. 知识融合框架研究

知识融合框架是实现知识融合的基础,主要用于明确知识融合对象、知识表示及融合过程。知识融合框架大体上可被分为两类:基于层次的知识融合框架和基于本体的知识融合框架。

(1)基于层次的知识融合框架。基于层次的知识融合框架主要是从知识融合的对象即知识源出发来探讨知识融合框架。Preece et al.(2000)提出了一个基于多源异构知识源的知识融合体系架构 KRAFT,将融合过程划分为知识定位、知识转化和知识融合三个阶段。Fisch et al.(2014)也对知识融合的流程进行了划分,认为知识融合框架包含数据层、模型层和应用层。周芳等(2013)提出知识融合是在知识层、方法层和思想层三级融合层次的基础上实现多源知识的融合处理,并指出分层融合可以适应众多应用领域的融合需求。Smirnov et al.(2015)更为细致地将知识融合划分为七个层次,包括简单融合、扩展融合、实例融合、配置融合、适应性融合、分面融合和历史融合，并指出知识融合过程的实质就是进行知识获取、知识表示和融合处理。唐晓波等（2016）基于大数据背景，提出一个包含数据获取与表示、统一模式构建、融合处理和衍生知识处理四个阶段的知识融合框架。张心源和邱均平（2016b）以提供精准化智能服务为导向，提出了包含融合预处理、融合过程和融合服务三个层次的知识融合框架。王曰芬和岑咏华（2016）将知识生态重构与 DIKW（Data-Information-Knowledge-Wisdom）价值链结合起来，提出了一个包含需求分析与问题提取、知识源采集与加工、知识抽取与表示、知识融合与进化和基于知识融合的服务与应用五个层次的知识融合体系框架。严承希和房小可（2017）基于开放世界假设，基于外部环境和内部核心两个维度构建了面向多源词表融合的知识融合框架体系 MtFFO，并对外部环境中的输入单元，内部核心中的模式匹配、语义识别、知识映射、知识合并等步骤进行了详细阐述。

（2）基于本体的知识融合框架。基于本体的知识融合框架以本体构建与管理为核心，利用本体实现知识表示，与具体应用相结合构建知识融合框架。Kuo et al.（2003）基于共享词汇本体构建了知识融合框架，将关系图和知识表示引入框架，并在入侵检测领域验证了该框架的有效性。谢能付（2005）利用多源信息能够在领域本体和融合规则的基础上进行合并的思想，提出基于 Web 的知识融合与同步信息共享框架，以期辅助解决知识共享与重用问题。徐赐军等（2010）基于本体提出包括元知识集构建、知识测度指标、知识融合算法设计和融合知识后处理四个模块的知识融合框架，并以挖泥船和虚拟样机知识库验证了该融合框架的有效性。Xie（2012）提出了基于农业本体和融合规则的知识融合框架，包括基于农业本体的知识提取、清洗和注释模块，融合规则构建、选择和评估模块。Liu and Li（2012）从企业内部知识出发，构建基于知识组织、本体映射和融合的知识融合模型。沈旺等（2013）通过利用本体映射技术，构建面向数字参考咨询问题的知识融合框架。高劲松和梁艳琪（2016）提出了基于关联数据的知识融合框架，该框架以本体建立和管理为起点，利用本体映射技术实现知识元匹配，进而实现知识元融合。黄新平（2017）以知识本体和知识发现等技术为支撑，从内容、结构、应用三个维度构建政府网站信息资源知识融合框架。

2. 知识融合实现路径研究

知识融合的实现路径是知识融合研究的核心问题，大体可分为三类：基于本体和语义规则的知识融合实现路径、基于融合算法的知识融合实现路径和基于知识挖掘的知识融合实现路径（邱均平和余厚强，2015；黄新平，2017）。

（1）基于本体和语义规则的知识融合实现路径。知识是对信息关联的表示而规则可以实现这种关联的表达，知识与信息最主要的区别在于知识具备推理属性，在知识科学领域，知识资源通常用本体来表达，因此，基于本体和语义规则的知识推理是实现知识融合的重要路径，主要面向非专家知识进行知识融合。缑锦等（2006）提出了基于元知识描述和本体的知识融合方法，这种方法基于语义规则在知识内涵层面上构建了新的解知识空间，提高了知识对象的可重用性。Gou et al.（2006）在定义了一系列语义规则的基础上利用本体映射技术，将知识对象映射到本体库中，根据应用反馈逐步进行调整以优化知识融合过程。Wen and Jiao（2009）基于 Wiki 平台构建了知识单元本体，该本体由显性知识块和隐性知识块共同组成，并利用语义映射机制实现知识融合。鲁慧民等（2010）利用全信息理论、扩展主题图和语义信息的特点，提出了面向多源知识融合的扩展主题图相似性算法，以期解决传统主题图的知识组织模式缺乏多层次多粒度表示和知识融合过程准确性不高的问题。Carvalho et al.（2010）基于巴西政府多源异构知识资源构建本体，并利用语义规则对其进行扩展，弥补其不确定性，在此基础上实现面向政府知识源的知识融合，以辅助政府财政的欺诈检测。Ruta et al.（2018）将知识融合引入物联网领域，以单个车辆传感器为节点生成本体，通过提取实时数据进行基于双向知识传播的语义描述，在此基础上实现基于非单调推理服务的知识融合，进而辅助自动驾驶相关的智能服务。

（2）基于融合算法的知识融合实现路径。知识融合与信息融合一脉相承，信息融合中的贝叶斯理论、证据理论、遗传算法和神经网络等融合算法也被广泛应用于实现知识融合，基于融合算法的知识融合主要是面向专家知识及不确定性环境下的知识进行的。Santos et al.（2011）面向不确定环境下的融合问题，将概率模型表示为贝叶斯知识库，提出了基于贝叶斯网络的知识融合算法，实现了专家知识的聚合，结合知识推理辅助专家决策。周芳和韩立岩（2015）借助贝叶斯网络构建知识融合算法，利用贝叶斯估计理论对多源知识进行融合处理，并且在企业财务危机实例中验证了融合算法的有效性。张振海等（2014）利用贝叶斯网络和证据理论进行专家知识融合，避免了单个专家的主观片面性。姚路等（2014）基于证据理论，提出了使用 Dezert-Smarandache 理论（DSmT）混合组合规则的知识融合算法，该方法弥补了 Dempster-Shafer 理论（DS 证据理论）单一故障假设的限制，拓宽了该融合算法的应用范围。Yu et al.（2012）基于遗传算法，构建了面向技术服务的知识融合系统，并对该算法进行了仿真分析，验证了其有效性。文家富和郭伟（2018）基于贝叶斯网络和遗传算法实现知识融合，将分散异构的关联知识元融合为知识单元，进一步实现知识重用，并在汽车覆盖件模具设计上对算法的有效性进行了验证。

（3）基于知识挖掘的知识融合实现路径。知识挖掘能够将多源信息资源融合成有序和易于理解的知识，在此基础上辅助决策，基于知识挖掘的知识融合主要是面向领域专家的经验知识和从信息中抽取的知识进行的。Dorigo et al.（2006）利用扩展蚁群挖掘分类技术来构建领域知识，通过外部环境的改变及启发值的变化，引导蚁群搜索到符合专家逻辑的空间区域，从而实现知识融合。韩先培（2010）通过语义图对结构化知识源进行挖掘与集成，通过语言模型的实体知识表示对非结构化知识源进行挖掘与集成，实现了面向多源异构知识对象的语义关联融合。黄新平（2017）利用知识挖掘和推理方法对政府网站信息资源进行知识关联和知识聚类的相关操作，以实现决策级的政府网站信息资源多维语义知识融合。肖洪等（2018）基于以海量文献信息为代表的显性知识和以专家智慧为代表的隐性知识进行知识挖掘，挖掘融合后的新知识从而辅助协调情报研究的发展。

3. 知识融合应用研究

知识融合作为知识获取、组织和利用的有效途径，已受到众多研究领域的关注，部分学者已在计算机科学、图书情报学、商务管理和社会管理领域利用知识融合理论与方法进行了有益探索。

在计算机科学领域，学者们主要关注知识融合算法的改进和优化。张瑶等（2017）将传统的数据融合算法引入知识融合，设计大数据环境下的多源异构知识融合算法。Thom et al.（2017）基于文本信息、影像信息和大型知识图谱，提出了一种跨模态的知识融合算法，并与传统的知识融合方法进行比较和评估。闫昱姝和雷玉霞（2018）针对多源文本知识提出了基于本体的多源文本知识融合算法，以期通过该算法得到粒度小、精度高且完备的文本知识。在图书情报学领域，知识融合研究主要集中于知识融合体系架构设计和应用研究，沈旺等（2013）提出面向数字参考咨询的知识融合框架，利用本体映射技术构建参考咨询问题空间，通过对知识本体库进行抽取、清洗和匹配得到知识集，实现基于知识集的知识融合。王曰芬和岑咏华（2016）基于大数据对知识生态和学科创新模式的重构，结合 DIKW 价值链，构建包含流程设计、功能设计和技术设计的知识融合体系架构。唐晓波和刘广超（2018）将知识融合理论与方法应用于金融领域，针对大数据环境下金融知识获取及处理能力不足的现实问题，构建了基于用户个性化需求和金融领域知识库构建的两层知识融合模型。

在商务管理领域和社会管理领域，学者们倾向于面向实际问题，综合利用各种多种知识融合方法，以辅助相关决策。胡蓓和王聪颖（2009），基于产业集群内外部知识元，构建基于信息融合技术的高新产业集群知识融合模型，融合过程能够提高知识的有效性和全面性，对企业创新产生有益影响。王小健和刘延平（2015）以中国石化企业员工为研究对象，获取员工行为数据及多源信息资源，综合利用知识融合方法实现企业知识管理。周芳和韩立岩（2015）和杨文睿（2017）基于多源信息资源，将知识融合相关理论方法应用于企业困境和企业并购这两类传统金融问题，以期为管理者提供决策支持。Carvalho et al.（2010）将知识融合方法应用于政府财务欺诈识别，以此辅助社会管理及反腐等问题。黄新平（2017）面向政府网站多维语义信息资源，构建政府网站"雾霾防治"领域本体，进行"雾霾防治"领域知识因果关联融合实验。郭韧等（2017）利用证据推理理论和知识融合方法，对网络舆情知识源进行融合，为相关政府部门提供应对网络舆情的知识服务。

1.2.3 现状述评

通过对上述研究的回顾和梳理，可以发现企业财务危机预警研究及知识融合相关研究已成为相关领域的研究热点，并取得了较为丰富的研究成果，为本书奠定了坚实的理论与方法基础。与此同时，在上述研究中也存在着有待改进和深化的方面。

在财务危机预警研究方面，本书从财务危机预警特征体系构建和财务危机预警模型两个方面对国内外相关研究进行了系统梳理和总结。分析发现在特征体系构建方面，现有研究主要集中于财务特征的选择，对于非财务特征的研究尚有不足，对财务及非财务特征的融合研究较为缺乏，没有形成全面、多维地财务危机预警特征体系；特别是对于非结构化文本信息资源的分析能力仍处于起步阶段，在中文金融文本分析方面，还未形成较为全面的金融领域情感词典构建方法及中文年报可读性标引方法，上述两者的研究对于中文金融文本的分析具有重大意义。在企业财务危机预警模型构建方面，现有研究已在统计学模型和人工智能模型两个方面进行了有益探索，但是，已有研究主要在平衡样本集上实现财务危机预警，但在实际应用中财务危机公司数量是远少于健康公司，并且现有研究主要依据财务危机发生前一年度（T-1）或两年度（T-2）的数据进行预测，而这类预测对于我国的 ST 机制而言现实意义较小。基于上述两点，现有研究中的预警模型的现实适用性有限，因此，基于财务危机发生前较长年份的信息资源，构建适用于非平衡样本集的财务危机预警模型具有较强的现实意义。

在知识融合研究方面，本书从知识融合框架、知识融合实现路径和知识融合应用三个方面对国内外相关研究进行了系统总结和梳理，为本书构建基于知识融合的上市公司财务危机预警模型提供了理论支撑。但是，在知识融合框架方面，现有研究集中于面向具体问题构建知识融合框架，尚未形成统一的知识融合框架，知识融合的基础理论也有待完善。在知识融合实现路径方面，现有研究已开始重视基于多源异构知识源的融合路径，但是没有形成针对特定知识源的规范的知识融合实现路径，现有路径缺乏针对性及系统性，并且部分研究停留在理论层面缺乏面向实际应用的实证研究及分析。在知识融合应用方面，知识融合是一个交叉学科问题，但现有研究大多从自身学科特点出发，利用知识融合理论与方法进行本领域的研究，跨领域的交流合作相对缺乏，并且不同背景的学者对知识融合的认知及实践方法理解不同，实现跨领域合作有利于丰富知识融合内涵，拓宽知识融合实现路径。

综上所述，本书将根据上市公司财务危机预警相关信息资源的特点，结合知识融合理论及方法，将分布在财务报表、上市公司年度报告文本、财经新闻等多个信息源中的结构化及非结构化企业财务危机预警知识进行抽取、转换和融合，实现基于知识融合的上市公司财务危机预警，为相关利益主体提供决策支持。

1.3 研究内容与方法

1.3.1 研究目标与内容

在相关研究的基础上，本书将遵循"财务危机知识组织—财务危机特征融合—财务危机预警实现"的逻辑主线，旨在解决以下几个问题：①在分析上市公司财务危机预警的知识需求的基础上，进行结构化及非结构化的财务危机预警信息资源获取，辅助数据层知识融合；②在深入分析各类财务危机预警知识资源特征的基础上，对结构化及非结构化信息资源进行抽取和转化，形成统一的财务危机预警知识集合，以实现数据层知识融合；③基于上述财务危机预警知识集合，利用融合算法实现上市公司财务危机预警特征建模及其优选，生成财务危机预警特征优选集合，以实现处理层知识融合；④基于特征优选后的财务危机预警特征，利用融合算法实现应用层知识融合，明确基于知识融合的上市公司财务危机预警的应用。围绕上述研究目标，本书将从以下几个方面展开：

（1）基于数据层知识融合的上市公司财务危机预警知识组织。主要解决财务危机预警信息资源获取和知识组织问题。在信息资源获取方面，以 2012—2018 年被 ST 的中国上市公司为财务危机企业样本，以相同的行业及资产规模为基准进行对应健康公司的配对，并且财务危机企业与健康企业的比例为 1∶3。基于上述样本，从财务危机预警的需求出发，获取结构化的财务、股票和公司治理信息资源，获取非结构化的上市公司年度报告和上市公司网络财经新闻两类文本信息资源。在知识组织方面，对结构化及非结构化的财务危机预警信息资源进行特征分析，在此基础上对结构化的信息资源进行清洗，利用情感标引和可读性标引将非结构化的信息资源转化为结构化的财务危机预警知识，以形成结构统一的财务危机预警知识集合，即为数据层知识融合的融合结果。

（2）基于处理层知识融合的上市公司财务危机预警特征建模。基于非平衡样本集的特征，对已形成的财务危机预警知识集合进行处理，以减少非平衡样本集合对模型的影响。再利用融合算法对包含结构化及非结构化财务危机预警信息资源的特征集合进行特征建模及优选，形成各年度的财务危机预警特征优选集合，即为处理层知识融合的融合结果。

（3）基于应用层知识融合的上市公司财务危机预警实现。利用融合算法构建上市公司财务危机预警模型，进行财务危机预警实证研究，进一步揭示了各类财务危机预警特征在财务危机预警研究中的作用，以期为相关利益主体提供决策支持，即为应用层知识融合的融合结果。

1.3.2　主要研究方法

基于知识融合的上市公司财务危机预警方法研究是一项涉及财务金融、管理科学与工程和计算机科学等多个学科领域的综合性研究，本书拟采用的主要研究方法包括：

（1）系统建模法。系统建模法是基于需求分析，构建相关系统模型的方法。本书基于上市公司财务危机预警需求，构建基于知识融合的上市公司财务危机预警模型，揭示了上市公司财务危机预警知识获取与特征体系构建、财务危机预警特征融合和财务危机预警实现的全过程。

（2）机器学习与深度学习方法。机器学习是一个涉及概率论、数理统计、近似理论和复杂算法等多学科的综合性研究方法，广泛应用于知识发现、知识挖掘、自然语言处理等领域。在上市公司财务危机预警知识获取中，本书利用网络爬虫实现上市公司年度报告及网络财经新闻的获取；在上市公司财务危机预警知识组织中，本书利用深度学习方法，辅助中文金融领域情感词典的自动构建；在财务危机预警特征建模中，本书利用基于遗传算法的特征降维方法进行特征优选；在上市公司财务危机预警实证分析中，本书综合利用机器学习和深度学习方法实现多年度的财务危机预警。

（3）实证研究法。实证研究是指基于收集的观察资料，对提出的命题或假设进行验证而展开的研究。本书为验证基于知识融合的上市公司财务危机预警模型的有效性，以中国上市公司为例，根据提出的模型和方法进行数据采集和处理，进而得出预测结果，并利用适当的评价方法对实证结果的有效性进行评价。

1.3.3 技术路线

本书将遵循"提出问题—分析问题—解决问题—总结"的思路展开，第 1 章提出研究问题，第 2 章和第 3 章分析现有问题并提出模型框架，第 4 章到第 6 章解决研究问题，第 7 章总结全文并引出研究展望，各阶段的关系与流程如图 1-1 所示。

首先，本书在阐述研究背景及意义的基础上，梳理国内外财务危机预警研究和知识融合研究，对财务危机预警特征体系构建和财务危机预警模型构建研究，以及知识融合的框架、知识融合的实现路径和知识融合的应用研究进行评述。基于现有理论及相关研究的不足，提出本书的研究问题。

其次，基于研究问题，系统归纳和总结与本书相关的理论及方法，包括财务危机预警理论与方法、知识融合相关理论与方法、文本分析理论与方法。在总结现有理论与方法的基础上，发现现有研究的不足并明确本书的研究方法及内容，为本书的后续研究提供系统性指导。

在基于知识融合的上市公司财务危机预警模型构建方面，首先明确财务危机预警的信息来源与知识组织需求，再结合 DIKW 价值链明确上市公司财务危机预警知识融合的目标，利用三层知识融合理论明确上市公司财务危机预警知识融合的具体模式，最终构建基于知识融合的上市公司财务危机预警模型。

在基于数据层知识融合的财务危机预警组织方面，首先进行财务危机预警信息资源的获取，明确财务危机预警研究的样本企业选择依据，进行财务危机与财务健康样本企业的选择，包括 214 家财务危机企业和 642 家财务健康企业。本书利用样本企业被 ST 前 3、4、5 和 6 年的知识对其财务状况进行预测，即为 T-3、T-4、T-5 和 T-6。具体而言，从金融经济数据库中获取上市公司财务危机预警结构化信息资源，利用网络爬虫获取上市公司财务危机预警非结构化信息资源，辅助数据层知识融合的实现。在此基础上进行财务危机预警知识组织，首先分析上市公司财务危机预警结构化及非结构化信息资源的特征，分别利用数据预处理方法、基于深度学习的情感标引和可读性标引实现财务危机预警知识的转换，以形成结构统一的财务危机预警特征集合，实现数据层知识融合。

在基于处理层知识融合的财务危机预警特征建模方面，首先利用非平衡样本

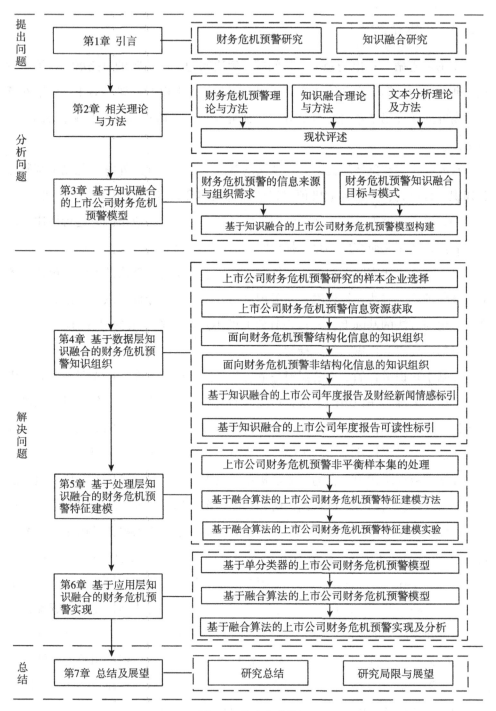

图 1-1 技术路线图

集处理方法 SMOTE-Tomek 对上市公司财务危机预警的非平衡样本进行处理，再明确适用于上市公司财务危机预警研究的特征建模方法，首先利用 T 检验实现财务危机预警知识的特征初选，再利用遗传算法与随机森林结合的方式实现基于融合算法的上市公司财务危机预警知识的特征优选，最终生成 T-3、T-4、T-5 和 T-6 年度上的优选特征集合，以实现处理层知识融合。

在基于应用层知识融合的财务危机预警实现方面，首先梳理常用于上市公司财务危机预警研究的单分类器模型，再利用神经网络和 Dempster-Shafer（D-S）证据理论两类融合算法构建上市公司财务危机预警模型。分别将各类财务危机预警特征进行组合，以此作为上市公司财务危机预警模型的输入，实现多年度的财务危机预警，进一步对模型的有效性进行评估和比较，以辅助相关利益主体进行决策，最终实现应用层知识融合。

最后，在总结全文的基础上，明确本书的贡献与意义，并且分析本书的不足之处，进而引出研究展望。

1.4　研究重难点及创新点

1.4.1　研究重难点

本书的重点在于：（1）构建融合结构化与非结构化信息资源的上市公司财务危机预警特征体系。融合结构化与非结构化信息资源，能够全面多维地反映上市公司运营状况，进而有利于实现高效的财务危机预警。因此，面向多源信息源获取财务危机预警特征，是本书的重点之一。（2）构建面向非平衡样本集的上市公司财务危机预警模型。基于非平衡样本集实现财务危机预警，实现跨年度的财务危机预警，符合财务危机企业在实际场景下的应用，有利于向相关利益主体提供全面准确的预警信号，这是本书的又一重点。

本书的难点在于：（1）面向金融领域文本的情感词典自动构建方法。实现面向中文金融文本的情感标引极具理论和现实意义，如何实现金融领域文本的情感词典自动构建，进而辅助情感标引，是本书的难点之一。（2）面向上市公司年度报告的可读性标引方法。分析上市公司年度报告的可读性对文本分析意义重大，如何抽取符合中文金融文本特征，特别是适用于中文上市公司年度报告分析的可读性特征，是本书的另一个难点。(3) 上市公司财务危机预警模型构建。本书面向非平衡样本集，结合现有融合算法，进行财务危机特征建模并构建适合中国上市公司的财务危机预警模型，实现高效的上市公司财务危机预警，也是本书的难点之一。

1.4.2　研究创新点

基于知识融合的上市公司财务危机预警方法研究的特色在于：有别于以往研究知识融合的思路与方法，本书遵循"财务危机知识组织—财务危机特征融合—财务危机预警实现"的逻辑主线，旨在根据中国上市公司特征，将从多源信息资源中获取的财务危机预警知识进行转换和融合，并在此基础上进行上市公司财务危机预警的实现与应用，为相关利益主体提供高效可靠的财务危机预警信号。本书的创新之处在于：

(1) 从财务危机预警需求出发，构建了基于知识融合的上市公司财务危机预警模型。本书结合中国上市公司财务危机预警现状，根据财务危机预警的信息来源与知识组织需求、知识融合的任务与目标、知识融合的实现路径，构建基于知识融合的上市公司财务危机预警模型，通过数据层知识融合、处理层知识融合和应用层知识融合实现上市公司财务危机预警，这是本书在知识融合理论方面的创新。

(2) 提出了基于知识融合的情感词典自动构建及可读性标引方法。将语料库与知识库相结合的方法，应用于金融领域文本的情感词典自动构建的过程中，基于获取的语料，分别在不同任务中利用 Word2vec 和 Bert 进行词向量训练，利用结合多头注意力机制的全连接神经网络实现种子情感词汇的自动分类，分别生成面向上市公司年度报告和面向上市公司网络财经新闻的情感词典，进而实现情感标引。在可读性标引方面，提出了一个结合 FastText 和 K-means 的文本可读性识别模型，实现了对于上市公司年度报告的可读性标引，上述两个方面是本书在中文金融领域文本分析方面的创新。

(3) 提出了基于融合算法的特征建模方法，构建了基于融合算法的财务危机预警模型。现有财务危机预警研究尚未形成通用性较强的、全面的财务危机预警特征体系。基于处理层知识融合，本书将遗传算法与随机森林结合起来，实现了面向上市公司财务危机预警知识的特征优选，最终生成包含财务、股票、公司治理、上市公司年度报告和网络财经新闻特征的财务危机预警优选特征集合。此外，基于应用层知识融合，本书面向多年度的样本集合，利用神经网络和 D-S 证据理论两类融合算法构建了财务危机预警模型。上述两个方面是本书在财务危机预警方法方面的创新。

（4）揭示了公司特征对财务危机预警的影响规律。一方面，通过处理层知识融合的特征建模，发现在企业被 ST 的前三年度（T-3）到前六年度（T-6）中影响上市公司发生财务危机的特征存在差异，其中在各年度均对上市公司的财务状况产生影响的特征包括财务特征 3 个，股票特征 2 个，公司治理特征 5 个和文本特征 4 个，上述 14 个特征可被视为上市公司财务危机预警的重点特征，企业需要对其进行重点关注，以尽早识别财务危机预警信号；另一方面，通过应用层知识融合的财务危机预警实现，发现上市公司年度报告特征和新闻特征能够在财务危机预警中发挥重要作用，且企业被 ST 的前四年度（T-4）和前五年度（T-5）的这两个特征的作用效果更优，而财务、股票和公司治理特征的作用随着时间的推移而衰减。因此，需要分时段综合利用各类财务危机预警特征，以实现效率更优的财务危机预警，上述两个方面是本书在财务危机预警理论方面的创新。

2 相关理论与方法

本书将知识融合方法应用于上市公司财务危机预警，需要明确财务危机预警的理论基础及方法，知识融合相关理论及方法，在此基础上才能构建基于知识融合的财务危机预警模型。因此，本章首先从财务危机的内涵、财务危机预警的理论基础和财务危机预警方法三个方面梳理相关研究；其次，从知识融合相关概念辨析、知识融合的内涵及框架和知识融合算法三个方面对知识融合概念及方法进行梳理，以明确知识融合应用于财务危机预警问题的具体实现路径。此外，本章也对知识融合实现路径中涉及的文本分析方法，包括基于深度学习的方法、情感分类和可读性标引方法进行梳理。

2.1 财务危机预警理论及方法

财务危机问题涉及的研究领域包括管理学、经济学、计算机科学等，各学科对财务危机问题的研究侧重存在差异，因此有必要从财务危机的内涵理解出发，全面梳理财务危机的定义、影响财务危机形成的内外部因素、相关理论基础，以及各类财务危机预警方法，以辅助后续研究的展开。

2.1.1 财务危机的内涵

财务危机的内涵随着研究领域和应用场景的不同而存在差异，本书从财务危机的定义和形成因素两个方面对财务危机的内涵进行阐述。

1. 财务危机的定义

在国内外相关研究中，财务危机也被称为"财务困境""财务失败"

"financial distress" "financial failure" "financial bankruptcy" "financial early warning" 等（余敏和朱兆珍，2015）。目前学术界对财务危机还没有统一的定义，因各国政策法规及经济发展状况和应用场景的差异，不同学者对这一概念有不同的定义标准。本书归纳了近年来一部分关于财务危机定义的典型表述，如表 2-1 所示。

表 2-1 财务危机定义的典型描述

来源	财务危机定义	衡量标准
李秉祥和 扈文秀 （2004）	财务危机是指公司没有能力支付到期债务或相关费用的现象，包含了从资金管理技术性失败到破产这一过程中的各种情况	主要通过衡量企业偿付能力来判定财务危机，具体而言可以从资本存量和现金流量两个角度衡量
Almeida and Philippon （2007）	财务危机发生在企业发生债券违约的状况之下，公司的债券价格可以用来评估企业发生财务危机的风险	通过衡量企业债券违约概率来评估发生财务危机的可能性
吴星泽 （2011）	利益相关者行为可以嵌入财务危机的定义之中，财务危机是在导致财务危机发生的力量和抵制财务危机发生的力量进行权衡后，企业出现支付能力不足的状况	企业自身及利益相关者等内外部因素均对财务危机产生影响，导致财务危机的力量包括投资失败、治理混乱等，抵抗财务危机发生的力量包括企业盈利、股东注资、政府免税等
Koh et al. （2015）	企业生长周期包括出生、生长、成熟和衰退四个阶段，而两个年度的连续违约距离下降可被视为财务危机发生的标志	基于生命周期理论，主要通过企业CEO更换频率、现金流、资产量等方面的指标对财务危机企业进行判定
Ninh et al. （2018）	当企业资产流动性不足和固定成本较高以至于无法履行其财务义务时，会发生财务危机	通过财务指标、市场指标和宏观经济指标来判定企业发生财务危机的可能性
李慧等 （2019）	财务运行质量是影响财务危机发生的根本原因，财务运行质量主要通过盈利质量体现出来	公司盈利质量主要通过盈利水平、盈利的收现性、盈利的结构性、盈利的稳定性和盈利的持续性五个方面来衡量

从表中可以看出，大部分学者将企业的偿债能力和盈利水平视为判定企业是否发生财务危机的重要标志。其中，李秉祥和扈文秀（2004）和 Ninh et al.（2018）将企业能否履行其财务义务，即正常支付到期债务及相关费用视为判定企业财务状况的重要标志，主要通过能够影响企业偿付能力的相关指标对企业的财务状况进行衡量，涉及财务指标、市场指标和宏观经济指标等。Almeida and Philippon（2007）和 Koh et al.（2015）将企业是否发生债券违约作为衡量企业财务状况的重要标志，可以利用违约距离来进行债券违约风险的衡量，违约距离是指公司资产与违约点的接近程度，当企业债务到期时其负债高于其资产价值则被判定为违约，因此将反映企业债券市场的违约距离引入财务危机预警是十分必要的（刘国光等，2005；潘彬和凌飞，2012）。李慧等（2019）将企业的盈利质量视为影响其财务状况的重要因素，盈利质量主要通过盈利的水平、收现性、结构性、稳定性和持续性来衡量。吴星泽（2011）则从影响企业发生财务危机的内外部因素出发，将财务危机定义为在导致财务危机发生的力量和抵制财务危机发生的力量进行权衡后，企业出现支付能力不足的状况，认为企业内部治理状况、政府政策、盈利状况等因素均对企业的财务状况产生影响。

此外，也有部分早期研究将企业破产等同于财务危机。例如，Altman（1968）和 Deakin（1972）认为企业的财务困境包括进入破产程序、无力偿还债务或与债权人达成协议进行债务清算，以及法律上的破产、被接管和重组等。将企业破产作为财务危机的标志，主要是基于两个原因：其一，破产作为企业财务危机导致的最终结果，对上市公司、信用机构、证券投资者等相关利益主体造成重大不利影响，进行这一问题的研究具有重大的现实意义；其二，企业破产是一个有明确界定的客观事件，具有较高的可度量性，便于实验设计及样本的选取（卢永艳，2012）。

基于上述对财务危机定义以及第一章中历史研究对财务危机的描述，可以总结出，国内外研究主要从四个方面定义财务危机：①企业的盈利能力在一段时间内持续下降；②企业正常的生产经营活动受到影响；③企业的偿债能力变差，以至无法按期偿还债务；④企业无法支撑其生产经营活动，进行债务清算，甚至进入破产程序。这四个方面可以被视为企业财务状况逐步恶化的过程，基于上述描述，本书将财务危机定义为当企业内部经营管理不当或外部经营环境不利时，企业正常的生产经营活动受到影响，使企业出现财务损失严重的状况。这与中国证券监督管理委员会制定的特别处理（ST）评判标准较为相似，因此，本书将被ST视为中国上市公司发生财务危机的标志。

2. 财务危机的形成因素

影响企业发生财务危机的因素一直是财务危机预警研究的重点，财务危机的形成因素可以概括为两个方面：内部因素和外部因素。企业经营方式等内部因素是导致财务危机的直接因素，而外部政治经济环境等是间接因素（王鲁，2017）。

造成企业财务危机的内部因素主要包括：治理结构因素、经营管理因素和危机管理因素。

（1）治理结构因素。公司的治理结构是指为了规范公司内部各利益相关主体的权利和义务而制定的一系列制度，其主要功能是明确股东、董事会和经理的权责分配，使三者之间形成有效的约束与制衡（刘文琦，2012）。股东持股数量、股权集中程度、控股股东性质、高管持股比例、独立董事人数、总经理更换频率、总经理与董事长的兼任情况等（金燕华和陈冬至，2009；陈永丽和龚枢，2012；Evans et al.，2013；宫海亮等，2014；Manzaneque et al.，2016；Nwogugu，2019；Tang et al.，2020）能够代表公司治理结构的因素均有可能对企业的财务状况产生影响。

（2）经营管理因素。公司在日常运行中的经营、投资、融资和增长因素均可对公司的生产经营产生影响（徐光华和沈弋，2012），公司的经营管理状况可以通过财务比率衡量。经营因素主要反映公司的盈利水平和运营状况，总资产收益率、息税前利润率、净利润率、总资产周转率、存货周转率、应收账款周转率等可以反映公司的经营状况；投资因素主要反映公司资产的相对流动性，流动资产比率、货币资金占总资产比重等可以反映公司的投资状况；融资因素涉及公司资本结构中的债务比例，资产负债率、负债权益比率、速动比率等可以反映公司的融资能力；增长因素主要涉及主营业务增长率、资产增长率、净收益增长率等（Manzaneque et al.，2015；Laitinen and Suvas，2016；Zhou et al.，2016；Sun et al.，2019）。

（3）危机管理因素。公司危机管理意识的强弱和是否有成熟的预警机制也是影响企业发生财务危机的重要内部因素之一（Lundqvist，2015）。管理层危机意识薄弱、审计质量较低、没有建立有效的财务危机预警系统等方面的因素（Pradhana and Suputra，2015；Du and Lai，2018）均有可能导致上市公司发生财务危机。

造成企业财务危机的外部因素主要包括：政策环境因素、经济环境因素和行业竞争环境因素。

（1）政策环境因素。国家及区域政府部门制定的各项政策和法律法规等均会对公司的生产经营活动产生影响（王文琦，2016）。国家层面的政策主要包括货币金融政策、税收政策、产业政策等；区域层面的政策主要包括地方性法规、地方性扶持政策等。其中，国家层面的货币政策、税收政策等对宏观经济起到了调节作用，能够对企业的生产经营及财务状况产生影响；国家层面的产业政策、地方性法规和扶持政策也会对某些行业的生产经营活动产生直接影响，进而可能对相关企业的财务状况产生影响。

（2）经济环境因素。国家及区域的宏观经济发展状况是公司赖以生存的经济环境，会对公司的生产经营状况产生影响（Fitzpatrick and Ogden，2011）。在经济环境中，能够反映宏观经济发展状况的指标，如国内生产总值、国民生产总值、人均国内生产总值、消费者物价指数、城镇失业率、国家货币供应量等能够在一定程度上对企业的财务状况产生影响（McNamara，2011；Jiang and Jones，2018）。

（3）行业竞争环境因素。公司所处的行业竞争环境是不断变化的，若公司的产品、技术、管理等方面无法适应行业竞争，公司的生产经营活动会受到不利影响，进而导致财务危机风险（顾善雯，2013）。具体而言，企业规模、企业的市场份额、行业前景、产业集中程度、产品专用性和产品市场竞争力的方面的因素能够在一定程度上对企业的财务状况产生影响（张耀辉和万水林，2005；陈晓红等，2010）。

2.1.2 财务危机预警的理论基础

基于上述财务危机的内涵可以发现，在内部和外部不利因素的共同作用下，企业的生产经营活动在一段时间内持续恶化，才会导致企业发生财务危机。因此，进行财务危机预警，能够尽早提供预警信号，使管理人员、股东、政府部门等利益主体能够及时做好防范工作，以减少经济损失。历史研究已对财务危机预警的理论依据进行了有益探索，主要的理论基础包括：企业生命周期理论、利益相关者理论和经济预测理论。本书在构建基于知识融合的上市公司财务危机预警模型的过程中，需要借鉴财务危机预警的理论依据，以明确财务危机预警的目标及预警流程。

1. 企业生命周期理论

企业生命周期理论认为企业的发展与生物体的成长曲线类似，因此生物学中的生命周期现象也适用于企业（Haire，1959）。学术界普遍认同企业生命周期的存在性，但在企业生命周期阶段划分上的理解存在差异，企业的生命周期主要涵盖初生、成长、成熟、衰退等阶段（王炳成，2011），如图 2-1 所示。企业初生期是企业创立和诞生的早期阶段，在这一阶段企业生产规模较小、盈利水平相对较低；企业成长期是企业高速发展的阶段，在这一阶段企业着力重点产品的发展，盈利增长速度较快；企业成熟期是企业稳定发展的阶段，在这一阶段企业发展速度放缓，产品向多样化发展；企业衰退期是企业走向衰亡的阶段，在这一阶段企业资本负债率高，产品亏损较为严重（沈超群，2017）。明确企业生命周期的划分依据能够识别企业的发展状况，因此企业生命周期的定量划分是该领域研究的重点。企业年龄、资产增长率和销售增长率（朱兆珍，2016）以及现金流（Weil et al.，2013）是进行企业生命周期划分最常见的指标。此外，孙建强等（2003）将收入增长率、市场占有增长率、科技成果转化率和成本降低率等指标视为划分企业生命周期的依据。李云鹤和李湛（2012）将主营业务收入增长率、留存收益率和资本支出率引入企业生命周期划分。

总体而言，历史研究主要利用财务指标对企业生命周期进行划分，在一定程度上能够判定企业的财务状况。因此，部分学者将企业生命周期理论引入财务危机预警研究，徐晓燕（2004）将企业生命周期划分为四个阶段，即创业期、成长期、成熟期和收缩期，利用财务结构、盈利能力、偿债能力、资产管理状况、成长能力、筹资和投资状况、成本费用等方面的数据对企业的各个阶段进行评估，最终得出企业在不同生命周期阶段上的财务特征。张倩（2013）和朱兆珍

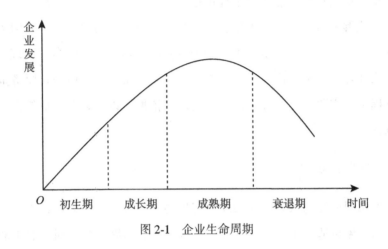

图 2-1 企业生命周期

（2016）将企业生命周期划分为成长期、成熟期和衰退期三个阶段，利用偿债能
力、盈利能力、营运能力、增长能力、投资能力、股权结构等方面的指标分别对
三个阶段的相关企业进行检验，进而识别具有财务危机风险的企业。生命周期理
论在财务危机预警研究中的应用，说明相关财务指标在企业发展的各个阶段均具
有识别企业财务风险的能力，财务危机是企业长时间不利的生产经营活动导致
的，尽早进行财务危机预警具有重大意义。

2. 利益相关者理论

利益相关者理论认为企业是所有相关利益之间的一系列多边契约（Friedman
and Miles，2002），企业的发展是各利益相关者共同作用的结果，Miles（2017）
从不同角度对企业的利益相关主体进行了划分，总体而言，企业的利益相关主体
可以分为内部利益相关者和外部利益相关者，如图 2-2 所示。其中，内部利益相
关者主要包括股东、债权人、经营者、员工等；外部利益相关者主要包括竞争
者、供应商、政府、社区等。袁振兴（2004）指出企业的财务目标是利益相关者
利益最大化，其中涉及股东财富最大化、债权人利益保障和员工利益保障等问
题。因此，企业发展过程中内外部利益相关者受其自身利益的驱动会对企业的生
产经营活动产生影响，进而影响企业的财务状况（吴星泽，2011）。

已有研究将利益相关者理论引入财务危机预警研究，通过分析各利益相关主

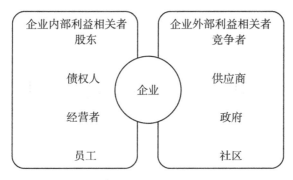

图 2-2 利益相关者模型

体在企业生产经营活动中的作用及其对企业财务状况的影响来实现财务危机预警。董淑兰和刘思琳（2014）将每股净资产、利息保障倍数、应付账款周转率、营业成本率、员工工资支付率、纳税贡献率、社会捐赠支出率等能够反映股东、债权人、供应商、政府等利益相关主体利益的指标引入财务危机预警模型。杨华（2015）指出企业各利益相关主体主要从偿债能力、营运能力、盈利能力、发展能力、投资报酬和现金流量六个方面关注企业的财务状况，将这六个方面的财务指标与公司治理、股权结构、宏观经济、地理区域等能够反映各利益相关主体现状的非财务指标结合起来进行财务危机预警。王艺（2017）从利益相关者理论出发，通过分析各利益相关主体的行为模式，主要从涉及各利益相关主体的经营活动、投资活动、筹资活动和利润分配活动等方面剖析企业财务危机的演化动因及路径，并利用仿真模型验证了财务危机预警的有效性。利益相关者理论在财务危机预警研究中的应用说明除了能够反映企业经营、盈利、偿债等方面水平的财务指标外，反映企业各利益相关主体特征的指标也能在财务危机预警中发挥重要作用。

3. 经济预测理论

经济预测理论认为基于现有的各类信息资源，利用科学的预测方法，能够对未来经济活动的发展趋势进行预测，经济预测涉及宏观经济预测、产业或行业经济预测、产品市场经济预测、企业经济预测、重大事件影响预测等方面的内容（Rönnqvist and Sarlin，2017；杨晓光和程建华，2019）。通过对相关研究的总结可以发现，经济预测一般包括四个阶段，即预测信息收集、预测方法选择、预测结果分析和预测效果评价，如图2-3所示。

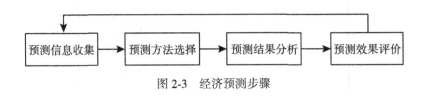

图 2-3　经济预测步骤

具体而言，首先需要明确收集预测信息的范围，预测信息包含与预测目标相关的各类定量与定性信息，例如宏观经济指标、企业财务指标、网络文本信息等（苏志和张骐，2015）。其次，在获取预测信息的基础上，根据信息特征确定预测方法，对预测信息进行分析，经济预测方法主要包括因果法、时间序列分析方法和定性分析方法（Clements and Hendry，2002），此外，随着数据挖掘技术的发展，机器学习算法也被广泛应用于经济预测研究，例如，神经网络算法、遗传算法、支持向量机、决策树、集成学习模型等（穆肇南和张健，2012；Zhao et al.，2017）。随后，基于各类预测模型的分析，可以得出与预测目标相匹配的结论，对预测结论进行深入剖析可以明确各类预测信息在经济预测过程中的作用，并且明确预测结果对相关经济活动的影响。最后，基于预测结论对预测效果进行评价，包括对信息收集、模型选择等步骤的评价，为后续的经济预测活动提供参考依据。对于财务危机预警研究而言，经济预测理论使财务危机预警有据可循，企业的内部和外部因素都可能对企业财务危机的形成产生影响，其中内部因素包括各类财务指标、企业治理结构等，外部因素包括宏观经济指标、产业发展水平等（王鲁，2017）。

2.1.3　财务危机预警方法

从上述财务危机的定义及财务危机预警的理论依据可以发现，财务危机预警是一种数据驱动的企业经济预测研究。具体而言，就是以获取到的各类与企业财务状况相关的信息资源为基础，再综合利用统计学模型、人工智能模型识别出信息的内在模式，进而实现对企业样本的智能分类。总体而言，现有的财务危机预警方法包括基于单一模型的财务危机预警方法和基于集成模型的财务危机预警方法。

1. 基于单一模型的财务危机预警方法

基于单一模型的财务危机预警方法就是仅依赖于单一分类模型的预测结果判定样本企业的财务状况。如引言所述，应用于财务危机预警的单一分类模型包括统计学模型和部分人工智能模型。统计学模型包括单变量分析模型、回归分析、多元判别模型等（Beaver，1966；Altman，1968；Ohlson，1980；吴世农和卢贤义，2001；Jones and Hensher，2004；鲜文铎和向锐，2007）；人工智能模型包括人工神经网络、支持向量机、决策树、遗传算法和 K 最近邻算法等（Shin and Lee，2002；Hua et al.，2007；Sun and Li，2008；秦小丽和田高良，2011；Jo and Shin，2016）。基于单一模型的财务危机预警模型如图 2-4 所示，概述了这类预警模型的构建流程和运行机制。

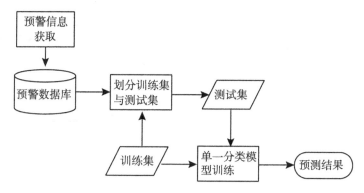

图 2-4　基于单一模型的财务危机预警模型

可以发现这种财务危机预警方法仅利用单一的分类模型，其预测效果主要依赖于模型的选择，单一模型在一定程度上无法保障模型的预测准确度。因此，许多研究从模型优化的角度出发，构建基于集成模型的财务危机预警模型，以实现更为精准的财务危机预警。

2. 基于集成模型的财务危机预警方法

基于集成模型的财务危机预警方法就是依赖于多个分类模型的预测结果判定

样本企业的财务状况。具体而言，集成模型就是将多个算法通过某种方式组合起来，再基于组合后的模型对企业样本进行分析，最终得出财务危机预测结果。模型的集成方式主要分为三种，即并联模式、串联模式和混合模式（孙洁等，2009）。

（1）基于并联模式的财务危机预警集成模型。并联模式的核心思想是将训练好的模型按照并联方式集成起来的方法，基于并联模式的财务危机预警模型如图2-5所示。具体而言，这种集成方式是将各基本分类器的预测结果当作独立的单元，各独立单元的预测能力互不影响，基于一定的规则能够将各基本分类器的预测结果进行整合，得出集成模型的最终预测结果。这种集成方式能够减少单一分类模型可能存在的片面性，进而提升模型的预测稳定性，并且各模型的独立运行在一定程度上能够提升模型的计算效率。

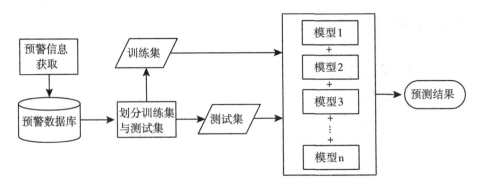

图 2-5 基于并联模式的财务危机预警模型

机器学习中的 Bagging 模型就是典型的并联集成模型，其核心思想是并行的运行同质弱分类器，再按照多数投票的方式将弱分类器的结果进行组合。具体而言 Bagging 算法的输入为训练集 S，首先利用 Bootstrapping 方法从训练集中随机抽取出 n 个样本，共进行 k 轮抽样，则得到 k 个独立的训练集。再利用预先设定的弱分类器对各个训练集进行训练，则得到 k 个模型，最后利用多数投票的方式对 k 个分类结果进行组合。Bagging 方法的特点是通过降低基分类器的方差来优化模型的泛化能力，因此，该集成学习方法的性能依赖于基分类器的稳定性，当基分类器不稳定时，Bagging 能够降低训练数据的随机波动所产生的误差；当基分类器稳定时，则集成分类器的误差主要由基分类器的偏倚引起。常见的基于 Bagging 的模型包括随机森林、Bagging SVM、Bagging KNN 等。

已有研究将并联集成模型的思想引入财务危机预警模型的构建，时建中等（2013）以神经网络算法作为 Bagging 的基准算法；韩建光（2011）将支持向量机与 Bagging 模型结合起来实现中国上市公司财务危机预警研究；Liang et al.（2018）将决策树引入 Bagging 模型进行财务危机预警研究。此外，也有学者以多数投票的方式将不同的基准模型并联起来，将并联结果作为集成模型最终的预测结果（Wang et al.，2018）。

（2）基于串联模式的财务危机预警集成模型。串联模式的核心思想是将各分类模型按照一定的先后次序按照串联方式集成起来，基于串联模式的财务危机预警模型如图 2-6 所示。具体而言，这种集成方式是将前一个分类器的输出作为后一个分类器的输入，各个模型的预测效果会受到前一个模型的影响，在运行过程中需要给各个分类器赋予权重，各分类器的加权融合结果即为最终的预测结果。这种集成模式能够强化预测误差较小的分类器的权重，进而提升集成模型的整体预测效果。

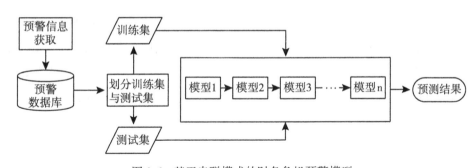

图 2-6 基于串联模式的财务危机预警模型

机器学习中的 Boosting 模型就是典型的串联集成模型，其核心思想是以一种高度自适应的方式顺序地进行同质弱分类器训练，再按照某种确定性的策略将其组合起来。具体而言 Boosting 算法的输入为训练集 S，利用弱分类器对 S 进行训练，根据训练结果对训练集 S 进行权值调整，增加错误分类样本的权重，降低正确分类样本的权重，在完成权值调整后得到训练集 S'，继续对 S' 进行训练，直到弱学习器数量达到预先设定的值 k，将 k 个弱学习器的结果进行加权结合即为 Boosting 的最终结果。Boosting 方法的特点是通过降低偏差来提升模型效率，因此该方法能够将性能较弱的分类器集成为强分类器。Boosting 的实质为迭代算法，每次迭代是基于上一次基模型运行的结果对样本进行加权，随着迭代次数的增加，误差会逐步减少，进而模型的偏差降低。常见的基于 Boosting 的模型包括 AdaBoost、XGboost 和 GBDT 等。

已有研究将串联集成模型的思想引入财务危机预警模型的构建。Sun et al. (2011) 将单变量分析模型和决策树分别与 Adaboost 算法结合起来构建集成财务危机预警模型，并基于中国上市公司的数据对模型进行了验证，发现基于单变量分析模型的 Adaboost 的预测准确率更好。Kim and Upneja （2014） 也构建了基于决策树的 Adaboost 模型，并在美国上市餐饮企业进行了验证，证明了模型的有效性。Wang et al. （2014） 将 Boosting 模型与基于信息增益的特征选择方法结合起来，构建 FS-Boosting 模型实现财务危机预警，并验证了模型的有效性。此外，也有研究基于模型特征构建了两阶段串联集成模型，如 Lin （2010） 将逻辑回归模型的输出作为神经网络模型的输入构建了集成财务危机预警模型，并在土耳其、中国、印度、俄罗斯等国的企业数据上验证了模型的有效性。

（3）基于混合模式的财务危机预警集成模型。混合模式的核心思想是将串联和并联模式融合在一起，既弥补了并联模式过于依赖基分类器稳定性的缺点，又弥补了串联模式具有不确定性的特点，基于混合模式的财务危机预警模型如图 2-7 所示。具体而言，这种集成方式是先将各算法并联起来生成各个不同的单元，再将各并联单元串联起来，最终生成预测模型的结果。需要注意的是混合模型需要明确各基准模型的种类，若各类模型混用会造成混合模型过于复杂，影响最终的预测效果。

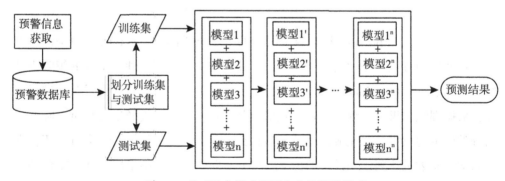

图 2-7　基于混合模式的财务危机预警模型

也有部分研究利用混合模式的集成模型进行财务危机预警研究。孙洁和李辉（2009）将支持向量机、多元判别分析、逻辑回归、BP 神经网络、案例推理、决策树六种模型作为基准模型，采用不同的组合构建并联模块，再将各并联模块串联起来实现企业财务危机预警。Liu and Wu（2017）基于增量学习的思想构建混合集成模型，首先利用遗传算法对基准分类模型进行选择，将被选择的模型以多数投票的方式并联起来，再将第一个并联模块的输出结果作为下一个模块的输入，加入增量学习的集成模型，最终实现财务危机预警。

上述方法均在财务危机预警研究中发挥了重要的作用，为后文财务危机预警模型的构建提供了方法依据，本书将知识融合的思想引入财务危机预警研究，下一节将梳理知识融合有关的理论及方法，为构建基于知识融合的上市公司财务危机预警模型提供支撑。

2.2 知识融合理论与方法

知识融合是知识工程的重要组成部分（朱木易洁等，2017），已被广泛应用于计算机科学、商务管理、社会管理和医疗健康等领域。首先要明确数据、信息与知识之间的关系，数据是对客观事物的记录与描述，是未经加工的客观事实；有格式的数据通过处理、解释等过程会被转化为信息；进一步将信息进行关联则生成知识（张仰森和黄改娟，2016）。换言之，知识强调信息之间的关联，也可以将信息视为知识的一种特定表达。知识主要包括事实性知识、规则性知识、控制性知识和元知识。事实性知识是对有关领域内的事实、概念及其关系的描述；规则性知识是指在具体问题中与事物的行动相关的因果关系知识，这类知识的特点是其动态性；控制性知识是具体问题的求解步骤；元知识是知识的知识，是知识库中的高层知识。

因学科领域及具体问题的差异，知识融合未形成统一的定义及研究框架，因此本书从知识融合相关概念辨析出发，对知识融合内涵及研究框架、融合算法进行总结，以辅助后续研究的展开。

2.2.1 知识融合相关概念辨析

因各学科领域对知识融合的理解存在差异，并且知识融合与数据融合、信息融合、知识整合、知识聚合等概念存在关联（祝振媛和李广建，2017），本书需要对知识融合的内涵与外延进行辨析与总结。具体而言，与知识融合相关的概念可以从两个角度进行划分。其一是融合对象不同，包括数据融合和信息融合，其二是知识处理方式存在差异，包括知识整合和知识聚合，可以从这两个角度对相关概念进行辨析。

1. 知识融合与数据融合和信息融合

数据融合、信息融合和知识融合可以被视为融合对象的发展过程，融合对象经历"数据—信息—知识"的变化。数据、信息和知识这三个概念存在着差异，但在部分研究中也存在着混用的现象。因数据、信息和知识这三者之间存在着联系与差异，数据融合、信息融合和知识融合这三个融合概念间既密切相关又侧重不同。

数据融合（data fusion）这一概念源于军事领域，主要应用于传感器的数据处理，后发展于计算机科学和工程科学研究领域，被广泛应用于机械工业、交通规划等领域（Diez-Olivan et al.，2019；Lau et al.，2019）。祁友杰和王琦（2017）指出数据融合是对多个有关某一对象的不完整的描述进行综合，形成相对完整和一致的描述。数据融合可以被视为数据集成的步骤，通过消除数据间的不一致和错误最终形成正确的统一描述（Dong et al.，2014）。数据融合能够利用多组数据更加全面的获取分析目标的多个相关特征，通过数据的互相关联能够高效地利用数据，进而提高分析精度并减少处理时间。

信息融合（information fusion）也可以被称为多源数据融合，在军事技术、自动化和智能化等领域得到了广泛关注。潘泉等（2012）指出信息融合是利用计算机技术对多个传感器或多个信息源的信息进行合并、集成、优化以辅助相关决策的进行，强调信息融合的目标是形成高质量的有用信息。常见的信息融合算法包括 D-S 证据理论、贝叶斯、粗糙集等。信息融合的实质是充分利用多源异构信息，并基于特定规则将分布在多个信息源中的冗余和互补信息在时间和空间上进行整合，使融合后的信息满足任务目标（李洋等，2019）。随着研究的深入，信息融合对象涉及图片、文本、数字、地理信息等（Balazs and Velásquez，2016；Guiñazú et al.，2020；Jiang et al.，2020），该技术被扩展至商务智能、舆情管理等领域。例如，Shroff et al.（2011）将信息融合与企业管理结合起来，提出了企业信息融合框架，就是将企业运营过程中涉及的用户反馈、重要新闻、社交媒体信息等融合起来，为企业提供相关决策依据。

相对于数据融合和信息融合而言，知识融合（knowledge fusion）是知识管理和知识工程的重要组成部分，已被应用于计算机科学、图书情报学、工程技术、经济管理、教育等领域（高国伟等，2019）。知识融合是从多源异构资源中定位并获取相关知识，进而对知识进行转换、加工、匹配等，最终将融合结果运用于目标问题的求解（Preece et al.，2001a）。知识融合的实质是在知识转换、集成的过程中产生新知识，进而基于新的知识实现知识服务（唐晓波和魏巍，2015）。知识融合的对象不仅涉及数字、图片、文本、信号等与信息融合类似的信息源，还涉及方法、专家经验甚至人类思想，融合算法、本体、主题图等技术均在知识融合研究中发挥了重要作用，对互联网碎片化知识、跨数据类型知识以及动态性知识的融合是目前知识融合关注的重点（孟小峰和杜治娟，2016；李广建和陈瑜，2019）。

综上所示，数据融合、信息融合和知识融合三者之间既存在相似之处又各有侧重，表 2-2 总结了三者的特征。

表 2-2   **数据融合、信息融合和知识融合特征比较**

	数 据 融 合	信 息 融 合	知 识 融 合
研究目标	对多个有关某一对象的不完整的描述进行综合，形成相对完整和一致的描述	充分利用多源异构信息，通过对信息进行合并、集成、优化以辅助相关决策的进行，最终形成高质量的有用信息	对多源异构知识进行转换、加工、匹配等，在这一过程中得到新的知识，将新知识运用于目标知识问题的求解，以辅助知识服务
应用领域	军事领域、机械工业领域、交通规划等	军事领域、机械工业、商务智能、舆情管理等	计算机科学、图书情报学、工程技术、经济管理、教育学等
方法技术	传感器技术、地理信息技术	贝叶斯、粗糙集、D-S 证据理论等信息融合算法	本体、知识库、语义网、融合算法等
融合对象	传感器信号、地理数据等	图片、文本、信号、数字等	文本、信号、图片、数字、方法、专家经验、人类思想等

2. 知识融合与知识整合和知识聚合

知识整合、知识聚合和知识融合的研究对象均为知识，三者在对知识的处理方式及应用场景上存在关联和差异。

知识整合（knowledge integration）是一个动态的过程，是将处于不同层级和结构中的知识进行挖掘和整理，同时清除无用的知识，以实现知识结构的构建（芮明杰和刘明宇，2006）。换言之，知识整合是对不同来源、不同层级的知识进行合并，其目标是打破知识单元间的壁垒，将各相对独立的知识单元综合为结构清晰的知识。知识整合被广泛应用于经济管理领域，企业知识整合主要包括企业内部知识整合和外部知识整合，前者主要强调对企业内部不同类型和不同层次的知识进行整合，后者则强调对企业外部的各类知识资源进行整理与综合，以辅助企业管理与创新（刘畅和李建华，2019；Salunke et al.，2019）。企业产品开发过程中的知识整合机制表现为对历史产品知识的有效综合与集成，并且开发过程中的知识整合是动态变化的，而不仅仅是对历史产品知识的积累（Eslami et al.，2018；武梦超和李随成，2019）。

知识聚合（knowledge aggregation）是根据各知识单元的特征，通过一定的方式将分散的知识进行凝聚，以发现各知识单元之间的关联，最终形成统一的知识体系（李亚婷，2016）。换言之，知识聚合是对多源知识资源进行分析、归类后，对分散的、多粒度的知识单元进行聚集，基于知识单元间的关联，从而形成一个全面的、多维的知识整体。张建红（2016）从数字资源的角度探讨知识聚合的内涵，指出数字资源的知识聚合是利用语义技术与方法，对数字资源中的知识单元进行分析，揭示知识单元中蕴含的语义关联，进而通过聚类、凝聚的方式将具有语义关联的知识单元聚合为一个整体。李洁和毕强（2016）将知识聚合概念引入数字图书馆资源的可视化研究，提出知识聚合可视化的概念，是指结合具体应用场景，利用聚合技术挖掘领域知识单元间的语义关联，并利用可视化技术与工具实现聚合结果分层次、分类型的完整表达。知识聚合被广泛应用于文献研究（邱均平和刘国徽，2014）、知识推荐（郭顺利，2018；陶兴等，2019；王欣等，2019）、医疗健康（洪娜等，2013；Clarke and Steele，2015）等领域。

对于知识整合和知识聚合而言，知识融合更加强调从多源异构的资源中抽取相关知识单元，并利用机器学习、本体、语义网等相关技术对各分散异构的知识单元进行转换和集成，以得到新的知识，最终服务于特定领域的问题求解（李亚婷，2016）。知识融合相关研究强调对于新知识的产生，强调融合结果能够辅助知识服务，并且融合对象不仅仅是信息资源，还包括方法、经验、思想等利于决策的各类知识资源。基于上述对于知识整合、知识聚合和知识融合内涵的辨析，表 2-3 阐述了上述三个概念特征比较。

表 2-3　　　　　　　　　知识整合、知识聚合和知识融合特征比较

	知　识　整　合	知　识　聚　合	知　识　融　合
研究目标	是将处于不同层级和结构中的知识进行挖掘、整理，同时清除无用的知识，以实现知识结构的构建	通过一定的方式将分散的知识进行凝聚，以发现各知识单元之间的关联，特别是语义关联，最终形成统一的知识体系	从多源异构的信息资源中抽取知识，并利用相关技术对各分散异构的知识单元进行转换和集成，以得到新的知识，最终服务于领域问题的求解
数据来源	组织内外部各层次资源	文献资源、网络数字资源、网络社区资源	不同来源及不同类型的各类资源
	知识原始形式	知识整合	知识聚合	知识融合

如表 2-3 所示，知识整合强调对组织内外知识进行秩序化处理，使分散的知识按照一定的规则进行排序和综合；知识聚合强调将同类型无序的知识按照一定的关联关系聚集到一起，进而形成一个更加全面的整体；知识融合强调对各个分散的知识单元中不同类型的知识进行抽取和转换，最终形成新的完整的知识。换而言之，知识整合的重点是对知识进行秩序化整理，知识聚合的重点是进行知识

间关联，知识融合的重点是形成新的知识。

2.2.2 知识融合内涵及框架

概念辨析部分已将知识融合与相关概念进行了比较，但知识融合的应用涉及多个领域，不同领域对其的认知也存在一定的差异，本节进一步对不同学科领域的知识融合内涵及研究框架进行总结，以期为后续基于知识融合的上市公司财务危机预警模型构建提供参考。表 2-4 归纳了部分研究中有关知识融合的典型描述及其研究框架。

表 2-4　　　　　　　　　　知识融合内涵及框架总结

来源	知识融合内涵	融合对象	融 合 框 架	应用场景
徐赐军等（2010）	知识融合的关键是使知识具有正确的含义及合理的结构，并在知识层面上进行新知识的发现和知识的交互，目的是用于解决实际问题	本体库、知识库、元知识集	基于本体的知识融合框架，主要包括元知识集构建、知识测度指标的确定、知识融合算法的设计和融合知识的后处理	机械工业
Xie（2012）	知识融合是将多源异构知识进行转换、抽取和合并的过程，是基于知识的共享和服务中知识处理和优化的核心部分	网络信息资源、数据库	基于本体和语义规则的知识融合框架，主要包括知识抽取、知识聚类、融合规则构建与选择评估、用户服务模块	农业领域
Smirnov et al.（2015）	知识融合是对有用的知识进行传递、分析并得出结论的过程，这就要求在融合过程中注重环境信息的获取，以实现更高层次的集成，提高感知能力以辅助决策	数据库、本体库、地理位置等	构建基于内容的知识融合框架，包括简单融合、扩展融合、实例化融合、配置融合、适应性融合、扁平融合和历史融合七种融合模式	决策支持

来源	知识融合内涵	融合对象	融 合 框 架	应用场景
张心源和邱均平（2016b）	知识融合是对海量数据的融合加工，目的是实现知识层面的知识发现与交互，以实现大数据环境下的知识开发、利用与精准的知识服务	各类传感器数据、互联网信息、数据库、知识库等	大数据环境下的知识融合框架，包括融合预处理、融合过程和融合服务三大模块	知识服务
严承希和房小可（2017）	知识融合是语义层面的知识处理，目标是实现语义化查询和推理，并深入挖掘显性知识，实现隐性知识扩展与知识创新	多源词表、元数据、数据库	面向多源词表的知识融合框架，包括内部核心和外部环境两个部分，其中外部环境是数据来源，内部核心包括转换复合过程和输出单元	图书情报
周利琴等（2018）	知识融合是从海量数据中抽取需要的知识元素、挖掘知识元素间的关联，以实现目标问题的求解，其目的是解决知识复用和知识共享问题	非结构化的网页文本、半结构化的在线百科知识、结构化知识库	基于网络大数据的知识融合框架，包括数据采集、知识抽取和知识融合三大模块，其中知识融合包括实例融合、域集融合、属性融合、关系融合和概念融合	医疗健康
张卫东等（2018）	知识融合是一种信息资源组织和整合的研究范式，对多源、分散和动态的知识进行抽取、匹配和集成，最终形成新的知识层，实现知识增值	动态、多样、繁杂和分布式的网站数据	面向政府网站的知识融合框架包括数据级知识融合、概念级知识融合和决策级知识融合，具体而言包括知识采集、知识转换、知识融合和知识服务四个流程	政务管理

早期的知识融合研究可以追溯到有关 KRAFT 代理系统的研究（Gray et al. ,
1997；Preece et al. , 2000；Preece et al. , 2001b）。KRAFT 项目旨在研究如何用

分布式结构实现异构知识的转化和重用，以及如何利用融合知识获取附件价值，强调知识融合的目的是将知识应用于某一领域问题的求解，后期的知识融合研究或多或少受到了 KRAFT 项目的影响。如表 2-4 所示，近年来学者们已将知识融合应用于机械工业、政务管理、医疗健康、图书情报、知识服务、决策支持和农业等领域，并基于领域问题的求解对知识融合的内涵进行了解读并提出了相应的知识融合实现框架。

在知识融合内涵解读方面，学术界尚未形成一致的定义。徐赐军等（2010）与张心源和邱均平（2016b）均认为知识融合目的是实现知识层面的知识发现与交互，其中前者强调知识融合的关键是使知识具有正确的含义及合理的结构，后者更强调知识融合在大数据环境下对海量数据的融合加工能力。周利琴等（2018）也强调知识融合在海量数据中的知识抽取能力，能够挖掘知识元素间的关联，实现目标问题的求解，进而解决知识复用和知识共享问题。类似的，Xie（2012）和张卫东等（2018）也认为知识融合是将多源异构知识进行转换、抽取和合并的过程，其中前者重视知识融合能够服务于知识共享和知识服务的能力，后者更重视知识融合能够促进产生新知识以及知识增值的作用。此外，Smirnov et al.（2015）提出基于环境的知识融合概念，认为知识融合是对有用的知识进行传递、分析并得出结论的过程，这就要求在融合过程中注重环境信息的获取，以实现更高层次的集成，提高感知能力以辅助决策。严承希和房小可（2017）则从语义层面对知识融合进行解析，认为知识融合是语义层面的知识处理，目标是实现语义化查询和推理，并深入挖掘显性知识，实现隐性知识扩展与知识创新。

在知识融合框架构建方面，上述研究大体上可以被分为两类，即基于本体的知识融合框架和基于层次的知识融合框架。具体而言，基于本体的知识融合框架是以本体构建与管理为核心，利用本体实现知识表示，与具体应用相结合构建知识融合框架。徐赐军等（2010）基于本体提出包括元知识集构建、知识测度指标、知识融合算法设计和融合知识后处理四个模块的知识融合框架，并以挖泥船和虚拟样机知识库验证了该融合框架的有效性。Xie（2012）提出了基于农业本体和融合规则的知识融合框架，包括基于农业本体的知识提取、清洗和注释模块，融合规则构建、选择和评估模块、用户服务模块。

基于层次的知识融合框架主要是从知识融合的对象即知识源出发来探讨知识

融合框架。Smirnov et al.（2015）构建基于内容的知识融合框架，包括简单融合、扩展融合、实例化融合、配置融合、适应性融合、扁平融合和历史融合七种融合模式。此外，大部分研究是将知识融合框架分为三个层次或模块，张心源和邱均平（2016b）以及周利琴等（2018）均认为知识融合主要包括数据采集、知识抽取和知识融合三大模块，其中后者进一步将知识融合分为实例融合、域集融合、属性融合、关系融合和概念融合五类。类似的，严承希和房小可（2017）构建面向多源词表的知识融合框架，包括内部核心和外部环境两个部分，其中外部环境是数据来源，内部核心包括转换复合过程和输出单元，整体而言也是知识抽取、知识转换和知识融合三个模块。此外，张卫东等（2018）构建了面向政府网站的知识融合框架，显性地提出了三个层级的知识融合框架，包括数据级知识融合、概念级知识融合和决策级知识融合。

综上所述，本书已从知识融合相关概念辨析以及内涵与框架两个方面对相关研究进行了总结，本书将知识融合定义为：利用多源知识解决目标问题的过程，具体包含知识获取、知识处理和知识应用；首先利用相应的技术和工具获取分布在不同来源和载体上的知识，再对知识进行抽取、匹配及转换，挖掘隐性知识及知识单元间的关联，进而实现知识单元的分析及合并，最终实现目标问题的求解。

2.2.3　知识融合算法

上述内容对知识融合相关概念以及内涵和框架进行了介绍，而知识融合的具体实现需要依赖于本体、语义规则、知识挖掘、图模型、融合算法等方法。其中融合算法是应用较多的知识融合实现方法，融合算法可以表示为：

$$K = f(x_i) \tag{2-1}$$

其中 K 表示融合算法所生成的融合结果，x_i（$i = 1, 2, \cdots, n$）表示原知识，f 是作用于原知识的融合算法。融合算法所要表达的内涵是当 x_1 知识无法解决实际问题时，则通过某种函数将能够解决该问题的多个知识 $x_1, x_2, \cdots, x_n$ 进行转化和集成并形成融合结果 K，用融合结果解决目标问题。此外，若当单一融合算法仍无法解决目标问题时还可以将方法进行进一步融合，将多种方法共同作用于目标问题的求解。知识融合算法主要来源于信息融合算法，主要的融合算法包括：贝叶斯网络、证据理论、遗传算法、模糊集、粗糙集、神经网络等（王远等，2007；周芳等，2013）。本节主要介绍应用较多的贝叶斯网络、证据理论以及将融合算法进行混合以辅助解决目标问题的方法。

1. 贝叶斯网络

贝叶斯网络（Bayesian network）是一种基于概率推理的图形化网络，利用有向无环图来描述概率关系，能够发现数据间的潜在关系，被广泛应用于不确定知识表达和不确定推理。贝叶斯网络在结合先验知识的基础上，通过学习训练样本来确定合适的贝叶斯网络拓扑结构，强调利用先验知识来提高算法的效率。若有一类待估计问题 $w = \{w_i, i = 1, 2, \cdots, N\}$，其先验概率为 $P(w_i)$，随机序列 $X = \{x_j, j = 1, 2, \cdots, R\}$ 是由 R 个知识源提供的有关 w 的观测值。根据条件概率定义，在观测条件下 w_i 的后验概率为

$$P(w_i \mid x_1, x_2, \cdots, x_R) = \frac{P(x_1, x_2, \cdots, x_R \mid w_i)P(w_i)}{P(x_1, x_2, \cdots, x_R)} \tag{2-2}$$

其中 $P(w_i \mid x_1, x_2, \cdots, x_R)$ 是观测值的联合概率分布函数。假设对知识源的观测值之间互相统计独立，应用全概率公式，则有

$$P(w_i \mid x_1, x_2, \cdots, x_R) = \frac{\prod\limits_{j=1}^{R} P(x_j \mid w_i)P(w_i)}{\sum\limits_{i=1}^{N} \prod\limits_{j=1}^{R} P(x_j \mid w_i)P(w_i)} \tag{2-3}$$

可以看出式（2-3）是将一个多维的估计问题转化为各个分量的估计问题，并将各分量的估计结果融合为总的估计结果。当先验概率 $P(w_i)$，并从观测结果中获得条件概率 $P(x_j \mid w_i)$，就能够求解出后验概率 $P(w_i \mid x_1, x_2, \cdots, x_R)$。应用最大后验概率准则，得到的贝叶斯估计准则为

若 $P(w_i \mid x_1, x_2, \cdots, x_R) = \max\limits_{k=1, 2, \cdots, R} \{P(w_i \mid x_1, x_2, \cdots, x_R)\}$，

则 $\hat{X} \in w_i$ $\tag{2-4}$

从式（2-4）中可以看出，当后验概率最大时的观测结果即为贝叶斯估计，换而言之，当后验概率最大时所对应的 w_k 即为所求的待估计量 w_i。当贝叶斯网络应用于知识融合时，其主要流程包括概率获取、融合处理以及决策输出。具体而言，概率获取部分包括先验概率和条件概率的获取，先验概率是基于专家知识

获取的，而条件概率的获取则需要结合对知识源的观察或结合相关数学模型的实验。融合处理则是将一个多维复杂的目标问题转化为由各个分量的条件概率和先验概率确定的判定问题，是将各个分量的后验概率融合为目标问题的决策结果。决策输出是利用最大后验概率准则，也称最小错误概率准则，对贝叶斯网络的融合结果进行判定，将后验概率最大时对应的结果作为目标问题的求解。

贝叶斯网络已被广泛应用于知识融合研究。Coussement et al.（2015）提出了一个基于贝叶斯网络的决策支持框架，该框架将主观的专家意见与客观的组织信息进行融合，以辅助决策支持。周芳和韩立岩（2015）将基于贝叶斯的知识融合方法应用于企业危机判定研究中，将仿真模型结果以及财务指标作为知识源，共同纳入贝叶斯模型，以实现目标问题的求解。Yue et al.（2017）基于模糊贝叶斯网络构建了一种基于多源知识融合的推理模型，该模型能有效地融合多源知识。邵海鹏等（2017）则将贝叶斯网络应用于交通研究，将专家知识与实际观测数据融合起来，分析得出影响公交车停靠站时影响两轮车穿插的因素。

2. 证据理论

Dempster-Shafer（D-S）证据理论是对传统概率论的进一步扩展，其主要特征是支持对观测对象进行不同程度的精确度描述并且也引入了不确定性描述，能够被应用于解决不确定性问题，被广泛应用于不确定性推理、风险分析、决策支持等问题。D-S 证据理论通过将不同观测对象的状态进行融合，进而推测出目标问题的答案，而这些观测对象的状态仅仅是一种不确定性的描述。一个不确定性问题可能有多种结果，所有结果组成的集合能够表示为 Θ，集合中的元素是两两互斥的，该集合被称为识别框架，可以表示为：$\Theta = \{\theta^1, \theta^2, \cdots, \theta^n\}$，其中 θ^i 为单个子集，2^Θ 为幂集，是 Θ 所有子集的集合。

若函数 $m: 2^\Theta \to [0, 1]$ 满足 $m(\varphi) = 0$，$\sum m(A) = 1$，则称 m 为 Θ 的基本概率分配函数（Basic Probability Assignment，BPA），BPA 函数是描述命题的不确定性程度的基础。其中，$m(A)$ 是 A 的基本概率分配，表示证据对事件 A 的支持程度。$m(\varphi) = 0$ 表示对空集的支持度 0，$\sum m(A) = 1$ 表示 Θ 内所有命题的 BPA 函数之和为 1。当 $\forall A \subseteq \Theta$ 且 $m(A) > 0$ 时，A 为焦元。

BPA 函数表示证据对命题的基本概率分配，而对每个命题的信任度可以用信度函数表示，即 $Bel(A)$，该函数也是 $2^{\Theta} \rightarrow [0, 1]$ 的映射，表示 A 的全部子集所对应的 BPA 函数和，其公式如下：

$$Bel(A) = \sum_{A_i \subseteq A} m(A_i) \tag{2-5}$$

而对命题的怀疑程度则可以用似真函数来衡量，即 $Pl(A)$，该函数也是 $2^{\Theta} \rightarrow [0, 1]$ 的映射，其公式为：

$$Pl(A) = 1 - Bel(A) = \sum_{A_i \cap A \neq \varphi} m(A_i) \tag{2-6}$$

D-S 证据理论的合成规则是将两个或多个 BPA 函数合成为一个 BPA 函数的过程，首先介绍两个证据的合成规则。若识别框架 Θ 中存在两个证据 E_1 和 E_2，证据对应的 BPA 函数分别为 m_1 和 m_2，对应的焦元分别为 A 和 B，则两个证据的合成公式为：

$$m_{1,2}(K) = \begin{cases} \sum_{A_i \cap B_j} \dfrac{m_1(A_i) \, m_2(B_j)}{1 - k}, & A \neq \varphi \\ 0, & A = \varphi \end{cases} \tag{2-7}$$

其中 $i \in [1, n]$，$j \in [1, n]$，$k \in [0, 1)$ 则为证据之间的冲突程度，其公式为：

$$k = \sum_{A_i \cap B_j = \varphi} m_1(A_i) \, m_2(B_j) \tag{2-8}$$

当进行多个证据合成时，识别框架 Θ 中存在多个证据 E_1，E_2，…，E_n，证据对应的 BPA 函数分别为 m_1，m_2，…，m_n，对应的焦元分别为 A_1，A_2，…，A_n，则多个证据的合成公式为：

$$m_{1,2,\cdots,n}(K) = \frac{1}{1 - k} \sum_{\cap A_i = K} \prod_{1 \leq i \leq n} m_i(A_i) \tag{2-9}$$

其中 k 为：

$$k = \sum_{\cap A_i = \varphi} \prod_{1 \leq i \leq n} m_i(A_i) \tag{2-10}$$

当 D-S 证据理论应用于知识融合时，其主要流程包括不确定性建模、证据组合以及决策制定。具体而言，不确定性建模是基于知识源提供的原始数据和先验知识，利用数据挖掘等技术方法获取识别框架上的基础概率分布函数，为后续证据组合提供支撑。证据组合是实现知识融合的核心，能够基于证据组合规则实现多个证据的组合。决策制定是在得到融合后的基础概率分配的基础上，选择具有最大支持度的假设作为最优判断，通常以不确定区间的下界最大和区间范围最小作为判定最优假设的准则。

D-S 证据理论已被广泛应用于知识融合研究。唐成华等（2014）将知识融合方法应用于网络安全态势评价，基于 D-S 证据理论构建了网络安全态势指标的识别空间和评估准则，通过融合专家知识实现知识推理。Yan et al.（2015）利用 D-S 证据理论将不同来源的知识进行融合，进而辅助专家系统进行软件故障诊断。朱娟和唐晓波（2017）面向个性化商品推荐这一领域问题，构建了三层知识融合模型，包括数据层知识融合、模型层知识融合和应用层知识融合，并在应用层中利用 D-S 证据理论对传统协同过滤和知识过滤推荐算法进行融合，以实现目标问题的求解。Sun and Wang（2018）则将基于 D-S 证据理论的知识融合方法应用于应急管理领域，实现了多属性证据的融合，为观测对象的属性描述建立了完整的知识结构，并在海洋灾害应急管理中验证了模型的有效性。

3. 混合算法

基于上述有关贝叶斯网络以及 D-S 证据理论在知识融合研究中的梳理可以发现，融合算法的实质是通过融合多源知识以克服单源知识的不足，以更好地解决目标问题。但是，当单一融合算法仍然无法解决目标问题时，将两种或多种算法进行组合也是求解目标问题的方式之一。因此，除应用单一的融合算法实现知识融合外，还有部分学者将两种算法结合起来。张振海等（2014）将 D-S 证据理论和贝叶斯网络结合起来应用于专家知识融合以辅助决策支持，首先将 D-S 证据理论中的 Dempster 合成法则应用于专家知识的融合，明确其中的部分因果关系，以此来确定一个先验网络结构，然后再经过对观测数据集的学习获取后验网络结构，最终实现对目标问题的求解。文家富和郭伟（2018）基于产品设计中的问题，提出了基于贝叶斯网络和遗传算法的知识融合方法，能够有效的剔除相关性较低的知识元，进而将分散的知识元关联起来融合成知识单元，实现知识重用并辅助决策。Li et al.（2019）则将模糊集和遗传算法融入贝叶斯网络中以实现对专家知识的融合，先利用模糊集来表达和整合专家知识，以实现贝叶斯网络先验网络结构的确定，在先验结构的约束下再利用遗传算法确定网络的最优结构。

还有部分研究将本体引入融合算法的构建中，用以解决不确定性问题。李娟莉和杨兆建（2014）面向故障诊断问题，提出了一种基于本体和贝叶斯网络的知识融合推理方法，先利用 OWL 本体语言实现本体对领域知识的不确定性表示，基于一定的规则实现本体结构到贝叶斯网络结构的转化；在完成语法语义验证的基础上，再利用贝叶斯网络实现不确定性推理。闫昱姝和雷玉霞（2018）面向文本挖掘这一领域问题，提出了基于本体的多源文本知识融合算法，将本体作为知识表示方法，对不同来源的文本知识进行框架处理，若概念名称相同但内容不同时，则将概念属性进行融合，以形成新且完备的概念框架，能够解决文本知识的不一致问题，提升文本知识融合效率。

2.3 文本分析理论及方法

文本分析也可以被称为文本挖掘，是指从自然语言文本中挖掘出有趣的模式和知识的方法和技术，文本分析的难点是对非结构化的自然语言文本内容进行分析。总体而言，文本分析的主要流程是在数据预处理和标注、文本表示的基础上进行文本分类和文本聚类任务，主要的应用包括情感分类与观点挖掘、话题检测与跟踪、信息抽取以及文本自动摘要等（宗成庆等，2019）。对于金融文本分析而言，主要的应用集中于分类问题。因此，本节从近年来兴起的深度学习在文本分析中的应用入手，介绍相关文本表示模型及文本分类模型与应用，再对金融文本分析中应用较多的情感分类和可读性标引进行梳理。

2.3.1 深度学习与文本分析

近年来深度学习技术被广泛应用于文本分析领域，在文本分析的流程中，文本表示是进行文本分析的基础，文本分类是文本分析的核心问题之一。本节主要从文本表示中的词向量模型和文本分类模型两个方面对深度学习在文本分析中的应用进行梳理，以辅助本书后续金融文本情感标引和可读性标引任务的展开。

1. 词向量模型

在文本中词汇是具有语义的最小的语言单位，词向量模型是将词汇转化为稠密的向量，利用向量衡量词汇之间的相似性，有利于挖掘词汇以及句子的特征。

目前，较为经典和热门的模型是 Word2vec。该模型是由 Mikolov et al.（2013）提出的，能够快速有效的训练词向量，其核心思想是通过词汇在文本中的上下文得到词的向量化表示，主要包含两种训练模型，即连续词袋模型（Continuous Bag-of-word Model，CBOW）和 skip-gram，如图 2-8 所示。可以看出，两种模型均包含输入层、投影层和输出层。其中，CBOW 模型是通过上下文预测目标词汇，而 Skip-gram 模型是基于目标词汇对上下文进行预测。

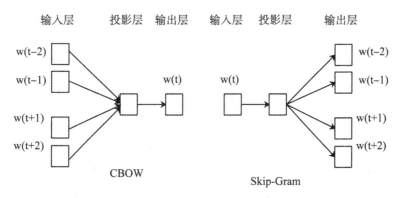

图 2-8　Word2vec 训练模型

除上述两类训练模型外，Word2vec 还提供了两个优化方法用于提升词向量的训练效率，包括分层 softmax（Hierachy Softmax，HS）和负采样（Negative Sampling，NS）。基于不同训练模型和优化模型的组合，可以得到四种基于 Word2vec 的词向量训练框架，包括 CBOW+HS、CBOW+NS、skip-gram+HS 和 skip-gram+NS。HS 优化模型是将词汇在文本中的词频作为权值来构造一棵二叉树，词汇表中的所有词对应叶子节点，若叶子节点有 N 个，则非叶子节点为 N-1 个，叶子节点和非叶子节点分别对应向量，叶子节点对应的向量是词向量，非叶子节点对应的是辅助向量，并且对于每个叶子节点，有且仅有一条由根结点到叶子节点的路径，模型能够利用该路径来估计该叶子节点所代表的特征词的概率。相对于 HS 模型而言，NS 优化模型的思路更加简单，是利用负采样来提升词向量的训练速度，其主要思想是利用部分非目标特征词辅助目标特征词的相关参数进行更新。Word2vec 已被广泛应用于各类文本分析任务的文本表示阶段之中，例如文本分类、情感分类、文本聚类等（Hughes et al.，2017；胡家珩等，2018；Li et al.，2018）。

2. 文本分类

文本分类是按照一定的分类体系对文本类别进行自动标注的过程，常见的文本分类任务包括文本主题分类、文本情感分类等。常见的文本分类算法包括：朴素贝叶斯、Logistic 回归、支持向量机等，但传统的机器学习方法具有稀疏性强、表达能力差、不能自动学习等特点（宗成庆等，2019）。近年来，具有强大特征自学习能力的深度学习模型被广泛应用于文本分类问题，本节主要介绍多层前馈神经网络以及长短时记忆神经网络。多层前馈神经网络是通过全连接的方式映射一组输入向量到一组输出向量，若干个神经元以分层的方式组织在一起，共同组成了神经网络，其结构如图 2-9 所示。与传统的浅层神经网络相比，多层前馈神经网络增加了隐藏层，并且隐藏层中包含激活函数，这就使多层前馈神经网络能够表示所有的函数映射，其中，多层感知机（Multi-layer Perceptropn，MLP）是一种典型的多层前馈神经网络。因其运算代价相对较小的优势，被用于文本分类问题，并取得了不错的效果（胡家珩等，2018；许卓斌等，2018）。

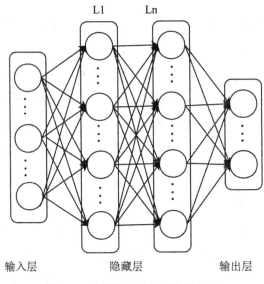

图 2-9　多层前馈神经网络结构图

　　长短时记忆网络（Long Short Term Memory Network，LSTM）改进了循环神经网络（Recurrent Neural Network，RNN）在处理长序列输入时易出现梯度消失或梯度爆炸的问题，当前被广泛应用于自然语言处理领域的文本分类问题（Ain et al.，2017），LSTM 的结构如图 2-10 所示。

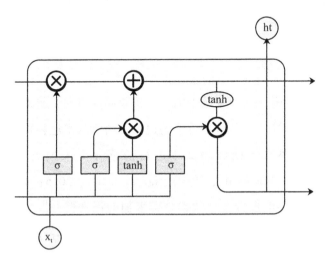

图 2-10　LSTM 结构图

　　其中 x_t 是输入，h_t 为输出。与 RNN 相比，LSTM 增加了单元状态和三个门的控制机制，即输入门、遗忘门和输出门。单元状态是 LSTM 的核心部分，是整个模型的记忆空间，像传送带一样随着时间传送模型的记忆信息，其记忆控制可以通过三个门实现。三个控制门将当前时刻的输入、上一时刻的隐层状态和单一状态的线性变化相加，再利用 Sigmoid 函数激活，能够分别得到一个 [0，1] 之间的门限作为输出。门限与状态或输入进行向量的点乘能够决定有多少信息可以传送出去，当门的输出为 0 时不传输信息，当门的输出为 1 时传送全部信息。输入门与候选状态的点乘能够控制将多少当前时刻的状态信息输入传送带，而遗忘门与上一时刻的单元状态的点乘能够控制有多少状态信息可以遗忘，二者相加就得出当前时刻的单元状态：

$$c_t = i_t \odot c_t' + f_t \odot c_{t-1} \tag{2-11}$$

　　其中 i_t 代表输入门，f_t 代表遗忘门，c_t' 代表当前的候选状态，c_{t-1} 代表上一时刻的单元状态，c_t 代表当前时刻的单元状态。tanh 非线性函数对当前时刻的单元状态进行激活后与输出门进行点乘，则可以得到当前时刻的隐层状态：

$$h_t = o_t \odot (c_t) \qquad (2\text{-}12)$$

其中 o_t 是输出门，h_t 代表当前时刻的隐层状态也就是确定输出的部分。除原始的 LSTM 模型外，学者们对其进行了扩展，其中双向 LSTM（Bi-LSTM）和加入注意力（Attention）机制的 LSTM（Arras et al.，2017；Ma et al.，2018）均被广泛应用于文本分类问题。

2.3.2 文本情感分类

情感分类是自然语言处理领域中的一个重要研究方向，是对主观文本中所蕴含的态度及情感进行挖掘、分析和总结的过程。情感分类已被广泛应用于金融领域，包括对社交媒体文本或新闻文本进行情感分类来预测股票市场的波动（Bollen et al.，2011；Wu et al.，2014；Nguyen et al.，2015；赵明清和武圣强，2019）、对上市公司年度报告进行情感分类来辅助识别财务欺诈企业和财务危机企业（Kraus and Feuerriegel，2017；Hájek and Henriques，2017；Wang et al.，2018）等。情感分类方法主要包括两类，即基于情感词典的方法和基于机器学习的方法。前者需要依赖于情感词典直接得出情感分类结果，后者若要节省人工标注成本则也需要依赖情感词典对训练语料进行自动化标注。情感词典的构建特别是领域情感词典的构建在情感分类中意义重大，情感词典的构建方法主要分为两类，即基于语义知识库的情感词典构建方法和基于语料库的情感词典构建方法。因此，本书主要从这两个方面对情感词典构建的相关研究进行总结归纳，以辅助后续有关金融文本情感分类的研究。

1. 基于语义知识库的情感词典构建

语义知识库是词语及相关语义知识成果的集合（胡家珩等，2018），通过挖掘语义知识库中词汇之间的关系，例如同义、反义、上下位关系等，能够构建出有一定通用性的情感词典。基于语义知识库的情感词典构建方法主要有两种，即基于词关系和释义的扩展法、基于词间相似度的扩展法（王科和夏睿，2016）。

（1）基于词关系和释义的情感词典扩展法。基于词关系的情感词典扩展法是指基于已知种子情感词集，在语义知识库（例如 WordNet、HowNet 等）中查找其同义词、反义词等词间关系,将同义词放入同义词集合,反义词放入反义词集合,以此来扩充种子情感词集,并且对扩充后的情感词集进行循环迭代,得到一个规模较大的词库,再对词库进行去噪等处理,最终形成情感词典。基于这种方法,Hu and Liu(2004)构建了包含少量积极与消极情绪的形容词、名词、动词和副词的种子词汇集合,再利用 WordNet 中的同义和反义关系对种子集合进行扩充,最终构建了情感词典。除积极与消极词汇外,Blair-Goldensohn et al.(2008)在种子词汇集合中加入了中性词集,再基于同义和反义关系对初始词集进行扩展,若扩展后的词汇属于中性词集则停止扩展,这种方法在一定程度上提升了情感词汇集合的准确率。Neviarouskaya et al.(2011)基于同义关系、反义关系、上下位关系等对种子词汇集进行扩展,并强调对于复合词汇的扩展,最终形成情感词典。除利用传统语义知识库进行情感词汇扩展外,田芳等(2019)基于网络知识百科,抽取情感种子词汇的同义及反义关系,进而实现种子情感词集的扩充。

除知识库中包含的词汇外,当知识库中含有词的释义时,可以将释义视为带标注的语料库,可基于词和词的释义进一步扩展种子词集。Esuli and Sebastiani(2007)认为词汇的释义中会包含具有同样情感极性的词汇,基于释义的情感词典扩充是有意义的。Adreevskaia and Bergler(2006)基于 WordNet 中的词间关系及词的释义对种子词集进行扩展,具体而言,是先利用词间关系对其进行扩展,再遍历所有的释义,对重复的部分进行过滤,最终形成情感词典。Baccianella et al.(2010)先基于 WordNet 中的词间关系扩展初始种子集,使用词的释义作为训练语料构建分类器,以确定未知情感的释义,进而确定与之对应的同义词集中的词汇的情感极性,最终构造情感词典。

(2)基于词间相似度的情感词典扩展法。基于词间相似度的情感词典扩展法是指语义库中的词汇之间存在着网状关系,首先确定两组具有积极和消极情感的种子词汇,对于情感未知词汇,通过计算未知词汇与两组已知词汇间的相似度来判断该词汇的情感倾向,进而实现对基础情感词汇集合的扩展。Kamps et al.(2004)认为若两个词汇越相似则其同义词之间的迭代次数会越少,则两个词汇间的迭代次数可以用来衡量词汇之间的相似性。类似地,Hassan et al.(2011)先构建情感种子词汇集合,然后结合 WordNet 构建词汇间关系网络,通过未知情感词汇词移动到种子情感词汇的次数来确定该词汇的情感倾向。在中文情感词典构建方面，柳位平等（2009）以 HowNet 为基础，选取其中部分常用情感词作为基础情感词典，再利用 TF-IDF 特征权重计算方法计算词汇相似度，得出每个词汇的情感倾向值，最终构建情感词典。周咏梅等（2013）在 HowNet、台湾大学情感词典（NTUSD）、褒贬义词词典和其他情感词典的基础上，进行去重处理构建初始情感词汇集合，使用 HowNet 获取英文词语义原词汇，进一步利用 SentiWordNet 检索获取义原词汇的同义词集合义原，进一步计算义原情感倾向，最终得到对应中文词汇的情感值。刘清松和张仰森（2015）基于 HowNet、情感词汇本体和同义词词林三大权威中文情感词典构建基准词汇集合，利用集合的归一化处理和基准词对相似度计算两种方式确定未知情感词汇的情感倾向，通过比较发现，基于相似度计算的方式更优。

2. 基于语料库的情感词典构建

语料库是指实际存在的语言材料的集合，当目标分析文本具有领域特性时，通用情感词典的适用性受到了限制。因此，构建领域情感词典意义重大，领域情感词典的构建需要依赖于特定的领域语料。常见的基于语料库的情感词典构建方法包括上下文关系法和词共现方法（谢松县，2014；王科和夏睿，2016）。

（1）基于上下文关系的情感词典构建方法。基于上下文关系的情感词典构建方法认为文本中的上下文语境对语义具有重要影响，在相似的上下文中出现的词汇极有可能具有相似的情感倾向。因此，基于已知的种子情感词汇集合可以推导出具有相似上下文信息的情感词汇的倾向（Velikovich et al.，2010）。这种方法被广泛应用于社交媒体领域情感词典的构建，郗亚辉（2016）基于电子商务网站中的商品评论信息作为语料基础，利用情感词之间的互信息值和上下文约束关系计算相似性。其中，上下文约束关系包括并列关系、转折关系、句内情感关系和句间情感关系，在此基础上对种子情感词集进行迭代，最终构建领域情感词典。刘德喜等（2016）指出基于上下文词汇分布特征发现新情感词汇的方法能够被应用于中文微博情感词典的构建。具体而言，利用已有的情感词典和海量微博文本语料，将情感词典的候选词汇集扩展到名词范围，在此基础上以候选情感词汇和已知情感词汇在微博文本中的上下文 N-Gram 组合作为特征，利用支持向量机对候选情感词汇进行分类，确定候选情感词的情感极性，最终构建面向中文微博的领域情感词典。

此外，在基于上下文关系的情感词典构建方法中，最为常见的是基于连词判断前后词汇的情感极性。Huang et al.（2014）强调抽取语料中的并列关系和转折关系，基于上述约束关系获取情感词汇的情感倾向。Xia et al.（2015）认为利用句子间连词可以判定形容词的情感极性。谢松县和赵舒怡（2016）基于上下文统计特征和文本中的并列、递进和转折关系连词，设计情感词汇的情感极性计算算法和情感词典扩展算法。刘若兰等（2018）面向维吾尔语语料，利用连词和程度副词与情感词汇的搭配规则总结出适用于维吾尔语的情感词典。

（2）基于词共现的情感词典构建方法。基于词共现的情感词典构建方法认为经常同时出现的词汇之间存在着相关性，以词汇之间的共现关系作为依据进行词汇情感极性的判定，进而实现情感词典的扩展。其中最为常用的方法是逐点互信息（Pointwise Mutual Information，PMI），通常用来衡量两个词汇之间的独立性。Kreste and Siersdorfer（2013）将PMI与隐含狄利克雷分布（LDA）主题模型结合起来，先利用LDA抽取情感词汇，在此基础上进一步结合PMI来判定情感极性。Tai and Kao（2013）利用了二阶互信息方法（SOC-PMI）进行情感词汇的扩展，指出若当词汇 X 和 Y 常一起出现，词汇 X 和 Z 常一起出现时，利用SOC-PMI能够得到 X 和 Z 之间的相似关系。杨春明等（2016）基于互联网评论语料，构建情感词汇与评价对象、情感词汇与情感词汇关系矩阵，将矩阵结合同义、语素等特征进行情感词汇极性分类。此外，也有学者提出基于知网的语义相似度计算方法，肖江等（2015）以海量微博文本为基础先抽取出了高频词汇作为基准词汇表，再利用知网语义相似度计算方法确定与领域词汇高度相关的情感词表，以构建领域情感词典，实现了微博领域情感词典的自动扩展。

3. 知识库与语料库方法的比较与结合

基于知识库和基于语料库的方法均被广泛应用于情感词典的构建，两者之间的差异如表2-5所示。总体而言，两者在数据来源、处理方式、蕴含的词汇关系和应用优势方面存在差异。

表 2-5   基于知识库与基于语料库的情感词典构建方法比较

	基于知识库的方法	基于语料库的方法
数据来源	种子情感词集和知识库，通常为通用知识库	种子情感词集和语料库，通常为特定领域的语料
处理方法	基于词关系和释义的情感词典扩展法，基于词间相似度的情感词典扩展法	基于上下文关系的情感词典构建方法，基于词共现的情感词典构建方法
词汇关系	词汇间的语义关系，包括同义关系、反义关系和上下位关系等	词汇在语料中的关系，包括上下位位置信息、共现信息、语气反转信息等
应用优势	通用性强、准确率高	面向特定领域，精确度高

在数据来源方面，两者均依赖于初始种子情感词集，但基于知识库的方法依赖于通用语义知识库，如 WordNet、HowNet 等；而基于语料库的方法则依赖于特定领域的语料，如微博语料、电子商务网站评论语料、金融文本语料等。在处理方法方面，两者均重视对于词汇之间相似度的计算，基于知识库的方法更强调词汇间关系和释义的利用，基于语料库的方法更强调语料上下文的重要性。在两者蕴含的词汇关系方面，知识库和语料库均提供了词汇与词汇之间的关系，前者主要包含了词汇间的语义关系，包括同义关系、反义关系和上下位关系等；后者主要是包含了词汇在语料中的关系，包括上下位位置信息、共现信息、语气反转信息等。在两者的应用优势方面，基于知识库的方法具有通用性强、准确率高的优势，但是在特定领域的适用性较差；而基于语料库的方法可以利用大规模领域语料，针对特定领域的文本特点进行情感词汇的抽取，以形成具有领域特性的情感词典。

综上所述，基于知识库和基于语料库的情感词典构建方法各有优劣，有学者将两种方法结合起来进行情感词典的构建。具体而言，以现有的知识库作为先验知识，形成较为精确的种子情感词集，在此基础上结合语料库中的相关约束信息、共现性等，计算未知情感词汇的情感极性，进而构成一个具有领域特性的情感词典。王科和夏睿（2016）将知识库与语料库结合的情感词典构建方法归纳为关系图半监督法、自举半监督法和深度表示法。

关系图半监督法是指先基于知识库和语料库中词汇之间的相似性关系构建关

系图，以种子情感词集为基础，利用图算法推测出未知情感词汇的情感极性。李寿山等（2013）提出了一种基于双语信息和标签传播算法的情感词典构建方法，是利用翻译软件对中英文语料进行翻译，然后计算词汇的逐点互信息，进一步利用标签传播算法将种子情感词汇的情感倾向在词汇之间进行传递，最终得到一个带有情感倾向权重的中文情感词典。类似地，Huang et al.（2014）提出了一种基于约束标签传播的特定领域情感词典自动构建方法，先基于现有情感词典和依存关系提取语料中的候选情感词汇，然后利用逐点互信息计算词汇之间的相似度并构建相关性关系图，再结合上下文中的连词关系、词汇的反转关系等定义约束关系矩阵，进而推导出更多词汇间的相关关系，最终利用标签传播算法推导出候选情感词汇的情感极性。

自举半监督法的原理是基于部分标注样本构建分析类，以此对未标注样本进行预测，就可以得到对于未知情感词汇的情感倾向，再继续将情感词汇添加到标注样本中。Volkova et al.（2013）先构建了一个种子情感词典，将语料库中含情感词汇的句子视为主观句，利用 Bootstrapping 算法对语料进行迭代，计算句子中的词汇属于积极或消极情感倾向的概率，并把置信度较高的词汇添加到种子情感词典之中。类似地，王昌厚和王菲（2014）提出了一种基于 Bootstrapping 算法并结合程度副词等上下文信息的新浪微博语料情感词汇抽取方法，具体的抽取过程包括了模式抽取、模式评价、实例抽取、实例评价，不断进行迭代，最终形成了面向微博语料的领域情感词典。

深度表示法是将深度学习方法应用于情感词典的自动构建之中，可以借助深度学习模型对大规模语料进行训练得到词向量，再计算语料库与种子情感词集中词汇的相似度，最终判定词汇的情感倾向。黄仁和张卫（2016）利用 word2vec 提取互联网商品评论语料的词向量，再获取与初始情感词典相似的语料词汇，并存入商品评论情感词典之中。胡家珩等（2018）将知识库与语料库结合的方法用于构建金融领域情感词典，先基于已有权威情感词典包括 HowNet、NTUSD、大连理工大学情感词汇本体（DUTIR）等构建初始情感词典，再对从网络上爬取的金融文本语料进行处理，基于现有情感词典和金融语料生成一个金融领域通用情感词集合，以此进行分类器的训练；然后利用 word2vec 构建金融语料的词向量模型，基于领域特点及相关规则，抽取语料库中的词汇作为种子词，将种子词汇转换为词向量得出与种子词汇相似的词汇作为候选词，再利用分类器训练好的模型判断候选词的情感极性，添加到金融领域情感词典之中。

2.3.3 文本可读性标引

可读性是指文本对于阅读者而言的难易程度，可读性标引就是对文本的难易程度进行自动的定量分析与评估。这种方法被广泛应用于教育学、计算机科学和金融等领域，可读性标引方法及特征的确定是这一问题的研究重点，本书从可读性标引方法以及该方法在金融领域的应用两个方面对相关研究进行归纳总结，为后续研究中的金融文本可读性标引提供依据。

1. 可读性标引方法

基于可读性标引的思路和关键技术上的差异，可读性标引方法归纳为两大类，即基于可读性计算公式的方法和基于机器学习的方法。基于可读性计算公式的方法是指将代表文本难易程度得的语言特征作为变量带入多元线性方程，以此得出文本的可读性。常用的语言特征包括句子长度、词汇长度、音节数量、难词数量等。较为常见的可读性计算公式包括 Fog 指数、Coleman-Liau 指数、SMOG 指数和 Flesch-Kincaid 指数，如表 2-6 所示。

表 2-6   常见的可读性计算公式

名称	可读性计算公式	公式解释
Fog 指数	$y = 0.4(SL + 100 \times HW)$	SL 指句子所包含的平均单词数，HW 指文本中难词的比例
Coleman-Liau 指数	$y = 0.0588 \times LN - 0.296 \times SN - 15.8$	LN 指每 100 个单词的平均字母数量，SN 指每 100 单词的平均句子数量
SMOG 指数	$y = 1.0430 \sqrt{PN \times 30/NS} + 3.1291$	PN 指句子包含的音节数量，NS 指文本中的句子数量
Flesch-Kincaid 指数	$y = 0.39 \times SL + 11.8 \times WL - 15.59$	SL 指句子所包含的平均单词数，WL 指单词包含的平均音节数量

上述传统可读性计算公式在一定程度上能够对文本的难易程度进行衡量，但因特征数量较少，其预测能力有限。随着人工智能技术的发展，机器学习方法被引入可读性标引领域，基于机器学习的可读性标引是将文本的难易程度视为一个分类任务，通过学习大规模语料中难易不同的文本特征来识别文本的区别性，基于构造的分类器确定未知文本的难易程度。Sung et al.（2013）以 24 个可读性指标作为预测变量，以 386 篇教材文本的年级水平作为标准，利用回归和支持向量机算法构建了可读性标引模型，结果表明复杂词数量、单句的比例、人称代词的数量等因素是影响文章可读性的关键指标。Sung et al.（2015）进一步对语言特征的选择进行了扩展，定义了词汇、语义、句法和衔接水平共四个维度共 31 个语言特征，以中文语料的年级水平为标准，利用支持向量机对语料进行分类，实现了文章的可读性判定。此外，也有学者将词向量引入可读性研究，Tseng et al.（2016）以 1 ~ 12 年级的教科书等文本为基准，利用 Word2vec 训练得出词向量，将每篇文章的词向量相加，得出的结果就是该文章的可读性特征，利用支持向量机和深度神经网络训练分类模型。在验证阶段，同样利用 Word2vec 得到验证集文章的词向量，以词向量的总和作为该文章的可读性值，再利用训练好的分类模型进行可读性标引。

2. 可读性标引在金融领域的应用

金融文本中蕴含的语言信息能够直观地反映企业的生产经营状况及相关盈利水平，投资者能够基于从金融文本中获取的信息进行相关投资决策的制定。企业年报作为重要的金融文本之一，其可读性具有深刻的经济含义，所以进行年报的可读性标引能够在一定程度上揭示企业的生产经营状况，极具现实意义。但是，因企业年报具有较强的领域特性，若利用带标签的通用语料对其进行分析，准确率较差。历史研究主要是基于传统的可读性计算公式对企业年报进行分析，因此构建企业年报的可读性标引指标是进行年报可读性标引的重点之一。

现有研究发现企业年报普遍存在阅读难度较大、可读性较差的现状。一方面是因为年报中涉及较多的专业术语和知识，未受过相关教育的读者难以理解年报中描述的内容，故形成阅读和理解障碍；另一方面，因企业的经营状况与管理者的报酬是正相关关系，企业管理者可能会从自身利益出发，通过提高年报文本的阅读难度来掩盖部分不利的经营状况。Li（2008）利用 Fog 指数计算了企业年报的可读性，并分析了年报可读性与企业盈利能力的关系，结果表明盈利能力较强的企业其年报可读性越高，而盈利能力差的企业其年报更难阅读。Lo et al（2017）在该研究的基础上进一步进行扩展，发现盈余管理程度高于上一年度的上市公司的管理层讨论与分析部分的可读性更低。类似地，叶勇和王涵（2018）指出企业的盈余管理在一定程度上代表了管理层的操纵程度，通过对中国上市公司年度报告的实证分析，研究发现企业的盈余管理程度与年报的可读性呈负相关，即盈余管理程度越高，则年报可读性越差。

此外，现有研究还指出企业年报以及财务报表的可读性与企业融资成本、股票收益率、分析师预测准确率、董事会秘书声誉等的关系。Ertugrul et al.（2017）对美国上市公司年度报告文本进行可读性标引，研究发现年报可读性与企业融资成本具有相关性，年报可读性越差的企业其外部融资成本更高，并且股价更容易下跌。类似地，崔文娟等（2019）对中国 A 股机械制造业上市公司的财务报表进行了可读性标引，发现财务报表的可读性越强，公司的股票收益率也越高。年报文本的可读性还对专业金融分析师的市场预测效果产生影响，当年报可读性较差的时候，年报所披露的信息更加模糊，进而导致分析师的预测准确度更低（Lehavy et al.，2011）。孙文章（2019）对董事会秘书与年报可读性之间的相关性进行了实证分析，研究发现董事会秘书的声誉越高，年报的可读性也越好。

2.4 本章小结

本章从本书的研究目标和方法出发，首先厘清了财务危机的定义，明确了财务危机的理论基础，包括企业生命周期理论、利益相关者理论和经济预测理论，总结了财务危机预警方法，包括基于单一模型的财务危机预警方法和基于集成模型的财务危机预警方法。然后梳理了知识融合相关理论及方法，对数据融合、信息融合、知识整合、知识聚合与知识融合的定义进行了概念辨析，对知识融合在不同领域的概念和实现框架进行了归纳，并且对应用较广的知识融合算法进行了详细梳理。此外，本章还总结了文本分析相关理论与方法，对深度学习在文本分

析中的应用进行梳理，包括文本表示的词向量模型和深度学习分类模型；汇总了
情感词典的自动构建方法，包括基于知识库的方法、基于语料库的方法以及两者
相结合方法；归纳了可读性标引的方法，包括基于可读性计算公式的方法和基于
机器学习的方法，并且对可读性标引在金融领域的应用进行了归纳。本章的内容
为后续实现基于知识融合的上市公司财务危机预警方法研究提供了重要的理论支
撑。

3 基于知识融合的上市公司财务危机预警模型

解决企业财务危机预警问题需要依赖结构化及非结构化的多源信息资源，如何对海量多源的财务危机预警相关信息资源进行抽取、匹配及转换，挖掘出隐性知识及知识单元间的关联，进而实现知识单元的分析及合并，最终实现上市公司财务危机预警问题的求解，是基于知识融合的上市公司财务危机预警方法研究需要解决的问题。本章在梳理财务危机预警问题涉及的信息来源的基础上，针对不同信息资源的特征，明确不同类型信息资源的知识组织需求；结合财务危机预警的知识融合目标，明确实现知识融合的具体模式，并在此基础上，构建基于知识融合的上市公司财务危机预警模型。

3.1 上市公司财务危机预警的信息来源与知识组织需求

随着财务危机预警相关研究的深入，除结构化的财务特征外，非结构化的多源信息资源也被引入财务危机预警研究。本节基于历史研究，梳理财务危机预警的信息来源及知识组织需求，以明确基于知识融合的上市公司财务危机预警研究的信息获取目标及知识组织方式。

3.1.1 上市公司财务危机预警的信息来源

目前，并没有研究对财务危机预警信息进行统一界定。基于历史研究，本书认为上市公司财务危机预警信息是指包含了各类能够反映企业经营状况及趋势的各种信息，涉及财务报表、企业内部控制信息、上市公司年度报告、各类网络信息资源等（Sun et al.，2014；Manzaneque et al.，2015；宋彪等，2015；Zhou et al.，2016；Manzaneque et al.，2016；Jiang and Jones，2018；Wang et al.，2018；

操玮等，2018；Farooq and Qamar，2019；苗霞和李秉成，2019）。上述信息的来源包括经济金融数据库、上市公司年度报告和互联网，不同的信息资源具有不同的特征，其知识组织方式存在差异。

1. 经济金融数据库

由于经济金融数据分布的范围广、类型庞杂，呈现出多源异构和复杂多态的特征，为满足相关学术及监管需求，经济金融数据库应运而生。经济金融数据库通常涵盖了资本市场、货币市场、宏观经济和行业经济的相关数据资源。较为权威的国际经济金融数据库包括证券价格研究中心①（Center for Research in Security Prices，CRSP）和美国沃顿商学院研究服务系统②（Wharton Research Data Services，WRDS）。其中，CRSP 是由美国芝加哥大学开发的，该数据库存储了美国上市公司的股票价格和交易数据，美国证券交易指数和国库券等相关数据，提供了上市公司单日、月度以及年度的股票价格、收益率和交易信息等数据，也涵盖了美国企业活动咨询、企业沿革、并购及联盟状况、资本回收、现金流量等财务信息。WRDS 是由美国宾夕法尼亚大学沃顿商学院开发的，该数据库整合了众多的数据库产品，数据涵盖了银行监管数据、联邦储备银行报告、证券交易所交易数据、美国证券交易委员会的披露信息等，还储存了多个国家上市公司财务报告、市场价格、指数价格、行业分类等信息。上述两个数据库均被广泛应用于经济、会计、金融以及管理学领域的研究中，研究主题涉及股票收益分析（Chemmanur and Yan，2019）、系统性风险分析（Pagano and Sedunov，2016）、财务报告风险分析及欺诈检测（Omidi et al.，2019）、财务危机预警研究等（Tian and Yu，2017；Gandhi et al.，2019）。

WRDS 通过国泰安数据库③（China Stock Market and Accounting Research，CSMAR）也整合了中国经济金融市场的数据。CSMAR 是结合中国实际国情开发的经济金融数据库，涵盖了股票市场系列、因子研究系列、公司研究系列、任务特征系列、基金市场系列、证券市场系列、衍生市场系列、经济研究系列、绿色

---

① CRSP. [DB/OL]. http：//www. crsp. org，2019-11-26.
② WRDS. [DB/OL]. https：//wrds-www. wharton. upenn. edu，2019-11-26.
③ CSMAR. [DB/OL]. http：//www. gtarsc. com，2019-11-26.

经济系列、行业研究系列、银行研究系列、科技金融研究系列共十八个系列的数据资源。除 CSMAR 外，中国研究数据服务平台①（Chinese Research Data Services Platform，CNRDS）也是一个高质量的中国经济、金融与商学研究数据平台，该平台主要涵盖经济特色库、基础库和公司特色库三大数据库。其中，经济特色库涉及宏观经济研究、对外经济研究、产业经济研究和区域经济研究；基础库涉及上市公司股票基础数据、上市公司治理基础数据和上市公司财务基础数据；公司特色库涉及上市公司经营研究、资本市场任务特征、银行及金融研究、社会经济组织研究，以及极具平台特色的上市公司文本分析和上市公司新闻舆情。上述两个中国经济金融数据库也被广泛应用于经济、金融、会计以及管理学领域的研究中，研究视角包含金融投资、经营风险、企业创新、股票价格分析、公司治理、财务危机预警、并购重组（陈国进等，2019；李建军和韩珣，2019；李善民等，2019；刘斌等，2019；Wang et al.，2018；Zhao and Wang，2019；Zhang and Yang，2018）等。

对于上市公司财务危机预警问题而言，上述经济金融数据库能够提供上市公司是否发生 ST 的披露信息、上市公司财务状况信息以及相关企业内部治理信息。具体而言，CSMAR 数据库股票市场系列中的特殊处理与特别转让部分包含的特殊处理变动文件表单提供了详细的上市公司 ST 处理时间，为选取上市公司财务危机预警研究样本提供了便利。此外，公司研究系列中的财务报表和财务指标分析两个部分包含了详细的上市公司财务数据，涉及偿债能力、经营能力、盈利能力、现金流、每股指标等；治理结构部分包含了上市公司的高管信息、股本结构等信息。类似地，CNRDS 的基础库也包含上市公司财务基本数据和上市公司治理基础数据。上述信息均为结构化的信息资源，能够直接从经济金融数据库中获取，其获取方式及组织方式较为容易。

2. 上市公司年度报告

上市公司年度报告是能够综合反映公司年度内财务状况与经营业绩的重要报告，是上市公司进行法定持续信息披露的重要载体，是上市公司和投资者之间的沟通渠道之一，对年报中蕴含的众多知识资源进行分析，特别是对非财务特征的

---

① 　CNRDS.［DB/OL］. https：//www.cnrds.com, 2019-11-26.

非结构化文本信息进行分析对辅助投资者进行决策以及相关机构进行金融监管具有重要意义（孙宏英，2015）。经济、金融、管理、图书情报以及计算机科学等领域的学者均对上市公司年度报告进行了不同视角的研究，认为充分挖掘年报信息能够辅助投资并规避风险。研究主题涵盖年报信息披露质量（Mio and Venturelli，2013；陈芸，2017）、年报的可理解性（Ajina et al.，2016；孙文章，2019）、年报信息与企业财务状况的相关性研究（Hájek et al.，2014；陈艺云，2019；苗霞和李秉成，2019）、挖掘年报文本的语义信息以实现金融知识服务（Breeze，2018；唐晓波和刘广超，2018）、年报信息与股票市场的相关性研究（Wisniewski and Yekini，2015；曾庆生等，2018）等。

对于上市公司财务危机预警问题而言，上市公司年度报告文本可以作为财务指标的补充信息以辅助财务危机预警的实现，这是因为结构化的财务指标仅能反映公司的历史经营状况且仅包含定量信息，无法全面地反映公司生产经营活动中多方面的特征（宋彪等，2015）。中国上市公司年报主要包括以下部分：公司简介和主要财务指标、公司业务概要、管理层讨论与分析、重要事项、股份变动及股东情况、优先股相关情况、董事、监事、高级管理人员和员工情况、公司治理、公司债券相关情况、财务报告等。披露了上市公司经营状况、财务状况、高管薪酬、公司治理状况、股权分配，管理层对公司发展的情况说明及风险预期等多方面的信息。因此，对于上市公司年度报告进行相关文本分析，能够揭示出财务指标不蕴含的语义知识，对于丰富上市公司财务危机预警的信息来源十分有益。在获取途径方面，可以通过网络爬虫从东方财富网、巨潮资讯网等财经资讯网站中获取，也可以从上海证券交易所和深圳证券交易所的官方网站中获取上市公司年度报告。

3. 网络金融信息资源

网络金融信息资源是指分布在互联网中的能够反映企业生产经营状况的各类信息，包括财经新闻、社交媒体评论等。上述经济金融数据库以及上市公司年度报告中的信息资源大部分是由上市公司进行披露的，而网络金融信息资源是由第三方机构或投资者发布的，从不同视角对上市公司的生产经营和组织管理等方面的情况进行描述。历史研究认为财经新闻与股票市场、金融产品价格波动存在关

联，其中财经新闻的情感倾向（Li et al.，2014；陈海文等，2016）、话题（孔翔宇等，2016；龙文等，2019）以及关键词（孟雪井等，2016）是重要影响因素。也有部分学者认为社交媒体评论，包括金融论坛、Twitter、Facebook、新浪微博等平台上的评论信息能够反映投资者情绪并且与股票市场的波动具有相关性，主要的文本分析方法也是情感分类（Bollen et al.，2011；陈浪南和苏湃，2017；王欣瑞和何跃，2019）和主题模型（Nguyen and Shirai，2015；Chen et al.，2016）。此外，也有研究将上述网络财经新闻及社交媒体评论作为进行企业欺诈检测（Sharma et al.，2016；Dong et al.，2018）和风险评估（Flood et al.，2016；Kölbel et al.，2017）等金融监管问题的重要信息资源。

对于上市公司财务危机预警问题而言，网络金融信息资源也可以作为财务指标和上市公司年度报告的辅助性信息，以提供更为全面的有关上市公司经营运行及财务状况信息。对于中国上市公司而言，与其相关的财经新闻主要来源于新浪财经、网易财经、和讯财经新闻、财经网等主流财经金融新闻资讯平台；社交媒体评论则主要来源于新浪微博、东方财富网旗下股票社区、纵横财经社区、新浪股吧等社交媒体平台。相对于社交媒体而言，网络财经新闻更具可信度及权威性，并且社交媒体平台中针对某一个上市公司的评论相对较少。因此，本书主要面向网络财经新闻进行网络金融信息资源的采集，其采集方式也是依赖于网络爬虫，从各大财经金融新闻资讯平台中获取上市公司的新闻文本。

3.1.2 上市公司财务危机预警的知识组织需求

知识组织是以知识为对象，对其进行整序、加工、表示和控制等一系列组织化过程及方法（蒋永福，2000），知识组织能够将知识客体中的知识因子和知识关联揭示出来，是实现多源知识融合的基础。知识组织的方法主要有七种：知识表示、知识重组、知识聚类、知识存检、知识编辑、知识布局和知识监控（蒋永福和李景正，2001），实现知识组织的工具主要有数据库、主题树、知识库和集成化搜索引擎等（李桂贞和郑建明，2007）。对上市公司财务危机预警知识而言，其知识资源主要包括结构化和非结构化的危机预警信息，其中结构化的危机预警信息资源主要包括财务、内部治理和股票信息等，非结构化的危机预警信息资源主要涉及上市公司年度报告和网络金融文本。

1. 财务危机预警结构化信息资源的知识组织

结构化的上市公司财务危机预警信息资源分布在各个经济金融数据库的多个表单中，需要基于历史研究，明确结构化危机预警信息资源的类别。由于不同数据库的信息资源格式存在差异，需要采取不同的检索策略对分布在各个表单中的信息资源进行获取，从而将分散、单一的信息资源整合起来，形成面向上市公司财务危机预警问题的结构化知识体系。此外，由于财务、股票和内部治理信息的结构及层次存在差异，具体而言，财务和股票信息主要涉及偿债能力、经营能力、盈利能力、现金流、每股指标等连续性数值型数据，而内部治理信息则涉及董事长与总经理兼任情况、股本结构、前十大股东是否存在关联、是否披露内控评价报告等离散性数据。因此，在进行财务危机预警之前，需要利用各种方法工具对各类信息进行去除重复值和补全缺失值的数据清洗工作，还要进行归一化、标准化、独热编码（One-hot）等标准化处理，使不同类型的信息能够满足知识融合预警方法的需求，进而形成结构统一的面向上市公司财务危机预警问题的结构化知识体系。

2. 财务危机预警非结构化信息资源的知识组织

非结构化的上市公司财务危机预警信息资源分布在众多财经资讯及财经新闻网站中，需要利用网络爬虫获取相应的文本信息资源。但是，无法直接将上市公司年度报告及财经新闻这类文本信息资源应用于上市公司财务危机预警问题，需要将文本信息源转换为能够应用于财务危机预警模型的形式，以辅助后续知识融合的实现。具体而言，需要利用知识库与语料库相结合的方法实现金融领域情感词典的构建，进而辅助金融文本的情感标引，将情感标引结果作为文本知识引入危机预警模型。知识库是词语及相关语义知识成果的集合（胡家珩等，2018），通过挖掘语义知识库中词汇之间的关系，例如同义、反义、上下位关系等，利用基于词关系和释义的方法以及词间相似度的方法，能够将情感未知词汇的语义挖掘出来，进而实现领域情感词典的构建。语料库是指实际存在的语言材料的集合，当目标分析文本具有领域特性时，通用情感词典的适用性受到了限制，而领域情感词典的构建需要依赖于特定的领域语料，常见的基于语料库的情感词典构建方法包括上下文关系法和词共现方法。因此，将基于知识库和基于语料库的情感词典构建方法结合起来能够实现更优的领域情感词典构建。此外，可读性标引也是面向财务危机预警非结构化信息资源的知识组织方式，通过统计学方法和深度学习方法实现对于上市公司年度报告的可读性标引，也能够将文本信息资源转换为能够应用于财务危机预警模型的形式。总体而言，通过情感标引及可读性标引能够实现财务危机预警非结构化信息资源的知识组织，以辅助后续财务危机预警的实现。

3.2   上市公司财务危机预警的知识融合目标与模式

在进行财务危机预警知识融合时，需要基于多源财务危机预警信息资源的特征，制定具有针对性的知识融合模式，以辅助上市公司财务危机预警的实现。本节先基于 DIKW（Data-Information-Knowledge-Wisdom）价值链明确上市公司财务危机预警知识融合的目标，再利用三层知识融合理论明确上市公司财务危机预警知识融合的具体模式，为基于知识融合的上市公司财务危机预警模型的构建提供理论支撑。

3.2.1   上市公司财务危机预警的知识融合目标

DIKW 价值链最早是由 Ackoff（1989）提出的，他指出数据是表示对象和事件属性的符号，信息是在处理过程中的数据，知识是数据和信息的应用，智慧是被优化后的对于知识的理解。朝乐门（2019）认为数据是对于现实世界的记录，信息是客观存在的资源能够反映现实世界中的现象，知识是基于信息发现的模式、规律、理论、模型和方法，智慧则是运用知识并结合经验的预测和发现，"数据—信息—知识—智慧"的发展是从描述过去和现在到预测未来的过程。该价值体系被广泛应用于信息管理、信息系统和知识管理等领域的研究之中，研究视角涉及知识推理、智慧城市、智能制造（Yusoff et al.，2017；Duan et al.，2019；Pretorius et al.，2019）等。相关研究利用金字塔、坐标系和流程图等方式对 DIKW 价值链进行描述，认为 DIKW 价值链条中的上一环节是下一环节的基础。其中，王曰芬和岑咏华（2016）基于大数据环境对知识生态的重构以及大数据资源和技术的支撑，将 DIKW 价值链与知识融合流程结合起来，构造了面向知识生态重构和学科创新服务的知识融合框架。利用 DIKW 价值链能够厘清"数据—信息—知识—智慧"的发展路径，进而明确知识融合目标，如图 3-1 所示。

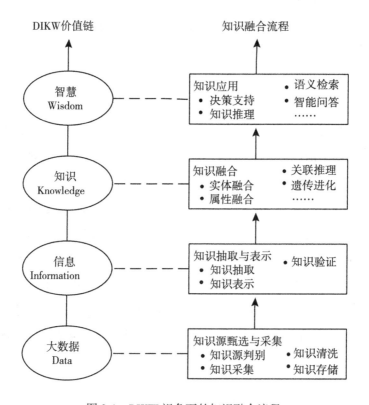

图 3-1　DIKW 视角下的知识融合流程

　　从图 3-1 中可以看出，DIKW 价值链贯穿于知识融合流程的始终。当面对海量、多源、异构、多态的知识资源时，需要基于目标问题对其进行甄别判断，在确定数据获取规则的基础上进行数据采集，采集到的数据会存在冗余、缺省并且数据格式不一致的情况，这就需要对数据进行清洗，进而利用合理的存储工具和格式对数据进行存储，从而形成对解决目标问题具有意义的信息。在完成信息源甄选与采集的基础上，面对不同来源及类型的信息资源，需要对其进行知识抽取、表示以及验证，能够对信息资源进行转化、组织与整合，进而形成知识元，通常利用的工具包括知识库、本体库和知识图谱等。在完成知识抽取与表示的基础上,可以对结构化的知识资源进行概念、属性、实体、关系方面的消歧与融合,并且利用关联推理、遗传进化、演化分析等方法为知识应用提供支撑。在完成知识融合的基础上,能够提供决策支持、知识推理、语义检索、智能问答等方面的知识应用,使知识转化为智慧。

上述 DIKW 视角下的知识融合流程概述了知识融合过程中的各个要素,强调了知识融合流程就是针对领域问题,利用适当的技术和方法对不同来源的知识资源及其载体进行转化和融合,融合后的知识可以被视为知识产品,应用于领域问题。但对于不同的目标问题,其知识融合目标及模式存在差异,对于上市公司财务危机预警问题而言,其知识融合的目标就包括以下几个方面:①解决多源上市公司财务危机预警信息资源的采集问题,需要对分布在经济金融数据库以及财经金融新闻资讯平台的结构化和非结构化信息资源进行采集;②解决上市公司财务危机预警信息资源的异构性问题,需要对非结构化的信息资源进行知识抽取及转化,最终形成统一的财务危机预警知识表示方式;③解决上市公司财务危机预警知识的特征建模问题,需要在获取到的众多知识中去除对解决目标问题意义不大的知识对象,并且识别出有效的财务危机预警知识对象,以辅助高效的财务危机预警;④解决上市公司财务危机预警的实现问题,需要利用融合算法实现面向非平衡数据集的跨年度的财务危机预警,并且需要对预警结果的准确性和有效性进行评估。

3.2.2 上市公司财务危机预警的知识融合模式

在厘清上市公司财务危机预警的知识融合目标后,需要进一步明确本书应采取何种知识融合框架及实现路径以完成目标问题的求解。如第一章所述,知识融合框架主要包括两类,即基于层次的知识融合框架和基于本体的知识融合框架。知识融合的实现路径主要分为三类,即基于本体和语义规则的知识融合实现路径、基于融合算法的知识融合实现路径和基于知识挖掘的知识融合实现路径。本书拟采用基于层次的知识融合框架与基于融合算法的路径来实现基于知识融合的上市公司财务危机预警。对于基于层次的知识融合框架而言,近年来的相关研究将其总结为两层、三层、四层、五层以及七层,如表3-1所示。

表 3-1   **基于层次的知识融合框架总结**

来　源	层 次 划 分	应 用 场 景
Fisch et al.（2014）	数据层、模型层和应用层	融合分类器
Smirnov et al.（2015）	简单融合、扩展融合、实例融合、配置融合、适应性融合、分面融合和历史融合	决策支持系统
张心源和邱均平（2016b）	融合预处理、融合过程和融合服务	大数据环境下的知识融合框架
王曰芬和岑咏华（2016）	需求分析与问题提取、知识源采集与加工、知识抽取与表示、知识融合与进化、基于知识融合的服务与应用	学科创新服务
朱娟和唐晓波（2017）	数据层、模型层和应用层	个性化商品推荐
唐晓波和刘广超（2018）	知识获取层、知识处理层	金融知识服务

从表 3-1 中可以发现基于层次的知识融合框架以三层知识融合为主，Fisch et al.（2014）提出了数据层、模型层和应用层的知识融合框架并把该框架用于融合分类器的任务上。基于该研究，朱娟和唐晓波（2017）将三层知识融合框架引入个性化商品推荐的研究，在数据层知识融合中构建了具有统一模式的个性化商品推荐知识库；在模型层知识融合中生成了用户偏好，实现了用户与商品间的精准定位；在应用层知识融合中利用融合算法将常见的推荐算法进行融合，实现更优的个性化推荐。类似地，张心源和邱均平（2016）面向大数据背景提出了包含融合预处理、融合过程和融合服务的知识融合框架，其中融合预处理是知识融合的基础步骤，其目标是形成统一、完善的知识元集合；融合过程是知识融合的关键，需要基于目标问题选择适当的融合规则，进行融合算法的实现及检验，较为常用的融合规则包括基于 D-S 证据理论的知识融合规则、基于贝叶斯网络的知识融合规则、基于本体论的知识融合规则和基于模糊集理论的知识融合规则；融合过程生成的融合结果可以应用于相关服务，提供精准化的知识服务是大数据环境下的知识融合的最终目标。

结合 DIKW 视角下的知识融合流程以及上述三层知识融合框架，可以将知识融合层次与知识融合流程进行关联，如图 3-2 所示。其中，知识的甄别与获取、知识的抽取与表示可以纳入数据层知识融合的范畴，知识融合的具体处理步骤可以纳入模型层知识融合的范畴，知识应用则可以纳入应用层知识融合的范畴。

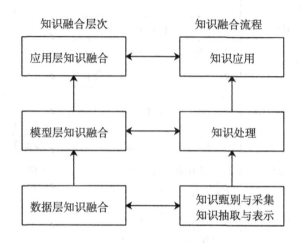

图 3-2　知识融合层次与知识融合流程

具体而言，数据层知识融合是整个知识融合任务的基础，需要基于领域问题对分布在各个载体中的知识资源进行甄别，以制定满足目标问题的知识获取策略，再利用多种知识采集技术及工具对海量知识资源进行采集。采集到的知识资源通常具有多源、异构以及多态的特征，知识资源的形式包括结构化的数据以及非结构化的文本、图片、多媒体信息等。这就需要对非结构化的知识资源进行抽取，抽取方法包括实体抽取、关系抽取、事件抽取、图像识别、信号抽取等，抽取任务能够将异构、多态的知识资源转化为结构化数据，以辅助统一的知识元集合的构建，为模型层知识融合的实现提供依据。

模型层知识融合也可以被称为处理层知识融合，本书采用处理层的表述方式描述这一层次，是整个知识融合任务中承上启下的重要环节。在数据层知识融合已面向领域知识资源构建了统一的知识模型的基础上，处理层知识融合能够面向特定领域问题，对知识资源进行进行抽取、匹配及转换，挖掘隐性知识及知识单元间的关联，实现知识单元的分析及合并，进而辅助解决目标问题的求解。其中的知识处理方式包括知识特征抽取、关联推理、实体融合、属性融合、概念融合、遗传进化等，能够利用融合算法、融合规则库、本体知识库等方式实现对知识对象的融合处理。处理层知识融合的结果能够作为应用层知识融合的输入，为最终目标问题的求解提供支撑。

应用层知识融合也可以被称为方法层知识融合，是解决目标问题的核心环节。在处理层知识融合已生成辅助目标问题求解的知识的基础上，应用层知识融合能够利用知识实现决策支持、知识推理、语义检索、智能问答等具体的知识应用和知识服务。其中，进行问题求解的方式主要包括知识融合算法以及知识图谱等，融合算法包括贝叶斯、D-S 证据理论、遗传算法、神经网络、蚁群算法等，是实现知识融合的传统方式之一，近年来兴起的知识图谱等能够将知识单元进行可视化和映射，也能够在一定程度上辅助领域目标问题的求解。

3.3 基于知识融合的上市公司财务危机预警模型构建

上述关于上市公司财务危机预警知识融合目标的辨析，利用 DIKW 视角下的知识融合流程，明确了本书的知识融合目标包括信息资源采集与知识组织、财务危机预警知识的特征建模和财务危机预警应用与实现。进一步将 DIKW 视角下的知识融合流程与三层知识融合模型相匹配，发现能够利用三层知识融合模型完成上述三个目标。因此，本书构建基于三层知识融合的上市公司财务危机预警模型来实现上市公司财务危机预警，如图 3-3 所示。

从图 3-3 中可以看出，该模型分为数据层、处理层和应用层。结合第二章将融合算法表示为 $K = f(x_i)$ 的形式，可以进一步将面向上市公司财务危机预警的三层知识融合流程表示为如下的概念模型：

$$KF_{FDP} = \ <KF_1,\ KF_2,\ KF_3>$$

其中，KF_{FDP} 表示为基于知识融合的上市公司财务危机预警的最终结果，而 KF_1、KF_2、KF_3 分别为数据层知识融合、处理层知识融合和应用层知识融合，需要三个层次的共同作用才能完成知识融合的最终目标。数据层知识融合的目标是解决多源财务危机预警信息资源的采集和知识组织问题，处理层知识融合的目标是解决财务危机预警知识的特征建模问题，应用层知识融合的目标是解决上市公司财务危机预警的实现问题，每个层次又可以用如下的概念模型来表示：

$$KF_i = <FO_i,\ OK_i,\ f_i,\ FR_i>$$

其中，FO（Fusion Objects）表示为融合目标，需要面向融合目标确定融合

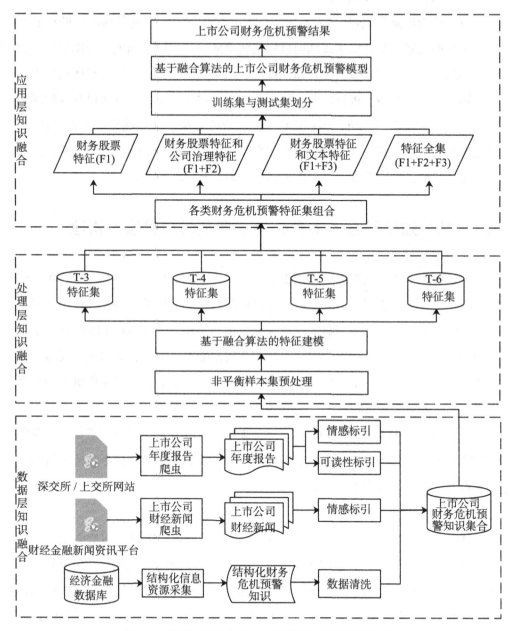

图 3-3 基于知识融合的上市公司财务危机预警模型

方法；OK（Original Knowledge）表示为融合前的知识，也可以称为原始知识资源；f_i 是具体的知识融合实现路径，面向不同的融合目标，需要选择恰当的融合路径，包括基于本体知识库方式以及融合算法等；FR（Fusion Results）表示为融合后的结果，是利用多种方法对 OK 进行加工、转化后得出的解决目标问题的事实性知识、规则性知识或控制性知识。对于数据层、处理层和应用层知识融合而言，其 FO，OK，f_i 和 FR 均存在差异，需要面向各层的融合子目标，明确知识来源和融合方式，以利用融合结果来辅助上市公司财务危机预警任务的完成。

3.3.1 基于数据层知识融合的财务危机预警知识组织

数据层知识融合是基于知识融合的上市公司财务危机预警方法研究的起点，这一层次的概念模型为：

$$KF_1 = <FO_1，OK_1，f_1，FR_1>$$

基于上述有关上市公司财务危机预警的知识融合目标的分析，数据层的融合目标 FO_1 是解决多源信息资源采集和知识组织的问题。OK_1 代表了分布在经济金融数据库、深交所/上交所网站和财经金融新闻资讯平台中的上市公司财务危机预警信息资源，其中包括了结构化的财务、股票和内部治理信息以及非结构化的文本信息。f_1 是数据层知识融合实现其融合目标的方法，当确定目标样本后，获取目标样本 T-3、T-4、T-5 和 T-6 年度的信息，通过人工筛选能够从经济金融数据库中获取目标信息资源，利用网络爬虫能够分别从证券交易所官方网站和财经金融新闻资讯平台中获取上市公司年度报告和上市公司网络财经新闻。在完成财务危机预警信息资源的采集之后，需要对结构化的信息进行清洗，需要利用情感标引和可读性标引方法对非结构化的文本信息进行转换与抽取。

具体而言，本书提出了一种结合语料库和知识库的自动情感词典构建方法，利用词向量模型将语料库中的文本信息映射到向量空间，并确定候选情感词汇，再以通用情感词典为基础，构建结合注意力机制的全连接神经网络（MA-DNN）分类模型，实现候选情感词汇的自动分类，最终生成领域情感词典。基于该方法，本书分别利用上市公司年报语料以及 THUCNews 中的财经和股票新闻语料，构建了上市公司年报情感词典以及财经新闻情感词典，再利用创建的领域情感词典实现上市公司年度报告以及网络财经新闻的情感标引。此外，本书还通过基于统计学和深度学习的方法抽取的上市公司年度报告的可读性特征，以实现上市公司年度报告的可读性标引，其结果也可以作为上市公司年度报告的文本知识。

FR_1 是数据层知识融合的结果，通过信息资源采集及知识组织，数据层知识融合最终形成了结构统一的财务危机预警知识集合。

3.3.2 基于处理层知识融合的财务危机预警特征建模

处理层知识融合是基于知识融合的上市公司财务危机预警方法研究中承上启下的关键一环，这一层次的概念模型为：

$$KF_2 = <FO_2, OK_2, f_2, FR_2>$$

基于上述有关上市公司财务危机预警的知识融合目标的分析，处理层知识融合的目标 FO_2 是解决财务危机预警知识的特征建模问题。OK_2 是数据层知识融合的结果 FR_1，是已经过抽取、转化、统一后的知识集合。f_2 是处理层知识融合实现其融合目标的方法，这一层是利用融合算法来实现知识融合。具体而言，先利用非平衡样本集的处理机制 SMOTE-Tomek 对 OK_2 进行相关处理。再利用 Filter 和 Wrapper 相结合的方法实现财务危机预警知识的特征优选。具体而言，首先利用 T 检验对 OK_2 进行特征初选，再利用基于融合算法的特征降维模型对 OK_2 进行特征优选。本书将遗传算法与随机森林结合起来，提出了 DARF 方法，以识别出能够高效辅助财务危机预警的知识特征。FR_2 是处理层知识融合的结果，利用 DARF 特征优选方法，能够生成 T-3 特征集、T-4 特征集、T-5 特征集和 T-6 特征集，每个特征集代表了不同年份影响财务危机预警的知识集合，能够发现在不同年度影响财务危机预警的知识间的异同。

3.3.3 基于应用层知识融合的财务危机预警实现

应用层知识融合是基于知识融合的上市公司财务危机预警方法研究的关键，这一层能够得到目标问题的最终求解，这一层次的概念模型为：

$$KF_3 = <FO_3, OK_3, f_3, FR_3>$$

基于上述有关上市公司财务危机预警的知识融合目标的分析，应用层知识融合的目标 FO_3 是解决上市公司财务危机预警的实现问题。OK_3 是处理层知识融合的结果 FR_2，是经过特征优选后的上市公司财务危机预警知识集合，并且需要将优选后的知识集合进行拆分，将优选后结构化的财务和股票危机预警特征集合视为 F1，将优选后的结构化内部治理危机预警特征集合视为 F2，将优选后的上市公司年度报告和网络财经新闻文本特征集合视为 F3，将三者通过组合的方式（F1，F1+F2，F1+F3，F1+F2+F3）分别导入预警模型。f_3 是应用层知识融合实现其融合目标的方法，这一层是利用融合算法实现知识融合。先利用十折交叉验证对各组合的知识集合进行训练集与测试集的划分，将逻辑回归、支持向量机和决策树三种算法作为基准模型，再利用神经网络和 D-S 证据理论两类融合算法构建财务危机预警模型，进行危机预警实现。FR_3 是应用层知识融合的结果，通过对各类模型的预警结果进行比较和分析，揭示了公司特征对财务危机预警的影响规律。

3.4 本章小结

本章首先梳理了上市公司财务危机预警信息的来源，包括经济金融数据库、上市公司年度报告以及网络金融信息资源，针对不同类型的信息资源分析了其知识组织需求。然后结合 DIKW 价值链视角下的知识融合流程明确了本书在知识融合过程中的三个目标，包括多源上市公司财务危机预警信息资源采集与知识组织问题、上市公司财务危机预警知识的特征建模问题、上市公司财务危机预警的实现问题。再将 DIKW 价值链与三层知识融合框架进行匹配，发现能够利用三层知识融合模型实现上述三个知识融合目标。因此，本章构建了基于知识融合的上市公司财务危机预警模型，该框架包括数据层知识融合、处理层知识融合和应用层知识融合，能够分别解决信息采集与知识组织问题、财务危机预警知识的特征建模问题和财务危机预警实现问题，后续章节将以该模型为基础来开展相关研究。

4 基于数据层知识融合的财务
危机预警知识组织

数据层知识融合是基于知识融合的上市公司财务危机预警方法研究的基础，如第三章所述，数据层知识融合需要解决财务危机预警信息资源获取及知识组织问题。其中，财务危机预警信息资源获取是数据层知识融合需要解决的首要问题，财务危机信息资源的甄别及获取对预警的结果具有重要影响，需要明确财务危机预警研究的财务危机样本和财务健康样本企业选择；进行能够反映企业经营状况的信息资源获取，其中结构化的财务危机预警信息资源包括企业的财务、股票和公司治理信息，此类信息资源能够通过经济金融数据库获取；非结构化的财务危机预警信息资源包括上市公司年度报告和网络财经新闻，此类信息资源需要通过构建网络爬虫来获取。

数据层知识融合需要解决的另一个问题是财务危机预警知识组织，需要对已获取的财务危机预警结构化及非结构化信息资源进行知识组织。其中，对上市公司财务危机预警结构化信息进行弥补缺失值和变量特征统一等处理；利用文本挖掘及语义分析方法对上市公司财务危机预警非结构化信息进行处理，包括基于深度学习的上市公司年报和网络财经新闻情感标引以及上市公司年报可读性标引，进而将非结构化的文本信息转换为结构化的数值；最终结构化及非结构化的上市公司财务危机预警信息资源能够融合为结构统一的财务危机预警知识集合，即为数据层知识融合产生的融合结果，能够辅助处理层知识融合的实现。

4.1 上市公司财务危机预警研究的样本企业选择

基于各国政策法规及经济发展状况的差异，学术界尚未形成对财务危机的统一定义，总体而言，财务危机是企业在一段时间内财务状况连续发生异常的结果（Sun et al.，2014），本书在第二章将财务危机定义为当企业内部经营管理不当或外部经营环境不利时，企业正常的生产经营活动受到影响，使企业出现财务损失严重的状况。因此，尽早识别企业的异常财务状况，是进行企业财务危机预警的重点之一。本节通过明确财务危机样本企业及财务健康样本企业，基于此获取相关企业的各类信息资源，以辅助后续研究的展开。

4.1.1 财务危机样本企业的选择

对于中国资本市场而言，中国证券监督管理委员会于 1998 年颁布了《关于上市公司状况异常期间的股票特别处理方式的通知》，要求当上市公司出现财务状况异常或其他状况异常时，证券交易所应对其股票交易实行特别处理，被特别处理的上市公司其股票名称前会添加"ST"字样。其中异常主要指两种状况：一是上市公司经审计两个会计年度的净利润均为负值，二是上市公司最近一个会计年度经审计的每股净资产低于股票面值。基于 ST 企业的判定标准，众多学者把被 ST 的企业视为财务危机企业，通过获取 ST 上市公司的多种信息资源实现中国上市公司财务危机预警研究（卢永艳，2012；孙洁，2013；边海容等，2013；宋彪，2015；王鲁，2017；Jiang 和 Jones，2018；Wang et al.，2018），本书也将 ST 视为判定企业是否发生财务危机的准则。

在选择财务危机样本企业时，需要遵循客观性、可比性以及可获取性的要求，客观性要求数据是真实可靠的，可比性要求数据的编制是一致的，能够进行相互之间的比较，可获取性则要求信息是能够通过公开方式来获取（王鲁，2017）。基于此，本书以我国证券市场中占比较多的 A 股上市公司作为研究对象，对其财务状况进行预警。此外，为了保障信息的可获取性，本书以 2012—2018 年的 ST 企业作为研究对象。具体而言，本书依据 CSMAR 数据库股票市场系列中的特殊处理与特别转让部分包含的特殊处理变动文件表单，获取了详细的上市公司被 ST 处理的时间，从中选取了 2012—2018 年上海证券交易所及深圳证券交易所被首次 ST 的非金融行业的上市公司作为财务危机样本企业，财务危机样本企业的分布如表 4-1 所示。

表 4-1   财务危机样本企业的分布

年　　份	2012	2013	2014	2015	2016	2017	2018	合计
危机样本企业数量	21	16	26	31	43	38	39	214

对于中国上市公司而言，是通过对企业前两年的财务状况进行评估来衡量是否对企业进行 ST 处理。换而言之，利用上一年度（T-1）和上两个年度（T-2）的信息进行财务危机预警的意义较小（王鲁，2017；Wang et al.，2018）。因此，本书收集财务危机样本企业被 ST 的前三年（T-3）、前四年（T-4）、前五年（T-5）和前六年（T-6）的相关信息资源，具体年度如表 4-2 所示，以此作为财务危机预警的依据，实现财务危机预警并分析哪一年度的知识对财务危机预警准确率的影响较大。

表 4-2   财务危机样本企业数据获取年份

被 ST 年份	2012	2013	2014	2015	2016	2017	2018
T-3	2009	2010	2011	2012	2013	2014	2015
T-4	2008	2009	2010	2011	2012	2013	2014
T-5	2007	2008	2009	2010	2011	2012	2013
T-6	2006	2007	2008	2009	2010	2011	2012

4.1.2　财务健康样本企业的选择

财务危机预警强调的是利用历史信息对企业的现行财务状况进行预测，参照历史研究的信息获取准则（Sun et al.，2014；Wang et al.，2018；Liu et al.，2019），在获取财务健康样本企业时，本书以 2018 年的财务健康企业作为样本选择对象，并遵循与财务危机样本企业具有相同行业及相近资产规模的配对准则，来进行财务健康样本企业的甄别，对相关企业在 2015（T-3）、2014（T-4）、2013（T-5）和 2012（T-6）年度的相关信息资源进行获取。并且按照财务危机样本企业与财务健康样本企业 1∶3 的比例进行财务健康样本企业的获取，财务危机样本企业与财务健康样本企业的数量分布如表 4-3 所示。

表 4-3   样本企业的数量分布

财务危机企业数量	财务健康企业数量	总计
214	642	856

具体而言，相同行业准则是指按照《上市公司行业分类指引》上的企业分类标准，包括：农林牧渔业（A）、采矿业（B）、制造业（C）、电力热力燃气及水生产和供应业（D）、建筑业（E）、批发和零售业（F）、交通运输、仓储和邮政业（G）、住宿和餐饮业（H）、信息传输、软件和信息技术服务业（I）、金融业（J）、房地产业（K）、租赁和商务服务业（L）、科学研究和技术服务业（M）、水利、环境和公共设施管理业（N）、居民服务、修理和其他服务业（O）、教育（P）、卫生和社会工作业（Q）、文化、体育和娱乐业（R）和综合（S），来选择与财务危机样本企业相同或者相近的财务健康企业作为健康样本企业。相同的行业具有较为相似地经营环境和竞争条件，在一定程度上有利于减少由于行业差异较大对预警模型产生的影响。此外，基于财务危机样本企业的获取准则，本书的健康样本企业也是不包含金融业企业的。

相近资产规模原则是指要基于财务危机样本企业的资产规模选取与之具有类似资产规模的财务健康企业作为健康样本企业，具有类似资产规模的企业其抗风险能力也较为相近（王鲁，2017），其财务状况也可能存在相似之处。因此，本书参照财务危机样本企业被 ST 的前一年度的资产规模，选取与之资产规模较为相近的财务健康企业作为健康样本企业，遵循这一原则能够在一定程度上减少由于资产规模差异较大对预警模型产生的影响。

4.2 上市公司财务危机预警信息资源获取

财务危机预警信息资源获取是本章需要解决的知识融合任务中的首要问题，如第三章所述，本书主要获取结构化以及非结构化的财务危机预警信息资源，其中结构化的财务危机预警信息包括财务信息、股票信息和公司治理信息。本书的结构化财务危机预警知识均从 CSMAR 数据库中获取，其计算公式均由该数据库提供。

4.2.1　财务危机预警结构化信息资源获取

1. 样本企业的财务信息获取

财务信息是财务危机预警研究中最为传统的信息，历史研究指出企业的各项财务特征对企业财务状况的判定具有重要意义。为了更为全面地获取样本企业的财务信息，本书参照历史文献，主要从盈利能力、偿债能力、比率结构、经营能力和发展能力5个方面，共初选了50个特征作为上市公司财务危机预警的财务特征。

（1）盈利能力。企业的盈利能力是指企业获取利润的能力，是能够反映上市公司价值的一个重要方面，利用总资产报酬率、总资产净利润率、流动资产净利润率等特征能够较为全面地反映出企业的盈利能力，历史研究已利用部分盈利能力特征进行财务危机相关研究的实践（吕峻，2014；Altman et al.，2017；Farooq and Qamar，2019），例如，吕峻（2014）指出净资产收益率越高，企业陷入财务危机的概率越低。本书参照历史研究以及 CSMAR 数据库中有关企业盈利能力的描述，初选了12个能够反映上市公司盈利能力的特征，如表4-4所示。

表4-4　　　　　　　　　　　**反映上市公司盈利能力的财务特征**

代码	特征名称	特征计算公式
YL1	资产报酬率	（利润总额+财务费用）/平均资产总额
YL2	总资产净利润率	净利润/总资产平均余额
YL3	流动资产净利润率	净利润/流动资产平均余额
YL4	固定资产净利润率	净利润/固定资产平均余额
YL5	净资产收益率	净利润/股东权益平均余额
YL6	投入资本回报率	（净利润+财务费用）/（资产总计-流动负债+应付票据+短期借款+一年内到期的非流动负债）
YL7	营业毛利率	（营业收入-营业成本）/营业收入
YL8	营业利润率	营业利润/营业收入
YL9	营业净利率	净利润/营业收入

代码	特征名称	特征计算公式
YL10	总营业成本率	总营业成本/总营业收入
YL11	成本费用利润率	利润总额/（营业成本+销售费用+管理费用+财务费用）
YL12	投资收益率	本期投资收益/（长期股权投资本期期末值+持有至到期投资本期期末值+交易性金融资产本期期末值+可供出售金融资产本期期末值+衍生金融资产本期期末值）

　　具体而言，资产报酬率（YL1）是用来分析企业获利能力的一个特征，是企业投资报酬总额与资产平均总额之间的比率，该值表现了企业的总体获利能力，其计算公式为：（利润总额+财务费用）/平均资产总额。总资产净利润率（YL2）是用来衡量企业资产综合利用效果的特征，代表的是总资产创造的净利润，其计算公式为：净利润/总资产平均余额。流动资产净利润率（YL3）是用来衡量企业流动资产利用效果的特征，其计算公式为：净利润/流动资产平均余额。固定资产净利润率（YL4）是用来衡量企业固定资产运用效果的特征，其计算公式为：净利润/固定资产平均余额。净资产收益率（YL5）是用来衡量企业运用自由资本效率的特征，体现了企业自由资本获得净收益的能力，其计算公式为：净利润/股东权益平均余额。投入资本回报率（YL6）是用于衡量企业投出资金使用效果的特征，体现了企业的历史绩效，其计算公式为：（净利润+财务费用）/（资产总计−流动负债+应付票据+短期借款+一年内到期的非流动负债）。

　　营业毛利率（YL7）是用于衡量企业获利能力的特征，其计算公式为：（营业收入−营业成本）/营业收入。营业利润率（YL8）是用来衡量企业营业效率的特征，其计算公式为：营业利润/营业收入。营业净利率（YL9）是用来衡量企业营业收入创造净利润能力的特征，其计算公式为：净利润/营业收入。总营业成本率（YL10）是用来衡量成本和费用占公司营业收入比重的特征，其计算公式为：总营业成本/总营业收入。成本费用利润率（YL11）是用来衡量企业的成本费用所带来的收益能力的特征，其计算公式为：利润总额/（营业成本+销售费用+管理费用+财务费用）。投资收益率（YL12）是用来衡量企业投资盈利能力的静态特征，其计算公式为：本期投资收益/（长期股权投资本期期末值+持有至到期投资本期期末值+交易性金融资产本期期末值+可供出售金融资产本期期末值+衍生金融资产本期期末值）。

（2）偿债能力。企业的偿债能力代表的是企业偿还其债务的能力，是能够反映企业财务状况的一个重要方面，利用流动比率、速动比率、现金比率、营运资金等特征能够较为全面地反映出企业的偿债能力，历史研究已利用部分偿债能力特征进行财务危机预警相关研究的实践（吴春雷和马林梅，2007；Laitinen and Suvas，2016；Václav and David，2017；Wang et al.，2018），例如，Václav and David（2017）指出资产负债率越高的企业越容易发生财务危机。本书参照历史研究以及 CSMAR 数据库中有关企业偿债能力的描述，初选了 12 个能够反映上市公司偿债能力的特征，如表 4-5 所示。

表 4-5　　　　　　　　　　反映上市公司偿债能力的财务特征

代码	特征名称	特征计算公式
CZ1	流动比率	流动资产/流动负债
CZ2	速动比率	（流动资产–存货）/流动负债
CZ3	现金比率	（货币资金+有价证券）/流动负债
CZ4	营运资金	流动资产总额–流动负债总额
CZ5	现金流动负债比率	经营活动产生的现金流量净额/流动负债
CZ6	资产负债率	负债总额/资产总额
CZ7	有形资产负债率	负债总额/（资产总额–无形资产净值）
CZ8	权益乘数	资产总额/所有者权益总额
CZ9	产权比率	负债总额/所有者权益总额
CZ10	权益对负债比率	所有者权益总额/负债总额
CZ11	经营活动现金流量净额债务比	经营活动产生的现金流量净额/负债总额
CZ12	有形净值债务率	负债总额/（股东权益合计–无形资产净值）

具体而言，流动比率（CZ1）是用来衡量企业流动资产在短期债务到期之前，能够用于偿还债务的能力的特征，该特征反映了企业资产的变现能力，其计算公式为：流动资产/流动负债。速动比率（CZ2）是用来衡量企业流动资产可

以立即用于偿还流动负债的能力的特征，该特征反映了企业立即偿还债务的能力，其计算公式为：（流动资产−存货）/流动负债。现金比率（CZ3）是用来衡量企业的变现能力的特征，其计算公式为：（货币资金+有价证券）/流动负债。营运资金（CZ4）是企业在经营中可以用于周转的流动资金净额，该特征能够反映企业偿还短期债务的能力，其计算公式为：流动资产总额−流动负债总额。现金流动负债比率（CZ5）是用来衡量企业偿还短期债务能力的特征，其计算公式为：经营活动产生的现金流量净额/流动负债。资产负债率（CZ6）是用来衡量企业利用债权人提供的资金进行经营活动的能力，能够反映债权人发放贷款的安全程度，其计算公式为：负债总额/资产总额。

有形资产负债率（CZ7）可以被视为资产负债率的扩展，能够更为全面地反映企业的偿债能力，其计算公式为：负债总额/（资产总额−无形资产净值）。权益乘数（CZ8）是用来衡量股东投入的资本在资产中所占的比重大小的特征，其计算公式为：资产总额/所有者权益总额。产权比率（CZ9）是用来衡量企业资金结构合理性的一种特征，能够用来衡量企业的长期偿债能力，其计算公式为：负债总额/所有者权益总额。权益对负债比率（CZ10）是产权比率的倒数，也能够反映企业的财务结构，其计算公式为：所有者权益总额/负债总额。经营活动现金流量净额债务比（CZ11）能够衡量企业是否有充足的货币资金来偿还债务，其计算公式为：经营活动产生的现金流量净额/负债合计。有形净值债务率（CZ12）能够用于衡量企业的风险程度对债务的偿还能力，其计算公式为：负债总额/（股东权益合计−无形资产净值）。

（3）比率结构。比率结构也可以被称为财务结构比率，是指各项特征在整体中的比重，相关特征可以用来揭示各组成部分与整体之间的关系。利用流动资产比率、现金资产比率、营运资金比率、固定资产比率等特征能够较为全面地揭示企业的财务结构比率，历史研究已利用比率结构特征进行财务危机相关研究的实践（Mselmi et al.，2017；Fallahpour et al.，2017；Farooq and Qamar，2019），并且历史研究指出固定资产比率较高的企业更容易发生财务危机。本书参照历史研究以及 CSMAR 数据库中有关企业比率结构的描述，初选了 8 个能够反映上市公司财务比率结构的特征，如表4-6所示。

表 4-6   反映上市公司比率结构的财务特征

代码	特 征 名 称	特征计算公式
BL1	流动资产比率	流动资产总额/资产总额
BL2	现金资产比率	期末现金及现金等价物余额/资产总额
BL3	营运资金比率	（流动资产−流动负债）/流动资产
BL4	营运资金对净资产比率	（流动资产−流动负债）/净资产总额
BL5	固定资产比率	固定资产净额/资产总额
BL6	所有者权益比率	所有者权益/资产总额
BL7	流动负债比率	流动负债总额/负债总额
BL8	主营业务利润占比	（营业收入−营业成本）/利润总额

具体而言，流动资产比率（BL1）是用来衡量企业流动资产占比的特征，其计算公式为：流动资产总额/资产总额。现金资产比率（BL2）是用来衡量企业现金及现金等价物占比的特征，反映了企业的变现能力，其计算公式为：期末现金及现金等价物余额/资产总额。营运资金比率（BL3）是用来衡量营运资金在流动资产中的占比，其计算公式为：（流动资产−流动负债）/流动资产。营运资金对净资产比率（BL4）是用来衡量营运资金在净资产中的占比，其计算公式为：（流动资产−流动负债）/净资产总额。

固定资产比率（BL5）是用来衡量企业固定资产的闲置情况，其计算公式为：固定资产净额/资产总额。所有者权益比率（BL6）是用来衡量所有者权益在资产总额中的占比，能够反映企业的长期偿债能力和企业控制能力，其计算公式为：所有者权益/资产总额。流动负债比率（BL7）是用来衡量流动负债占总负债的比率，能够反映企业依赖短期资金的程度，其计算公式为：流动负债总额/负债总额。主营业务利润占比（BL8）是用来衡量主营业务利润在利润总额中的比重，能够反映企业经营业绩的稳定性，其计算公式为：（营业收入−营业成本）/利润总额。

（4）经营能力。企业的经营能力代表的是企业营运资产的效率与效益，能够反映企业的资产管理效率。利用应收账款与收入比、应收账款周转率、存货周转率、营业周期、应付账款周转率、流动资产周转率等特征能够较为全面地揭示企业的经营能力，历史研究已利用经营能力特征进行财务危机相关研究的实践（张一妹等，2011；Sun and Li，2011；Sun et al.，2016；Wu，2018），例如，Wu（2018）指出总资产周转率越高则企业发生财务危机的风险越低。本书参照历史研究以及 CSMAR 数据库中有关企业经营能力的描述，初选了 9 个能够反映上市公司经营能力的特征，如表 4-7 所示。

表 4-7 反映上市公司经营能力的财务特征

代 码	特 征 名 称	特 征 计 算 公 式
JY1	应收账款与营业收入比	应收账款/营业收入
JY2	应收账款周转率	赊销收入净额/应收账款期末余额
JY3	存货周转率	营业成本/平均存货余额
JY4	营业周期	应收账款周转天数+存货周转天数
JY5	应付账款周转率	营业成本/平均应付账款余额
JY6	营运资金周转率	营业收入/（流动资产期末余额−流动负债期末余额）
JY7	流动资产周转率	营业收入净额/流动资产期末余额
JY8	固定资产周转率	营业收入净额/固定资产期末净额
JY9	总资产周转率	营业收入净额/资产总额期末余额

具体而言，应收账款与营业收入比（JY1）可以用于衡量企业资金的回收率，其计算公式为：应收账款/营业收入。应收账款周转率（JY2）可以用于衡量企业的应收账款周转速度及其管理效率，其计算公式为：赊销收入净额/应收账款平均余额。存货周转率（JY3）可以用于衡量企业存货的流动性及其存货占用量是否合理，可以反映企业的存货管理水平、销售收回能力等方面的情况，其计算公式为：营业成本/平均存货余额。营业周期（JY4）是指从取得存货开始到销售存货并收回现金这段时间，可以用于反映企业的资金周转速度，其计算公式为：应收账款周转天数+存货周转天数。应付账款周转率（JY5）可以反映企业占用供应商货款的情况，其计算公式为：营业成本/平均应付账款余额。

营运资金周转率（JY6）是用来衡量年销货净额与营运资金之间的比率，其计算公式为：营业收入/（流动资产期末余额−流动负债期末余额）。流动资产周转率（JY7）是指在一定时期内企业营业收入净额与流动资产余额之间的比率，能够反映企业流动资产利用的效果，其计算公式为：营业收入净额/流动资产期末余额。固定资产周转率（JY8）是企业营业收入净额与固定资产净额之间的比率，能够反映企业固定资产的利用效率，其计算公式为：营业收入净额/固定资产期末净额。总资产周转率（JY9）是企业在一定时期内营业收入净额与资产总额之间的比率，可以用来反映资产投资规模与销售水平之间的配比情况，其计算公式为：营业收入净额/资产总额期末余额。

（5）发展能力。企业的发展能力是指企业在市场竞争环境中扩大规模、壮大实力的潜在能力。利用固定资产增长率、总资产增长率、净资产收益率增长率、净利润增长率、营业利润增长率等特征能够较为全面地揭示企业的发展能力，历史研究已利用发展能力特征进行财务危机相关研究的实践（高小雪，2015；宋彪等，2015；Wang et al.，2018；张茂军等，2019；Gu et al.，2019），例如，高小雪（2015）指出总资产增长率是评价企业财务状况的重要特征。本书参照历史研究以及 CSMAR 数据库中有关企业发展能力的描述，初选了 9 个能够反映上市公司发展能力的特征，如表 4-8 所示。

表 4-8　　　　　　　　　　反映上市公司发展能力的财务特征

代码	特 征 名 称	特征计算公式
FZ1	固定资产增长率	（固定资产净额本期期末值−固定资产净额本期期初值）/固定资产净额本期期初值
FZ2	总资产增长率	（资产总计本期期末值−资产总计本期期初值）/资产总计本期期初值
FZ3	净资产收益率增长率	（本期净资产收益率−上年同期净资产收益率）/上年同期净资产收益率
FZ4	净利润增长率	（净利润本年本期金额−净利润上年同期金额）/净利润上年同期金额
FZ5	利润总额增长率	（利润总额本年本期金额−利润总额上年同期金额）/利润总额上年同期金额
FZ6	营业利润增长率	（营业利润本年本期金额−营业利润上年同期金额）/营业利润上年同期金额
FZ7	营业总收入增长率	（营业总收入本年本期金额−营业总收入上年同期金额）/营业总收入上年同期金额

代码	特 征 名 称	特 征 计 算 公 式
FZ8	营业总成本增长率	（营业总成本本年本期金额−营业总成本上年同期金额）/营业总成本上年同期金额
FZ9	所有者权益增长率	（所有者权益本期期末值−所有者权益上年同期期末值）/所有者权益上年同期期末值

　　具体而言，固定资产增长率（FZ1）是企业在本年度固定资产净增加额与年初固定资产总额的比率，可以用来反映企业固定资产的增速，其计算公式为：（固定资产净额本期期末值−固定资产净额本期期初值）/固定资产净额本期期初值。总资产增长率（FZ2）是企业年末总资产的增长额与年初资产总额的比率，可以用来反映企业本年度的资本积累能力，其计算公式为：（资产总计本期期末值−资产总计本期期初值）/资产总计本期期初值。净资产收益率增长率（FZ3）是用来衡量企业本年度净资产收益率较上年度的增长幅度，其计算公式为：（本期净资产收益率−上年同期净资产收益率）/上年同期净资产收益率。净利润增长率（FZ4）是指企业本年度净利润增长额与上一年度净利润的比率，能够反映企业的盈利能力，其计算公式为：（净利润本年本期金额−净利润上年同期金额）/净利润上年同期金额。利润总额增长率（FZ5）是指企业本年度利润总额的增长额与上一年度利润总额的比率，能够反映企业利润的持续增长能力，其计算公式为：（利润总额本年本期金额−利润总额上年同期金额）/利润总额上年同期金额。

　　营业利润增长率（FZ6）是指企业本年度营业利润增长额与上一年度利润总额的比率，能够反映企业营业利润的增长情况，其计算公式为：（营业利润本年本期金额−营业利润上年同期金额）/营业利润上年同期金额。营业总收入增长率（FZ7）是指企业本年度营业收入增加额与上一年度营业收入总额的比率，能够反映企业的成长及发展状况，其计算公式为：（营业总收入本年本期金额−营业总收入上年同期金额）/营业总收入上年同期金额。营业总成本增长率（FZ8）是指企业本年度营业总成本增加额与上一年度营业总成本之间的比率，其计算公式为：（营业总成本本年本期金额−营业总成本上年同期金额）/营业总成本上年同期金额。所有者权益增长率（FZ9）是指企业本年度所有者权益增长额与上一年度所有者权益之间的比率，能够反映企业的发展实力，其计算公式为：（所有者权益本期期末值-所有者权益上年同期期末值）/所有者权益上年同期期末值。

2. 样本企业的股票信息资源获取

股票信息主要是指每股指标，也是能够反映企业财务状况的一类重要信息资源，能够反映上市公司股票的优劣，本书初选了每股收益、每股综合收益、每股现金净流量、每股营业总收入、每股营业利润、每股净资产等特征，初选特征能够较为全面地揭示企业的股票情况，历史研究已利用每股指标进行财务危机相关研究的实践（张荣艳等，2012；Farooq and Qamar，2019；Tang et al.，2020），例如，张荣艳等（2012）指出每股经营活动产生的现金流量净额对企业财务状况的判定具有重要意义。本书参照历史研究以及 CSMAR 数据库中有关企业股票情况的描述，初选了 10 个能够反映上市公司股票信息的特征，如表 4-9 所示。

表 4-9　　　　　　　　　反映上市公司股票情况的特征

代码	特征名称	特征计算公式
MG1	每股收益	净利润本期值/最新股本
MG2	每股综合收益	综合收益总额本期值/实收资本本期期末值
MG3	每股现金净流量	现金及现金等价物净增加额本期值/最新股本
MG4	每股营业总收入	营业收入本期值/最新股本
MG5	每股营业利润	营业利润本期值/最新股本
MG6	每股净资产	所有者权益合计期末值/最新股本
MG7	每股资本公积	资本公积期末值/最新股本
MG8	每股留存收益	（盈余公积期末值+未分配利润期末值）/最新股本
MG9	每股经营活动产生的现金流量净额	经营活动产生的现金流量净额本期值/最新股本
MG10	每股企业自由现金流	（现金及现金等价物净增加额-筹资活动产生的现金流量净额本期值）/最新股本

具体而言，每股收益（MG1）能够用来衡量企业的盈利能力，反映了企业每股股票创造的税后利润，其计算公式为：净利润本期值/最新股本。相较于每股收益，每股综合收益（MG2）更能够反映企业的财务状况，并且对企业股票价格

的解释性更强，其计算公式为：综合收益总额本期值/实收资本本期期末值。每股现金净流量（MG3）是指企业现金及现金等价物的流入减去流出的余额与企业股本之间的比值，其计算公式为：现金及现金等价物净增加额本期值/最新股本。每股营业总收入（MG4）是企业本年度营业收入与企业股本之间的比重，其计算公式为：营业收入本期值/最新股本。每股营业利润（MG5）是企业本年度营业利润与企业股本之间的比重，其计算公式为：营业利润本期值/最新股本。

每股净资产（MG6）是股东权益与企业总股本之间的比率，能够反映每股股票拥有的资产现值，其计算公式为：所有者权益合计期末值/最新股本。每股资本公积（MG7）是企业资本公积与企业总股本之间的比率，能够反映公司的溢价情况，其计算公式为：资本公积期末值/最新股本。每股留存收益（MG8）是企业盈余公积与未分配利润两个部分的和与企业总股本之间的比率，其计算公式为：（盈余公积期末值+未分配利润期末值）/最新股本。每股经营活动产生的现金流量净额（MG9）是企业经营活动产生的现金流净额与企业总股本之间的比率，能够用来反映企业支付股利和资本支出的能力，其计算公式为：经营活动产生的现金流量净额本期值/最新股本。每股企业自由现金流（MG10）是用来衡量企业财务灵活性的指标，其计算公式为：（现金及现金等价物净增加额−筹资活动产生的现金流量净额本期值）/最新股本。

3. 样本企业的公司治理信息资源获取

除了上述财务及股票特征外，上市公司的治理信息也是能够反映上市公司生产经营状况的结构化信息资源，历史研究指出企业的董事会结构等多项企业治理特征对企业财务状况的判定具有重要意义。为了更为全面地获取样本企业的治理信息，本书参照历史文献，主要从治理结构、股权结构、内部控制情况和审计情况4个方面，初选了共24个公司治理特征作为上市公司财务危机预警的公司治理信息。

（1）治理结构。公司治理结构能够在一定程度上反映企业的管理水平，当企业治理结构不合理时会导致企业管理不完善，进而引发财务危机风险（朱兆珍，2016）。利用股东总数、前十大股东是否存在关联、董事长与总经理兼任情况、董事人数、独立董事人数等特征能够较为全面地揭示企业的治理结构，历史研究已利用治理结构特征进行财务危机相关研究的实践（陈燕和廖冠民，2006；

Miglani et al.，2015；Tang et al.，2020），例如，陈燕和廖冠民（2006）指出董事会规模与企业发生财务危机的概率呈负相关，当董事会规模越小时发生财务危机的概率越低。本书参照历史研究以及 CSMAR 数据库中有关企业治理结构的描述，初选了 10 个能够反映上市公司治理结构的特征，如表 4-10 所示。

表 4-10 反映上市公司治理结构的特征

代码	特征名称	特征定义
ZL1	股东规模	企业股东人数
ZL2	前十大股东是否存在关联	1＝不存在关联，2＝存在关联，3＝不确定
ZL3	董事长与总经理兼任情况	1＝同一人兼任，2＝不是同一人担任
ZL4	董事会规模	董事会人数
ZL5	独立董事规模	独立董事人数
ZL6	监事总规模	监事人数
ZL7	高管规模	高级管理人员的总人数
ZL8	董事会持股数量	董事会人员持股数量
ZL9	监事会持股数量	监事会人员持股数量
ZL10	高管持股数量	高级管理人员持股数量

具体而言，股东规模（ZL1）反映了企业股票的集中程度，其定义是：企业股东人数。前十大股东是否存在关联（ZL2）反映了企业股权的制衡水平，其定义是：1＝不存在关联，2＝存在关联，3＝不确定。董事长与总经理兼任情况（ZL3）反映了企业在治理结构上的特征，当二者由同一人担任时，企业的监督制衡机制较弱，其定义是：1＝同一人兼任，2＝不是同一人担任。董事会规模（ZL4）反映了企业的运营环境，在一定程度上对企业绩效产生影响，其定义是：董事会人数。独立董事规模（ZL5）能够在一定程度上反映董事会的多元性，独立董事能够为企业提供多视角的建议，其定义是：独立董事人数。监事总规模（ZL6）在一定程度上反映了企业的内部监管意识及能力，其定义是：监事人数。高管规模（ZL7）反映了企业的管理规模，其定义是：高级管理人员的总人数。董事会持股数量（ZL8）、监事会持股数量（ZL9）和高管持股数量（ZL10）均在一定程度上反映了企业的股权特征，其定义分别是：董事会人员持股数量、监

事会人员持股数量和高级管理人员持股数量。

（2）股权结构。股权结构反映了企业总股本中不同性质的股份所占的比例以及之间的相互关系，历史研究已利用股权结构特征进行财务危机相关研究的实践（黄曼行和任家华，2014；Samanhyia et al.，2016；Tang et al.，2020），例如，黄曼行和任家华（2014）指出企业的股权集中程度与财务风险呈现负相关关系。本书参照历史研究以及 CSMAR 数据库中有关企业股权结构的描述，初选了 7 个能够反映上市公司股权结构的特征，如表 4-11 所示。

表 4-11　　　　　　　　　　　反映上市公司股权结构的特征

代码	特 征 名 称	特 征 定 义
GQ1	股权集中指标 1	公司第 1 大股东持股比例
GQ2	股权集中指标 2	公司前 3 位大股东持股比例之和
GQ3	股权集中指标 3	公司前 5 位大股东持股比例之和
GQ4	股权集中指标 4	公司前 10 位大股东持股比例之和
GQ5	Z 指数	公司第一大股东与第二大股东持股比例的比值
GQ6	S 指数	公司第二大股东至第十大股东持股比例之和
GQ7	H 指数	第一大股东持股比例的平方和

具体而言，股权集中指标 1（GQ1）、股权集中指标 2（GQ2）、股权集中指标 3（GQ3）和股权集中指标 4（GQ4）均代表企业大股东的持股比例，反映了企业的股权集中程度，其定义分别为：公司第 1 大股东持股比例、公司前 3 位大股东持股比例之和、公司前 5 位大股东持股比例之和、公司前 10 位大股东持股比例之和。此外，Z 指数（GQ5）、S 指数（GQ6）和 H 指数（GQ7）也是能够反映企业股权结构的常用特征，其定义分别为：公司第一大股东与第二大股东持股比例的比值、公司第二大股东至第十大股东持股比例之和、第一大股东持股比例的平方和。

（3）内部控制情况。内部控制是企业进行风险管理的重要途径之一，企业内部控制机制能够与企业财务危机预警机制相耦合，进而辅助企业财务危机预警的实现（徐光华和沈弋，2012），中国上市公司的内部控制评价报告的内容主要围绕着内部环境、风险评估、控制活动、信息与沟通和内部监督五个方面。历史研究已指出企业内部控制特征对财务危机预警具有重要意义（唐晓波等，2019；Tang et al.，2020），例如，Tang et al.（2020）指出是否披露内控评价报告对企业财务危机预警具有一定的意义。本书参照历史研究以及 CSMAR 数据库中有关上市公司内部控制情况的描述，初选了 5 个能够反映上市公司内部控制情况的特征，如表 4-12 所示。

表 4-12　　　　　　　　　　反映上市公司内部控制情况的特征

代　码	特　征　名　称	特　征　定　义
NK1	是否披露内控评价报告	1＝是，2＝否
NK2	是否出具内控评价报告结论	1＝是，2＝否
NK3	内部控制是否有效	1＝是，2＝否
NK4	内部控制是否存在缺陷	1＝是，2＝否
NK5	是否采取整改措施	1＝是，2＝否

具体而言，是否披露内控评价报告（NK1）是指企业是否进行内控评价报告的披露，其定义为：1＝是，2＝否。是否出具内控评价报告结论（NK2）是指企业是否公开内控评价报告的结论，其定义为：1＝是，2＝否。内部控制是否有效（NK3）是指企业的内部控制是否行之有效，其定义为：1＝是，2＝否。内部控制是否存在缺陷（NK4）是指企业的内部控制是否具有缺陷，其定义为：1＝是，2＝否。是否采取整改措施（NK5）是指企业是否对其内部控制缺陷提出了整改措施，其定义为：1＝是，2＝否。

（4）审计情况。审计是上市公司生产经营活动中的重要监督机制，审计报告反映了被审计企业的生产经营成果及财务状况，历史研究已利用审计相关特征进行财务危机研究的实践（袁康来和周燕，2009；Gul et al.，2019；Muñoz-Izquierdo et al.，2019），例如，袁康来和周燕（2009）指出被出具标准无保留意见的企业发生财务危机的可能性较小。本书参照历史研究以及 CSMAR 数据库中有关企业股权结构的描述，初选了 2 个能够反映上市公司审计情况的特征，如表 4-13 所示。

表 4-13　　　　　　　　　　反映上市公司审计情况的特征

代码	特征名称	特征定义
SJ1	审计意见类型	1=标准无保留意见，2=保留意见，3=否定意见，4=无法发表意见，5=无保留意见加事项段，6=保留意见加事项段
SJ2	审计费用合计	所有审计相关的费用总计

具体而言，审计意见类型（SJ1）是审计人员对企业财务报表审查的反馈，2003 年后审计意见类型主要包括 6 类，其定义为：1=标准无保留意见，2=保留意见，3=否定意见，4=无法发表意见，5=无保留意见加事项段，6=保留意见加事项段。审计费用合计（SJ2）是指企业为审计活动支付的费用，其定义为：所有审计相关的费用总计。

4.2.2　财务危机预警非结构化信息资源获取

除上述能够在经济金融数据库中获取的结构化信息资源外，非结构化的上市公司财务危机预警信息资源获取也是本章的重点之一。如第三章所述，本书主要获取上市公司年度报告及财经新闻这两类非结构化信息资源，本节主要就这两类信息资源的获取策略、路径及获取内容进行阐述。

网络爬虫是通过模仿浏览器访问网络资源并自动获取及存储海量网页信息的技术。网络爬虫是由一个或多个初始网页开始，先访问初始 URL，通过解析初始页面能够自动识别页面中所有的 URL，将新识别的 URL 加入待爬取队列，然后按照一定的策略继续访问待爬取队列中的 URL，并且将访问到的页面内容进行存储，重复上述爬取过程，直到满足提前设定的爬虫停止条件，则完成爬虫任务（潘晓英等，2020）。

从网络爬虫的结构来看，网络爬虫主要包括网页获取、网页解析和网页存储三个部分，如图 4-1 所示。网页获取部分的主要任务是基于 URL 队列中存储的超链接信息，模拟客户端并向互联网发送 HTTP 请求，在得到服务器响应后下载网页信息，为了保障网络爬虫的工作效率，需要在页面获取部分设定超时机制，若在响应过程中超时，则放弃爬取该网页。网页解析部分是衔接网页获取和网页存储的核心环节，这一部分的主要任务是提取 HTML 结构中所需的文本、连接和图片等信息，为后续的网页存储及分析提供保障。网页存储部分是整个网络爬虫任务的终点，这一部分的主要任务是将网页解析部分解析出来的数据通过文件、数据库等形式进行存储，为后续的文本挖掘任务提供数据基础。

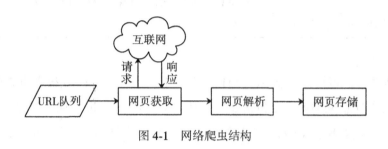

图 4-1　网络爬虫结构

　　在上述网络爬虫实现过程中涉及的关键技术主要包括网页搜索策略、网页解析和数据存储三个方面的内容。具体而言，网页搜索策略是指通过合理的搜索方式来保障网络爬虫能够高效地完成任务，基于搜索方式的不同，可以将网络搜索策略分为静态搜索策略和动态搜索策略。静态搜索策略是指网络爬虫需要按照提前确定的规则进行网页搜索，搜索策略不会因为网页结构的差异而改变；动态搜索策略是指在网页搜索过程中面向不同的网页，采取实时调整的网页搜索策略。其中，动态搜索策略又主要分为基于网页文本内容的搜索策略和基于链接分析的搜索策略，前者的经典应用包括 Fish-Search 和 Shark-Search 等，后者的经典应用包括 Page Rank 和 HITS 等。

　　网页解析是指基于网络爬虫的目标对网页内容进行抽取，主要是对网页的正文内容进行抽取，在抽取内容时需要分析网页的 HTML 结构，当利用 Python 程序设计语言编写网络爬虫时，常见的网页解析模块包括 BeautifulSoup 以及爬虫框架 Scrapy 中的 Selector，而用于描述网页元素位置的语言包括 CssSelector、XPath 和正则表达式。其中，CssSelector 主要通过对标签和 CSS 类的描述来确定网页元素的位置，常见的标签选择器包括：<html>、<body>、<div>和<label>等；CSS 类选择器是通过 class = "label" 的形式实现，其意义是将所有的 label 指定为一个类。XPath 是一个 W3C 标准，能够使用路径表达式对 XML 文档进行导航，XPath 有七种类型的节点，包括：元素、属性、文本、命名空间、处理指令、注释，以及文档节点，可以通过节点定位到文本的位置。CssSelector 和 XPath 两种方式在一定程度上可以替换，并且这两种语言的使用较为简单，但面对结构复杂的页面时，需要利用正则表达式进行页面信息的提取，特别是提取网页中字符串结构的信息。

数据存储是网络爬虫任务的最后环节，常见的存储方式包括两类，即本地文件存储和数据库存储。本地文件存储一般会根据数据的特征将其保存为 excel、csv 或 txt 格式，Python 程序设计语言中有存储上述类型文件的第三方库；当数据量较大时也会选择将网络爬虫获取的数据直接保存在数据库中，可以存储为关系型数据库或非关系型数据库，常用的关系型数据库包括 MySQL、Oracle 和 DB2等，常用的非关系型数据库包括 MongoDB、HBase 和 Redis 等。

1. 上市公司年度报告爬虫构建及样本企业的年报文本获取

如第三章所述，上市公司年度报告是能够综合反映公司年度内财务状况与经营业绩的重要报告，是上市公司进行法定持续信息披露的重要载体，上市公司年度报告中的非结构化文本信息能够作为结构化财务危机预警信息的补充，辅助上市公司财务危机预警的实现。本书的上市公司年度报告获取流程如图4-2所示。

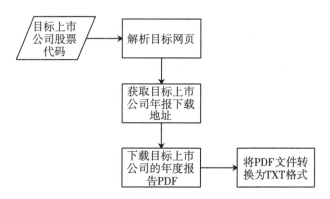

图 4-2　上市公司年度报告获取流程

具体而言，上市公司年度报告获取流程分为两个部分，第一部分是上市公司年度报告网络爬虫构建及 PDF 文件下载，第二部分是将 PDF 文件转换为 TXT 文本。在网络爬虫构建部分，需要以目标企业股票代码为依据，读取股票代码列表；然后查看目标网页的源码，对目标企业的上市公司年度报告下载地址进行解析；再参照表 4-2 中有关财务危机样本企业信息资源获取年份的要求，来获取财务危机及健康样本企业的年度报告下载地址，并且将标题中包含"摘要"关键字的非年度报告剔除；最后下载并保存目标企业的年度报告的 PDF 文件。上述网络爬虫的详细过程如伪码 4-1 所示：

伪码 4-1　上市公司年度报告网络爬虫

输入：　当前需要爬取年度报告的企业股票代码列表 List。

输出：　所有能够爬取的企业年度报告文件，并存储为 F。

1：　初始化：令 W 为样本企业对应的年度报告下载内容地址，令 D 为下载内容的 json 解析模式；

2：　for i in List：

3：　　　Request and parse the W that contains i；

4：　　　for report in D：

5：　　　　　if report title contains "Abstract"：

6：　　　　　　　psss；

7：　　　　　else：

8：　　　　　　　download and save the pdf file as F；

以 2015 年度被 ST 的样本企业在 T-3 年度的上市公司年度报告为例，上市公司年度报告网络爬虫运行结果如图 4-3 所示。

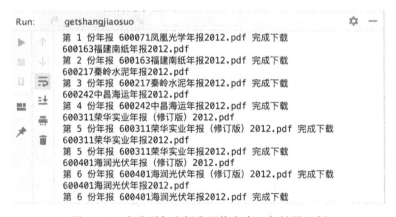

图 4-3　上市公司年度报告网络爬虫运行结果示例

此外，为了辅助后续的文本分析，需要将 PDF 文件转换为 TXT 格式，转换的详细过程如伪码 4-2 所示：

伪码 4-2　上市公司年度报告网络爬虫

输入：　伪码 4-1 爬取的上市公司年度报告 PDF 文件。

输出：　转换为 TXT 格式的文件 R。

  1：　初始化：令 pdf_F 为 PDF 文件列表。

  2：　for file in pdf_F：

  3：　　　Put pdf file under the specified path；

  4：　　　parser = PDFParser(pdfpath)；

  5：　　　doc = PDFDocument()；

  6：　　　Connect PDFParser with PDFDocument；

  7：　　　if doc cannot convert to txt：

  8：　　　　　　raise PDFTextExtractionNotAllowed；

  9：　　　else：

10：　　　　　　Create the ResourceManager, PageAggregator and PageInterpreter；

11：　　　　　　for page in doc_page：

12：　　　　　　　　Interpret the page of doc；

13：　Savethe transformed txt file as R；

---

2. 上市公司财经新闻爬虫构建及样本企业的新闻文本获取

除上述上市公司年度报告文本外，目标企业的财经新闻文本也可以作为结构化财务危机预警信息的补充信息，来辅助上市公司财务危机预警的实现。为了较为全面地获取目标企业的财经新闻，本书以 CNRDS 数据库中网络财经新闻库的网络财经新闻基本信息表单为基础，编写目标企业的财经新闻爬虫，实现样本企业的文本获取。本书的上市公司财经新闻文本获取流程如图 4-4 所示。

具体而言，先基于样本企业列表获取 CNRDS 数据库中的网络财经新闻基本信息表单，然后对表单进行筛选，仅保留股票代码、网页名称和 URL 地址三列；随后对财经金融新闻资讯平台进行统计分类，包括：新浪网、东方财富网、搜狐

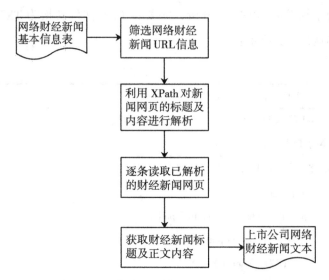

图 4-4 上市公司网络财经新闻获取流程

财经、中国经济网和华讯网等网站；再利用 **XPath** 对网页进行解析，明确网页中新闻标题及正文部分的位置，解析文件如图 4-5 所示。

```
{
    "新浪网": {
        "class": "1",
        "xpath": {
            "title": "//*[@id=\"artibodyTitle\"]/text()",
            "content": "//*[@id=\"artibody\"]/p//text()"
        }
    },
    "东方财富网": {
        "class": "1",
        "xpath": {
            "title": "//*[@id=\"zwconttbt\"]/text()",
            "content": "//*[@id=\"zwconbody\"]/div/text()"
        }
    },
    "搜狐财经": {
        "class": "1",
        "xpath": {
            "title": "//h1//text()",
            "content": "//*[@id=\"contentText\"]//text()"
        }
    },
    "中国经济网": {
        "class": "1",
        "xpath": {
            "title": "//h1//text()",
            "content": "//*[@id=\"articleText\"]/p//text()"
        }
    },
```

图 4-5 财经新闻网页解析示例

其中，"class"用于表示网页能否正常获取，当其等于 1 时，代表网页正常，则利用 XPath 解析规则获取页面的标题及正文文本，并逐条保存在本地的 csv 文件中；当其等于 2 时，代表网页因失效等原因无法正常访问，则跳过此条 URL，继续爬取表单中的下条新闻。上述上市公司财经新闻爬虫的构建过程如伪码 4-3 所示：

伪码 4-3　上市公司财经新闻网络爬虫

输入：　当前需要爬取网站列表 List1，所有允许爬取的网址的 XPath 规则列表 List2。

输出：　所有能够爬取的新闻网页文本，将企业股票代码、标题和正文存储为文件 R。

1：　初始化：令 List1 = list（<code, name, url>），其中 code 为企业股票代码，name 为网站名称，url 为新闻网页链接；

2：　初始化：令 List2 = list（<name, class, title_xpath, content_xpath>），其中 name 为网站名称，calss 表示网页是否正常（1 为正常，2 为不正常），title_xpath 为网站标题规则，content_xpath 为网站内容规则；

3：　初始化：令 R 为 utf-8 编码的 csv 文件；

4：　for（code, name, url）in List1：

5：　　if name in List2：

6：　　　if class ! = 1：

7：　　　　continue；

8：　　　Get the title_xpath in List2；

9：　　　Get the content_xpath in List2；

10：　title_content = parse_page（url, title_xpath, content_xpath）；

12：　　if successful parse and download page information：

13：　　　save（（code, title, content））to R；

最终以表 4-2 中所述的样本企业获取年份为依据存储财经新闻本书，爬虫结果以 2018 年度被 ST 的样本企业在 T-3 年度的新闻为例，如图 4-6 所示，第一列为企业代码，第二列为新闻标题及正文。

A	B
企业代码	新闻标题及正文
000048	康达尔：肇东模式值得期待 维持"买入"评级——新浪提示：本文属于研究报告栏目，仅为分析
000048	机构强烈看好 6股可闭眼买入——康达尔：上市公司 简评：老树发新枝，踏入"农业 互联网 金
000048	丰收贷牵手河南康达尔农牧 共铸农业互联网金融新蓝图——深圳 新闻网 讯 2015年4月20日，中
000048	康达尔：资产隐蔽 价值浮现 空间巨大——证券时报网05月15日讯 康达尔（23.200, 0.27, 1.18%）
000048	康达尔：空间巨大 买入评级——新浪提示：本文属于研究报告栏目，仅为分析人士对一只股票的
000048	康达尔股东的一致行动人增持172万股——康达尔 （000048）周四盘后公告称，公司控股股东深

图 4-6 财经新闻本地储存示例

4.3 面向财务危机预警结构化信息的知识组织

财务危机预警知识组织是本章需要解决的知识融合任务的核心，需要对结构化及非结构化的信息资源进行处理，使其形成统一的知识表达形式。其中，对结构化的上市公司财务危机预警信息而言，需要在分析其结构特征的基础上，明确各类信息资源的结构及层次方面的差异，利用合适的知识组织策略对其进行整序和加工，使不同类型的信息资源能够满足知识融合预警方法的要求。

4.3.1 财务危机预警结构化信息特征分析

本书已从财务、股票及公司治理三个方面获取上市公司财务危机预警结构化信息资源。具体而言，财务信息初选了盈利能力、偿债能力、比率结构、经营能力和发展能力 5 个方面共 50 个特征，均为连续型数据；股票信息初选了每股收益、每股综合收益、每股现金净流量、每股营业总收入、每股营业利润、每股净资产等 10 个特征，均为连续型数据；公司治理信息初选了治理结构、股权结构、内部控制情况和审计情况 4 个方面共 24 个特征，包含连续型及分类数据。如 4.2 节所述，共计初选了 84 个结构化上市公司财务危机预警特征。按照表 4-2 的要求，获取不同年度的样本企业的结构化信息资源，最终将对应年度的财务危机样本与财务健康样本的信息资源合并，形成 T-3、T-4、T-5 和 T-6 四个表单，分别引入财务危机预警模型，以实现跨年度的上市公司财务危机预警。上述结构化上市公司财务危机预警信息资源的分布及变量特征，如表 4-14 所示。

表 4-14 　　　　　　　　　　　上市公司财务危机预警结构化特征分布

知识类别	二级类别	变量数量	变量类型
财务知识	盈利能力	12	连续型变量
	偿债能力	12	连续型变量
	比率结构	8	连续型变量
	经营能力	9	连续型变量
	发展能力	9	连续型变量
股票知识	无	10	连续型变量
公司治理	治理结构	10	连续型与分类变量
	股权结构	7	连续型变量
	内部控制情况	5	分类变量
	审计情况	2	连续型与分类变量

4.3.2　财务危机预警结构化信息的知识组织方法

通过上述对于上市公司财务危机预警结构化信息的分析，可以发现结构化信息以连续型变量为主，仅有部分特征为分类变量。为了将结构存在差异的信息资源整合起来，形成面向上市公司财务危机预警问题的结构化知识，需要对上述信息资源进行数据缺失值处理、数据特征编码和数据标准化处理。

1. 数据缺失值处理

缺失值的处理是数据挖掘领域重要的问题之一，进行数据缺失值处理对提升模型运算效率具有重要意义（张晓琴和程誉莹，2017）。处理缺失值的方法主要包含两类，其一是删除缺失值较多的变量，其二是对缺失值进行补全。当某个变量的缺失值较多时，该变量涵盖的信息有限，这时需要设定一个阈值，当缺失值比例高于该阈值时，可以将该变量删除；当缺失值比例低于该阈值时，需要对该变量的缺失值进行补全，常见的缺失值补全方法包括：均值插补、中位数插补、众数插补、多重插补和建模预测等。其中，均值插补、中位数插补和众数插补三种方法就是利用该变量有效值的均值、中位数和众数对缺失部分进行补全。多重插补法是给每个缺失值都提供 n 个替代值，进而能够得到 n 个完整数据集，利用某种数据分析方法对各个完全数据集进行处理，再基于某种原则对处理结果进行综合，最终得到缺失值的补全值。建模预测是将缺失值作为预测目标来进行预测，利用机器学习算法对缺失值进行预测，进而实现缺失值的填充。

对于结构化上市公司财务危机预警信息资源而言，本书先检验是否有变量存在缺失值较多的情况，历史研究常以 40% 作为缺失率的衡量值，将缺失率大于40% 的变量剔除。通过计算，发现本书初选的 84 个结构化上市公司财务危机预警特征的缺失值率均小于 40%，因此不需要剔除任何变量，进一步利用缺失值补全方法实现缺失值的处理。对于连续型数据，本书利用均值插补法实现缺失值的补全。但是，均值插补法只适用于连续型变量，对于分类变量，众数插补法的效果较好（张彪等，2015），故本书利用众数插补法实现分类变量的缺失值补全。

2. 数据特征编码

本书初选的 84 个结构化上市公司财务危机预警特征中包含 8 个分类变量，并且均为无序分类变量。若将分类变量直接纳入模型处理，则将其视为有序变量，认为数据间存在数量关系。因此，需要利用特征编码方式对初选的 8 个分类变量进行处理，常见的处理无序分类变量的编码方式为独热编码。当任意分类变量有 n 个值时，经过独热编码后，就生成了 n 个互斥的二元特征，该方法能够在一定程度上解决分类器难以处理分类变量的问题，并且也能够扩充特征。

3. 数据标准化

初选的 84 个结构化上市公司财务危机预警特征除存在变量类型不一致的情况外，连续型变量间的单位和量级也存在较大差异，这也会对模型的预测结果产生影响。因此，在导入财务危机预警模型前，需要对变量进行标准化处理，常用的标准化处理方法包括离差标准化、标准差标准化和 log 函数转换等。其中，离差标准化是对原始数据的线性变换，能够使结果均落在 [0, 1] 区间上，当对序列 x_1，x_2，$\cdots$，x_n 进行变换：

$$y_i = \frac{x_i - \min_{1 \leqslant j \leqslant n}\{x_j\}}{\max_{1 \leqslant j \leqslant n}\{x_j\} - \min_{1 \leqslant j \leqslant n}\{x_j\}} \tag{4-1}$$

则序列 y_1，y_2，$\cdots$，$y_n \in [0, 1]$ 并且无量纲。标准差标准化也称为 Z-Score

法，这种方法是对原始数据的均值和标准差进行标准化，该方法适用于属性存在离群点的情况，当对序列 x_1, x_2, $\cdots$, x_n 进行变换：

$$y_i = \frac{x_i - \bar{x}}{s} \tag{4-2}$$

$$\bar{x} = \frac{1}{n} \sum_{i=1}^{n} x_i \tag{4-3}$$

$$s = \sqrt{\frac{1}{n-1} \sum_{i=1}^{n} (x_i - \bar{x})^2} \tag{4-4}$$

变换后的 y_1, y_2, $\cdots$, y_n 是无量纲的且均值为 0，方差为 1 的序列。log 函数转换要求所有数据大于等于 1，当对 x_1, x_2, $\cdots$, x_n 进行变换：

$$y_i = \frac{\log_{10} x_i}{\log_{10} \max} \tag{4-5}$$

其中，max 为样本数据中的最大值，变换后的 y_1, y_2, $\cdots$, $y_n \in [0, 1]$。上述三种方法均能完成数据标准化任务，需要依据样本数据的特征选择适当的数据标准化方法。因本书后续会将非结构化知识转换为数值型特征，则将统一进行数据标准化工作，该部分内容将在财务危机预警模型构建前完成。

4.4 面向财务危机预警非结构化信息的知识组织

非结构化上市公司财务危机预警信息包含上市公司年度报告和上市公司网络财经新闻，文本信息资源无法与结构化信息共同纳入财务危机预警模型。因此，将文本信息资源转换为能够应用于财务危机预警模型的形式，以辅助数据层知识融合的实现。本节先对上市公司年度报告及网络财经新闻进行初步的特征分析，以呈现非结构化上市公司财务危机预警信息资源的全貌，为后续的文本挖掘任务提供基础。

4.4.1 面向上市公司年度报告的知识组织

基于 4.2 节描述的上市公司年度报告网络爬虫，本书采集财务危机样本企业年度报告 856 份，采集财务健康样本企业年度报告 2568 份，共计 3424 份，具体分布如表 4-15 所示。

表 4-15　　　　　　　　　上市公司年度报告采集数量及分布

危机样本分布	样本数量	年报采集量	健康样本分布	样本数量	年报采集量
T-3	214	214	T-3	642	642
T-4	214	214	T-4	642	642
T-5	214	214	T-5	642	642
T-6	214	214	T-6	642	642

上市公司年度报告披露了上市公司经营状况、财务状况、高管薪酬、公司治理状况、股权分配，管理层对公司发展的情况说明及风险预期等多方面的信息，能够揭示出财务特征不蕴含的语义知识，对于丰富上市公司财务危机预警的知识来源具有重要意义。对上市公司年度报告的知识组织方法主要包含两个部分，即情感标引和可读性标引，这两种方法能够将非结构化的年度报告文本抽取并转换为可计量的结构化数据，进而辅助财务危机预警的实现。

在情感标引方面，现有研究指出分析上市公司年度报告的情感倾向对上市公司信用风险预警、企业经营状况预测、财务危机预警、股票市场预测和企业社会责任分析（Hájek et al.，2014；刘逸爽和陈艺云，2018；Song et al.，2018；Gandhi et al.，2019；陈艺云，2019）具有重要意义。本书拟将深度学习方法引入上市公司年度报告情感词典构建过程之中，构建面向上市公司年度报告的领域情感词典，进而实现情感标引，情感标引的具体流程将在 4.5 节进行详细阐述。本书得出的情感标引结果与基于传统 LM 词典的情感标引结果，将共同作为基于上市公司年度报告情感标引的财务危机预警知识，包含 LM 词典积极情感词汇数量、LM 词典消极情感词汇数量、年报词典积极情感词汇数量、年报词典消极情感词汇数量和情感倾向值等，如表 4-16 所示。其中，基于 LM 词典的财务危机预警知识均从 CNRDS 数据库获取，在后续的实验中能够通过不同知识在财务危机预警中的发挥的效果来衡量本书构建的领域情感词典的有效性。

表 4-16　　　　基于上市公司年度报告情感标引的财务危机预警知识

代码	特征名称	特征定义
NB1	LM 词典积极词汇数	基于 LM 词典计算年报文本中的积极词汇数

代码	特 征 名 称	特 征 定 义
NB2	LM 词典消极词汇数	基于 LM 词典计算年报文本中的消极词汇数
NB3	年报词典积极词汇数	基于年报词典计算年报文本中的积极词汇数
NB4	年报词典消极词汇数	基于年报词典计算年报文本中的消极词汇数
NB5	基于 LM 词典的年报情感值	基于 LM 词典计算年报文本的情感倾向值
NB6	基于年报词典的年报情感值1	基于年报词典计算年报文本的情感倾向值1
NB7	基于年报词典的年报情感值2	基于年报词典计算年报文本的情感倾向值2

在可读性标引方面，现有研究指出上市公司年度报告的字数、句子数量、句子长度、Fog 指数等可读性特征与企业的盈利能力、盈余管理程度、企业融资成本、股票收益率、分析师预测准确率、董事会秘书声誉等（Li，2008；Lehavy et al.，2011；Ertugrul et al.，2017；叶勇和王涵，2018；崔文娟等，2019；孙文章，2019）呈相关关系。本书拟将深度学习方法引入可读性标引之中，将其与常用的统计学方法计算出的可读性特征结合起来，共同作为基于上市公司年度报告可读性标引的财务危机预警知识，如表 4-17 所示，可读性标引的具体流程将在 4.6 节进行详细阐述。

表 4-17　　基于上市公司年度报告可读性标引的财务危机预警知识

代码	特 征 名 称	特 征 定 义
NB8	年报总字数	年报全文总字数
NB9	年报词汇数	去除数字后的年报全文总字数
NB10	年报中文词汇数	去除数字和英文单词后的年报文本总字数
NB11	年报句子数	年报文本句子数量
NB12	深度学习可读性	基于深度学习方法的年报可读性

4.4.2　面向上市公司网络财经新闻的知识组织

基于 4.2 节描述的上市公司网络财经新闻网络爬虫，本书对样本企业在每一年度随机采集 100 条网络财经新闻，具体采集量如表 4-18 所示，采集财务危机样本企业网络财经新闻 85600 条，采集财务健康样本企业网络财经新闻 256800 条，共计 342400 条。

表 4-18　　　　　　　　上市公司网络财经新闻采集数量及分布

危机样本分布	样本数量	新闻采集量	健康样本分布	样本数量	新闻采集量
T-3	214	21400	T-3	642	64200
T-4	214	21400	T-4	642	64200
T-5	214	21400	T-5	642	64200
T-6	214	21400	T-6	642	64200

上市公司网络财经新闻是相对具有权威性及真实性的网络信息资源，对上市公司的生产经营和组织管理等方面的信息进行描述，能够从不同视角揭示出财务特征不蕴含的语义知识，对于丰富上市公司财务危机预警的知识来源具有重要意义。对网络财经新闻的知识组织方法主要是情感标引，通过情感标引能够将非结构化的网络财经新闻文本抽取并转换为可计量的结构化数据，进而辅助财务危机预警的实现。

在网络财经新闻情感标引方面，历史研究指出企业财经新闻的情感标引结果对股票市场预测、企业欺诈预测和信用风险评估（Li et al.，2014；Sharma et al.，2016；Smales，2016；Tsai et al.，2016；陈海文等，2016）具有重要意义。与上市公司年度报告情感标引方法类似，本书将深度学习方法引入上市公司网络财经新闻情感词典构建过程之中，构建面向财经新闻的领域情感词典，进而实现情感标引。本书得出的情感标引结果将作为基于上市公司网络财经新闻的财务危机预警知识，包含财经新闻词典积极情感词汇数量、财经新闻消极情感词汇数量和情感倾向值，如表 4-19 所示。

表 4-19　　　　　基于上市公司网络财经新闻的财务危机预警知识

代码	特征名称	特征定义
XW1	新闻词典积极词汇数	基于新闻词典计算新闻文本中的积极词汇数
XW2	新闻词典消极词汇数	基于新闻词典计算新闻文本中的消极词汇数

代　码	特 征 名 称	特 征 定 义
XW3	基于新闻词典的新闻情感值1	基于新闻词典计算新闻文本的情感倾向值1
XW4	基于新闻词典的新闻情感值2	基于新闻词典计算新闻文本的情感倾向值2

4.5　基于知识融合的上市公司年度报告及财经新闻情感标引

　　本节主要是利用情感标引进行上市公司年度报告和财经新闻的知识组织，是数据层知识融合的具体实践。情感分类方法主要包括两类，即基于情感词典的方法和基于机器学习的方法。前者需要依赖于情感词典直接得出情感标引结果，后者若要节省人工标注成本也需要依赖情感词典对训练语料进行自动化标注。因金融领域缺乏带标注语料，本书选择基于情感词典的方法进行相关文本的情感标引，并将深度学习方法引入领域情感词典的构建过程中，实现领域情感词典的自动构建，进而辅助基于词典的情感标引流程的实现。本节首先介绍本书提出的基于深度学习的领域情感词典构建方法，再将该方法应用于上市公司年度报告及网络财经新闻的情感标引过程中，最终得出表4-16和表4-19中的财务危机预警知识。

4.5.1　基于深度学习的领域情感词典构建方法

　　情感词典的构建方法主要分为两类，即基于知识库的情感词典构建方法和基于语料库的情感词典构建方法。基于知识库的方法是依赖于通用语义知识库，通过基于词关系和释义的情感词典扩展法和基于词间相似度的情感词典扩展法，来挖掘词汇间的语义关系，包括同义关系、反义关系和上下位关系等，进而构建出有一定通用性的情感词典，其优点是通用性强和准确率高。基于语料库的方法是依赖特定领域的语料，通过基于上下文关系的情感词典构建方法和基于词共现的情感词典构建方法，来挖掘词汇在语料中的关系，包括上下位位置信息、共现信息、语气反转信息等，进而构建出有领域特性的情感词典，其优点是精确度高。

上述两种情感词典构建方法各有优劣，能够将两种方法结合起来构建具有领域特性且精度较高的词典，现有的知识库与语料库结合的情感词典构建方法有关系图半监督法、自举半监督法和深度表示法（王科和夏睿，2016）。本书提出了一种基于深度学习的领域情感词典构建方法，主要包含数据预处理、词向量模型构建和分类器构建三个部分，具体流程如图4-7所示。

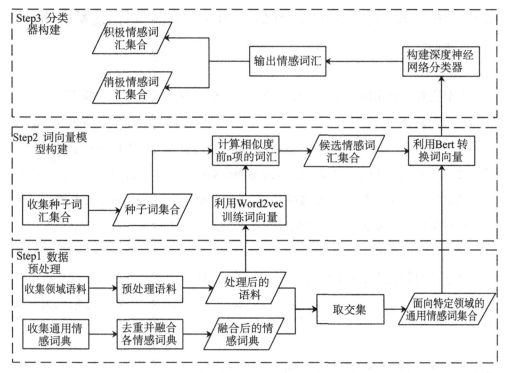

图4-7　基于深度学习的领域情感词典构建方法

1. 数据预处理

数据预处理部分的总体流程是利用领域语料及语义知识库确定面向特定领域的通用情感词集合，主要涉及语义知识库和领域语料的处理两个方面。其中，语义知识库的处理是对现有通用情感词典的融合，本书参照历史研究（Song et al., 2015；胡家珩等，2018；Bian et al., 2019）收集知网情感词典（HowNet）、大连理工大学情感词汇本体（DUTIR）、清华大学李军中文褒贬义词典（TSING）和台湾大学情感词典（NTUSD）中的正负情感词汇，将其进行融合，并且去除重复的词汇，最终形成本书所需的通用情感词汇集合，其中积极词汇 16156 个，消极词汇 19558 个，如表 4-20 所示。

表 4-20   通用情感词汇集合

通用情感词典	积极词汇数	消极词汇数
HowNet	836	1254
DUTIR	11229	10783
TSING	5567	4468
NTUSD	2810	8276
总计	20442	24781
去重之后总计	16156	19558

领域语料的处理主要包括去停用词、去特殊符号和分词，为后续处理提供数据基础。本书收集了中文停用词表、哈工大停用词表和四川大学机器智能实验室停用词表，将其进行融合，并且去除重复的词汇，最终形成本书所需的停用词表集合，共计 1473 个停用词汇，如表 4-21 所示。

表 4-21   通用停用词表集合

停用词表名称	停用词数量
中文停用词表	746
哈工大停用词表	767
四川大学机器智能实验室停用词表	976
总计	2489
去重之后总计	1473

当完成语义知识库和领域语料的处理后，需要进一步将二者进行融合，取二者的交集，最终形成面向特定领域的通用情感词汇集合。对本书而言，将基于上述流程分别构建上市公司年度报告通用情感词汇集合和上市公司网络财经新闻通

用情感词汇集合，以此作为构建上市公司年度报告情感词典及上市公司网络财经新闻情感词典的基础。

2. 词向量模型构建

词向量模型构建部分的总体流程是利用种子情感词集合与领域语料确定候选情感词汇集合，再将候选情感词汇集合与数据预处理部分得出的领域通用情感词汇集合转换为词向量，作为分类器构建部分的输入，以辅助领域情感词典的构建。该部分主要涉及种子情感词集合的确定、利用 Word2vec 训练词向量、计算词汇间的语义相似度和利用 Bert 训练词向量。

具体而言，本书将 LM 词典中的积极和消极词汇和历史研究（黄进等，2015；胡家珩等，2018；Bian et al.，2019）总结的金融领域情感词汇，共同作为上市公司年度报告情感词典构建和上市公司网络财经新闻情感词典构建的种子情感词集合，其中 LM 词典的中文翻译来源于 Chang（2015）。本书选取的种子情感词集合分布如表 4-22 所示。

表 4-22   种子情感词集合

种子情感词来源	积极词汇数	消极词汇数
LM 金融词典	388	1425
历史研究	30	30
总计	418	1455
去重之后总计	414	1445

在确定种子情感词集合后，利用 Word2vec 将领域语料训练为词向量。词向量模型是将词汇转化为稠密的向量，利用向量衡量词汇之间的相似性，有利于挖掘词汇的特征。Word2vec 包含两类语言模型，即 Skip-gram 和 CBOW，Skip-gram 是利用中心词汇预测周围的词汇，而 CBOW 是利用上下文词汇预测中心词汇，并且 Skip-gram 对于生僻词的学习效果更加。本书利用 Skip-gram 模型构建词向量进行领域语料的训练，具体训练过程如伪码 4-4 所示。

伪码 4-4　Word2vec 词向量训练

输入：　需要进行训练的语料文件 F。

输出：　Word2vec 训练的输出，包括模型 M 和向量格式的模型 V。

1：　Read the input file F；

2：　model = Word2Vec (LineSentence (F)，sg＝1，size＝100，window＝5，min_count＝
　　　5，workers＝multiprocessing. cpu_count ()) ；

3：　model. save (M) ；

4：　model. save (V) ；

在完成领域语料的词向量训练后，进一步通过算法计算出种子情感词集合在领域语料中的相似词汇，经过多次实验，本书选取每个种子情感词最相似的 5 个词作为候选情感词汇集合，具体流程如伪码 4-5 所示。

伪码 4-5　计算相似度前 5 的词汇

输入：　已训练为词向量的语料文件 V，种子情感词汇列表 Z。

输出：　每个种子情感词最相似的 5 个词作为候选情感词汇集合 wordtop5。

1：　初始化：w 为语料中的词汇，n 为一个空列表。

2：　model = Word2vec. load (V) ；

3：　for w in Z：

4：　try：

5：　　　　Wordtop5 = model. wv. similar_by_word (word，5) ；

6：　　　　for index in range (5) ：

7：　　　　　n. append (wordtop5 [index] [0]) ；

8：　　except KeyError：

9：　　　print the word not in vocabulary；

10：　else：

11：　　　pass；

12：　wordtop5＝n；

13：　output wordtop5；

在得出种子情感词集合后，需要将种子情感词集合和数据预处理部分得出的面向特定领域的通用情感词集合转换为词向量，作为后续分类器的输入。在这一部分，本书测试了 Word2vec 和 Bert 两个词向量模型的训练结果在深度学习分类器中的表现，Bert 的结果优于 Word2vec。Bert 是利用双向 Transformer 网络结构对语言模型进行训练，是通过海量语料训练得到的通用"语言理解"模型，仅需要添加一个输出层，对 Bert 的预训练模型进行微调，就可以完成包括句子关系判断、分类、序列标注和生成式任务在内的多项自然语料处理任务。因此，本书利用 Bert 将种子情感词集合和通用情感词集合转换为词向量，具体而言，是利用 Google 提供的"Bert-base-chinese"预训练模型①实现基于 Bert 的文本向量表示，具体流程如伪码 4-6 所示。

伪码 4-6　利用 Bert 转换词向量

输入：　种子情感词汇集合文件 wordtop5，面向特定领域的通用情感词汇集合文件 pos 与 neg。

输出：　转换为词向量的 wordtop5_vecs、pos_vecs 和 neg_vecs。

1：　初始化：UNCASED 和 VOCAB 为 Bert 的文本处理器和模型。

2：　Read UNCASED and VOCAB;

3：　Build BertTokenizer with UNCASED and VOCAB;

4：　Build BertModel with UNCASED;

5：　For data in ［wordtop5 pos, neg］ and vector_file in ［wordtop5_vecs, pos_vecs, sneg_vecs］:

6：　Encode_data = data;

7：　Data_vector = BertModel. process （Encode_data）;

8：　Vector_file = save （Data_vector）;

---

3. 分类器构建

在完成基于 Bert 的词向量转换之后，将转换后的词向量作为分类器的输入。

---

① 　Bert-base-chinese ［EB/OL］. https：//www. cnrds. com, 2020-01-16.

词向量能够将文本的语义信息用向量的形式进行表达，两个词向量间的余弦值代表了两个词汇之间的相关程度，历史研究常直接利用词向量进行情感词典的构建（黄仁和张卫，2016；杨小平等，2017）。但是，胡家珩等（2018）指出词向量保留了词汇的语义信息，而语义信息并不能够等价于词汇的情感极性，仅基于词向量相似度的情感极性判断存在准确率较低的现象。因此，本书在得到候选情感词汇集合的基础上，进一步利用分类器判断候选情感词汇的情感极性，最终得到领域情感词典。分类器的输入为非序列化的词汇向量，本书基于 PyTorch 深度学习框架，分别尝试构建基于全连接神经网络（DNN）、结合多头注意力机制的全连接神经网络（Multi-head Attention+DNN，简称 MA-DNN）和双向长短时记忆网络（Bi-LSTM）的分类器。

（1）DNN 分类器。DNN 的内部网络结构可以分为三类，即输入层、隐藏层和输出层，在隐藏层部分可以添加网络层次，层与层之间是利用全连接的形式从前向后传递信息，后层神经元的值可以通过前一层所有神经元的值的加权组合来确定：

$$m_j^l = \sigma \left(\sum_i w_{ij}^l m_i^{l-1} + p_j^l \right) \tag{4-6}$$

其中 l 是网络层次的编号，w 是各个连接的权重，p 为偏置值，除与输出层的连接外，还需要加入激活函数 σ，激活函数能够使神经网络具有非线性映射的能力，常见的激活函数包括整流线型函数（ReLU）、sigmoid 函数、双曲正切函数（tanh）和归一化指数函数（Softmax）。通过多次实验，本书构建了一个包含 4 层隐层的全连接神经网络，其网络结构如图 4-8 所示。

其中，输入为 768 维的 Bert 向量，DNN 的构建遵循先升维后降维的原则，L1、L2、L3 和 L4 的维度分别为：1024、2048、1024 和 512 维，层与层之间需要利用 ReLU 函数作为激活函数，输出层则利用 Softmax 函数作为激励函数。在完成网络搭建后，进行优化器及损失函数的定义，优化器的作用是优化参数使其损失降低，损失函数的作用是估计模型的预测结果与真实值不一致的程度，其中优化器选择应用较多的 Adam，损失函数选择被广泛应用于二分类问题的交叉熵。随后以 9：1 的比例划分训练集与测试集，并循环训练 100 次，最终得到候选情感词汇集合的分类结果。

（2）MA- DNN 分类器。MA-DNN 是在 Multi-head Attention 的基础上加上全连接神经网络。Multi-head Attention 的实质就是并行地进行多次注意力，也就是进

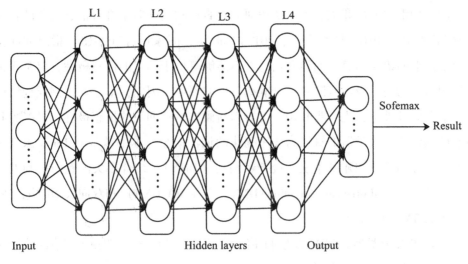

图 4-8　DNN 分类器的网络结构图

行多次 self-attention 计算，使模型能够从不同的表征子空间获取更多层面的特征，其结构如图 4-9 所示。

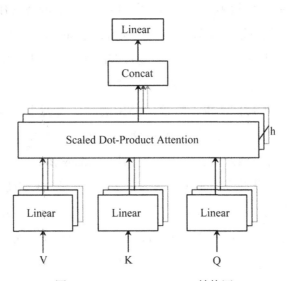

图 4-9　Multi-head Attention 结构图

首先需要对输入的三个向量 V、K 和 Q 进行线性变换，然后利用 Scaled Dot-

Product Attention 模块对其进行计算，计算 Attention 分值的公式为：

$$Att(V, K, Q) = softmax\left(\frac{V K^T}{\sqrt{d}}\right) Q \tag{4-7}$$

其中 d 为神经网络隐藏单元的数量，以第 i 头为例，其值为：

$$head_i = Att(V W_i^V, K W_i^K, Q W_i^Q) \tag{4-8}$$

经过 h 次运算后，h 次的拼接结果为：

$$MultiHead(V, K, Q) = Concat(head_i, \cdots, head_h) W^O \tag{4-9}$$

基于历史研究在 DNN 等网络与注意力机制结合的探索上（Ma et al.，2018；沈兰奔等，2019），通过多次实验，本书构建了一个包含 DNN 与 Multi-head Attention 相结合的三层网络结构，其网络结构图如图 4-10 所示。

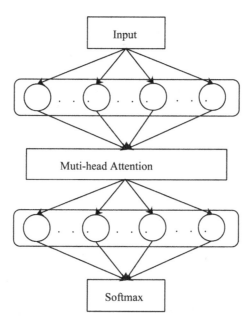

图 4-10   MA-DNN 分类器网络结构图

第一层 DNN 的输入为利用 Bert 转化的词向量，经过 DNN 网络处理后的向量将作为 Multi-head Attention 的输入，这一层通过计算能够获取各个位置的特征信息，再将计算结果输入到第二个 DNN 层中，综合前两层的结果进一步计算得到原始输出，输出结果经过 Softmax 层的处理后就能够得到最后的概率分布。在完成模型搭建后，进行优化器及损失函数的定义，与上述 DNN 分类器类似，优化器选择应用较多的 Adam，损失函数选择被广泛应用于二分类问题的交叉熵。随后以 9∶1 的比例划分训练集与测试集，并循环训练 100 次，最终得到候选情感词汇集合的分类结果。

（3）Bi-LSTM 分类器。Bi-LSTM 是双向长短时记忆网络，结合了 Bi-RNN 和 LSTM 模型的优点，弥补了 LSTM 仅能单向处理信息的问题，将正向 LSTM 和反向 LSTM 结合起来，能够全面地获取上下文信息，其网络结构如图 4-11 所示。

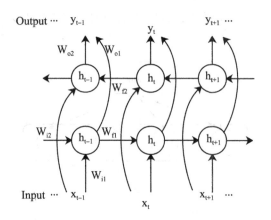

图 4-11　Bi-LSTM 网络结构图

其中输入单元中 $X = \{x_1, x_2, \cdots, x_t\}$ 的每个 x_i 为字向量，隐含层包含了前向传播层和后向传播层，前者用于学习上文信息，后者用于学习下文信息，最后连接到输出层。W_{i1} 和 W_{i2} 是输入门到前向传播单元及后向传播单元的权值矩阵，W_{f1} 和 W_{f2} 是前向传播层隐含单元和后向传播层隐含单元到遗忘门的权值矩阵，W_{o1} 和 W_{o2} 是前向传播层隐含单元和后向传播层隐含单元到到输出门的权值矩阵（吴小华等，2019）。

Bi-LSTM 以 n 维向量作为输入，通过隐含层的前向传播单元和后向传播单元得到 t 个时刻的输出向量，可以用 $\vec{H}$ 和 $\overleftarrow{H}$ 表示，则 Bi-LSTM 的隐含层输出为：

$$H = \{\vec{H}, \overleftarrow{H}\} \tag{4-10}$$

$$\overrightarrow{H} = \{h_1, \ h_2, \ \cdots, \ h_t\} \tag{4-11}$$

$$\overleftarrow{H} = \{h_1, \ h_2, \ \cdots, \ h_t\} \tag{4-12}$$

Bi-LSTM 在处理序列化数据时效果较好，但本书的数据均为非序列化的词汇向量，因此仅尝试搭建基于 Bi-LSTM 的分类器与上述两个较符合数据特征的分类器进行对比。通过多次实验，本书构建了一个包含 Bi-LSTM 和 DNN 的两个隐含层的网络结构，其网络结构图如图 4-12 所示。

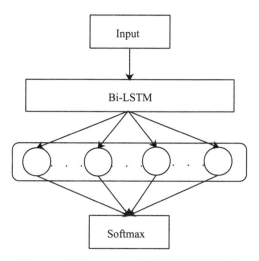

图 4-12　基于 Bi-LSTM 的分类器网络结构图

第一层 Bi-LSTM 的输入为利用 Bert 转化的词向量，经过 Bi-LSTM 网络处理后的向量将作为第二层 DNN 的输入，综合前一层的结果进一步计算得到原始输出，输出结果经过 Softmax 层的处理后就能够得到最后的概率分布。在完成模型搭建后，进行优化器及损失函数的定义，与上述两个分类器类似，优化器选择应用较多的 Adam，损失函数选择被广泛应用于二分类问题的交叉熵。随后以 9∶1 的比例划分训练集与测试集，并循环训练 100 次，最终得到候选情感词汇集合的分类结果。

在完成分类器构建后，分别对其进行评估，选取分类效果最优的作为领域情感词典。本书主要利用三个特征对其进行评估，包括准确率（accuracy）、精确率（precision）和召回率（recall），计算公式如下所示：

$$Accuracy = \frac{TP + TN}{TP + FP + FN + TN} \tag{4-13}$$

$$Precision = \frac{TP}{TP + FP} \tag{4-14}$$

$$Recall = \frac{TP}{TP + FN} \tag{4-15}$$

其中 TP 表示实际为积极词汇，预测也为积极词汇的情况；TN 表示实际为消极词汇，预测也为消极词汇的情况；FP 表示实际为消极词汇，预测为积极词汇的情况；FN 表示实际为积极词汇，预测为消极词汇的情况。

4.5.2　基于深度学习的上公司年度报告情感标引实验

利用上述基于深度学习的领域情感词典构建方法，本书构建面向上市公司年度报告的情感词典，在该词典的基础上进行上市公司年度报告的情感标引，最终得到基于上市公司年度报告情感标引的财务危机预警知识，具体流程如图 4-13 所示。

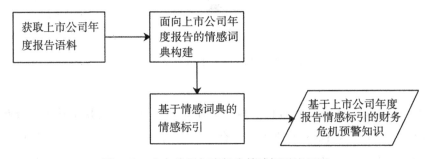

图 4-13　上市公司年度报告情感标引流程图

1. 面向上市公司年度报告的情感词典构建

本书利用 4.2 节所述的上市公司年度报告爬虫获取 2016 年至 2018 年间所有上市公司的年度报告，共计 10608 篇，报告的数量分布如表 4-23 所示。因实验语料均为 2015 年及其之前的上市公司年度报告，故选取 2016 年之后的年度报告作为情感词典构建的语料。

表 4-23   上市公司年度报告语料分布

年份	2016	2017	2018	总计
年报数量	3559	3631	3418	10608

在完成上市公司年报语料收集后，对语料库进行去停用词、去特殊符号和分词的操作。再将处理后的上市公司年报语料与通用情感词汇集合取交集，结果如表 4-24 所示，进而构成面向上市公司年度报告的通用情感词汇集合，作为后续情感词典分类器构建的训练语料。

表 4-24   通用情感词汇集合与上市公司年报语料的交集

取交集后的积极词汇数量	取交集后的消极词汇数量	词汇数量总计
4946	2852	7798

同时，利用 Word2vec 训练上市公司年报语料，进一步抽取包含在领域语料中的种子情感词的相似词汇，并将与每个种子情感词最相似的前 5 个词作为候选情感词汇集合，经过去重后，其候选情感词汇集合包含 3734 个词汇。在完成基于 Bert 的候选情感词汇集合及领域通用情感词汇集合的词向量转换之后，将转换后的词向量作为分类器的输入。分别构建上述 DNN、MA-DNN 和 Bi-LSTM 三种分类器，三种模型在构建上市公司年度报告情感词典时的性能评估如表 4-25 所示。

表 4-25   面向上市公司年度报告的情感词典性能评估

	Accuracy/%	Precision/%	Recall/%
DNN	87.76	**89.63**	88.90
MA-DNN	**90.12**	89.56	**89.72**
Bi-LSTM	79.13	78.93	78.57

实验表明，MA-DNN 模型的准确率和召回率最优，总体上该模型在构建面向上市公司年度报告的情感词典时的性能更优，DNN 模型的精确率较高，而 Bi-

LSTM 模型的性能较差，这也符合前文在模型构建时的预判。因此，本书利用 MA-DNN 模型的结果作为上市公司年度报告情感词典，其中积极词汇 2517 个，消极词汇 1217 个，部分词汇如表 4-26 所示。

表 4-26　　　　　　　　面向上市公司年度报告的领域情感词典示例

积 极 词 汇	消 极 词 汇
推涨，猛涨，冲高，上涨，飙涨，增持，止跌企稳，保持平稳，增长势头，推高，鼓励性，复苏，升势，回升，走高……	利空，急转直下，报复性，缩量，走低，震荡，触底，走弱，大跌，骤降，疲态，产品积压，不振，萎缩，高开低走……

如表 4-26 所示，本书构建的面向上市公司年度报告的情感词典具有很强的领域特性。其中积极词汇主要是涵盖了一些代表资本市场发展较好的词汇，例如：猛涨、上涨、走高等；也涵盖了一些股票市场专用词汇，例如：增持、止跌企稳等；还包含了一些与积极政策相关的词汇，例如：鼓励性等。而消极词汇主要是涵盖了一些代表市场发展态势不佳的词汇，例如：震荡、走低、大跌等；也包括一些股票市场专用词汇，例如：利空、高开低走等；还涉及一些代表企业经营状况不佳的词汇，例如：产品积压、萎缩等。

2. 上市公司年度报告情感标引

在完成了面向上市公司年度报告的情感词典构建后，利用基于词典的情感标引方法进行上市公司年度报告的情感极性判断，并得出基于上市公司年度报告情感标引的财务危机预警知识，具体流程如图 4-14 所示。

如图 4-14 所示，基于上市公司年度报告情感标引的财务危机预警知识包含基于 LM 词典的情感标引知识和基于本书构建的年报词典的情感标引知识。其中，基于 LM 词典的情感标引知识可从 CNRDS 数据库的公司特色库中的年报文本语气表单获取，Tang et al.（2020）指出基于 LM 词典的上市公司年度报告情感标引知识能够在财务危机预警中发挥一定的作用。LM 词典积极词汇数（NB1）为基于 LM 词典统计的上市公司年度报告文本中的积极词汇数，LM 词典消极词汇数（NB2）为基于 LM 词典统计的上市公司年度报告文本中的消极词汇数，基

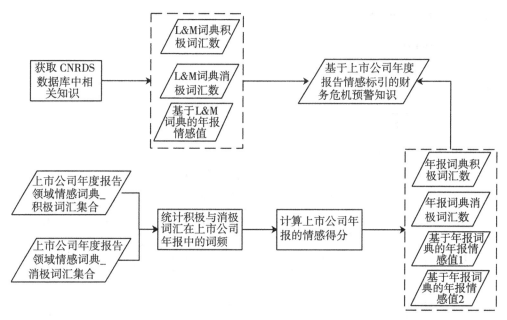

图 4-14   基于年度报告情感标引的财务危机预警知识获取流程图

于 LM 词典的年报情感值（NB5）为基于 LM 词典计算的上市公司年度报告文本的情感分值，其计算公式为：

$$L\&M_{senti} = \frac{NB1 - NB2}{NB1 + NB2} \qquad (4\text{-}16)$$

此外，本书利用已经构建的面向上市公司年度报告的情感词典进行上市公司年度报告的情感标引并获取相关财务危机预警知识。具体而言，利用包含积极和消极词汇的领域情感词典与待分析年度报告进行匹配，统计每篇年度报告中包含的积极词汇和消极词汇数量，得到年报词典积极词汇数（NB3）和年报词典消极词汇数（NB4）。进而得到基于年报词典的年报情感值 1（NB6），其计算公式为：

$$NB\_1_{senti} = \frac{NB3 - NB4}{NB3 + NB4} \qquad (4\text{-}17)$$

而基于年报词典的年报情感值 2（NB7）的计算过程需要依赖于已构建的上市公司年度报告情感词典、程度副词词典和否定词典，上述三个词典的权重如表4-27 所示。一篇上市公司年度报告会包含多个句子，而每个句子是由多种信息元素组成的，本书参照历史文献的情感倾向计算原则（Zhang et al. , 2018；Tang et al.，2019)，利用加法规则来计算不带修饰词（程度副词和否定词）的情感词汇的权重，利用乘法规则来计算带修饰词的情感词汇的权重，并且最终利用加法规则来计算不同情感组合的权重。本书利用 Python 程序实现上述计算过程。

表 4-27　　　　　　　　　　应用于情感标引的词典及其权重

分　类		词　汇　示　例	权　重
情感词	Positive	推涨，猛涨，冲高，上涨，飙涨……	1
	Negative	利空，急转直下，报复性，缩量，走低……	−1
程度副词	Over	百分之百，倍加，充分，极其，绝对……	2
	Extreme	多加，非常，格外，实在，特别……	1.75
	Over	超额，过于，何止，过头，忒……	1.5
	More	更，比较，较为，进一步，那么……	1.25
	Slightly	多多少少，点点滴滴，略加，稍微，些微……	0.5
	Insufficiently	半点，不大，不甚，丝毫，轻度……	0.25
否定词		不，没，不是，未必，不要，未曾……	−2

具体而言，本书以 B_i 来表示一句话中不同元素的情感倾向，S_i 用来表示一个句子的情感倾向，NB_2_{senti} 用来表示一份上市公司年度报告的情感倾向。当一个句子中包含 k 个没有修饰词的情感词时，这一元素的情感倾向计算公式如下：

$$B_1 = \sum_{i=1}^{k} P_i \tag{4-18}$$

其中 P_i 代表情感词的权重。当一个句子中包含 k 个被程度副词或否定词修饰的情感词时，其情感倾向的计算公式如下：

$$B_2 = \sum_{i=1}^{k} P_i \times A_i \tag{4-19}$$

其中 A_i 代表程度副词或否定词的权重。基于上述两个公式，一个句子的情感倾向可以计算为：

$$S_i = B_{i1} + B_{i2} \tag{4-20}$$

最终，一份包含了 n 个句子的上市公司年度报告的情感倾向值可以用一下公式进行计算，值得注意的是因上市公司年度报告篇幅较长，需要对整体情感值进行 log 处理：

$$NB\_2_{senti} = \log \sum_{i=1}^{n} S_i \qquad (4-21)$$

4.5.3 基于深度学习的上市公司网络财经新闻情感标引实验

类似地，利用上述基于深度学习的领域情感词典构建方法，本书构建面向上市公司网络财经新闻的情感词典，在该词典的基础上进行上市公司网络财经新闻的情感标引，最终得到基于上市公司网络财经新闻情感标引的财务危机预警知识，具体流程如图 4-15 所示。

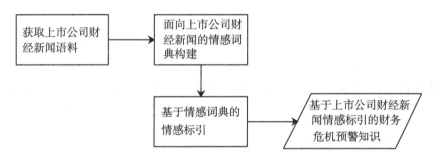

图 4-15　上市公司网络财经新闻情感标引流程图

1. 面向上市公司网络财经新闻的情感词典构建

本书以清华大学自然语言处理实验室提供的 THUCNews①（新闻来源为新浪新闻）语料中的财经及股票两类新闻作为上市公司网络财经新闻情感词典构建的语料库，新闻数量及分布如表 4-28 所示。

表 4-28　　　　　　　　　网络财经新闻语料分布

财经类新闻篇数	股票类新闻篇数	新闻篇数总计
37101	153144	190245

---

① THUCNews［EB/OL］. http：//thuctc. thunlp. org，2020-01-26.

在完成 THUCNews 语料收集后，对语料库进行去停用词、去特殊符号和分词的操作。再将处理后的财经及股票新闻语料与通用情感词汇集合取交集，结果如表 4-29 所示，进而构成面向上市公司网络新闻的通用情感词汇集合，作为后续情感词典分类器构建的训练语料。

表 4-29　　　　　　　　通用情感词汇集合与网络财经新闻语料的交集

取交集后的积极词汇数量	取交集后的消极词汇数量	词汇数量总计
6546	7072	13618

与面向上市公司年度报告的情感词典构建方法类似，利用 Word2vec 训练网络财经新闻语料，进一步抽取包含在领域语料中的种子情感词的相似词汇，并将与每个种子情感词最相似的前 5 个词作为候选情感词汇集合，经过去重后，其候选情感词汇集合包含 4474 个词汇。类似地，在获取了面向网络财经新闻的通用情感词汇集合与候选情感词汇集合后，利用 Bert 将两个集合分别转化为词向量，作为分类器的输入。分别构建上述 DNN、MA-DNN 和 Bi-LSTM 三种分类器，三种模型在构建上市公司年度报告情感词典时的性能评估如表 4-30 所示。

表 4-30　　　　　　　　面向上市公司网络财经新闻的情感词典性能评估

	Accuracy/%	Precision/%	Recall/%
DNN	86.68	86.32	85.89
MA-DNN	**88.70**	**88.12**	**87.91**
Bi-LSTM	76.53	77.01	76.78

实验表明，MA-DNN 模型在构建面向上市公司网络财经新闻的情感词典时的各项特征均为最优，DNN 模型次之，Bi-LSTM 模型的效果较差。因此，本书利用该模型的结果作为上市公司网络财经新闻情感词典，其中积极词汇 2151 个，消极词汇 2323 个，部分词汇如表 4-31 所示。此外，与上述的上市公司年度报告领域词典相比，网络财经新闻领域词典构建的准确率相对较低，这与种子情感词典选取多依赖于 LM 词典有关，因为 LM 词典是基于美国上市公司年度报告（10-

K）构建的，年报的语言习惯与网络财经新闻存在一定的差异，并且上市公司网络财经新闻的候选情感词汇数量也相对较多，也在一定程度上对模型的性能产生了影响。

表4-31　　　　　面向上市公司网络财经新闻的领域情感词典示例

积　极　词　汇	消　极　词　汇
上扬，飙升，高开高，大牛市，牛初，大涨，发力，冲涨，企稳，迭创新高，良好，疯涨，赚，稳建，盈利……	高开低走，跌停，熊市，惨跌，下挫，利空，超跌，减持，套牢，疲软，下行，走弱，离场，跳水，崩盘……

如表4-31所示，本书构建的面向上市公司网络财经新闻的情感词典具有很强的领域特性，与前述的上市公司年度报告情感词典相比，既存在差异也存在相似之处。其中积极词汇主要涵盖了与股票市场发展态势较好的相关词汇，例如：高开高、大牛市、迭创新高等；也涵盖了部分与资本市场主体相关的词汇，例如：赚、良好、盈利等。而消极词汇主要是涵盖了一些与股票市场发展态势较差的相关词汇，例如：高开低走，跌停，熊市等；也涵盖了部分与资本市场主体行为相关的词汇，例如：减持、离场等。

2. 上市公司网络财经新闻情感标引

在完成了面向网络财经新闻的情感词典构建后，利用基于词典的情感标引方法进行上市公司网络财经新闻的情感极性判断，并得出基于上市公司网络财经新闻情感标引的财务危机预警知识，具体流程如图4-16所示。

如图4-16所示，基于上市公司网络财经新闻情感标引的财务危机预警知识主要是基于本书构建的网络财经新闻词典获得的情感标引知识。具体而言，利用包含积极和消极词汇的领域情感词典与待分析网络财经新闻进行匹配，统计每篇年度报告中包含的积极词汇和消极词汇数量，得到年报词典积极词汇数（XW1）和年报词典消极词汇数（XW2），进而得到每篇新闻的情感分值1：

$$N_i = \frac{XW1 - XW2}{XW1 + XW2} \tag{4-22}$$

然后需要对每个企业涉及的 n 篇新闻进行求和，再计算其平均情感分值，最

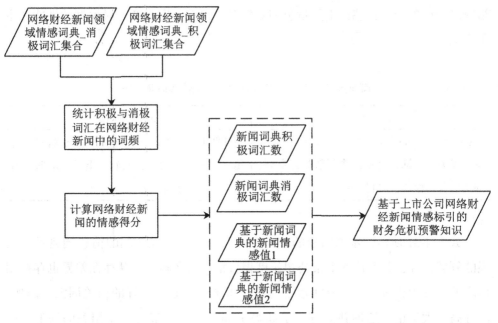

图 4-16 基于网络财经新闻情感标引的财务危机预警知识获取流程图

终得到基于新闻词典的新闻情感值 1（XW3），其计算公式为：

$$News\_1_{senti} = \frac{\sum_{i=1}^{n} N_i}{n} \tag{4-23}$$

此外，基于新闻词典的新闻情感值 2（XW4）的计算过程与上一节描述的 NB_2_{senti} 的计算过程类似，但因新闻篇幅相对较短，不需要对整体情感值进行 log 处理。在得到每篇新闻的情感分值 M_i 后，需要进一步计算出每个企业涉及的 n 篇新闻的平均情感分值，其计算公式为：

$$News\_2_{senti} = \frac{\sum_{i=1}^{n} M_i}{n} \tag{4-24}$$

通过上述计算过程，能够得到 LM 词典积极词汇数（NB1）、LM 词典消极词汇数（NB2）、年报词典积极词汇数（NB3）、年报词典消极词汇数（NB4）、基于 LM 词典的年报情感值（NB5）、基于年报词典的年报情感值 1（NB6）和基于年报词典的年报情感值 2（NB7），共计 7 个基于上市公司年度报告情感标引的财务危机预警知识，以及新闻词典积极词汇数（XW1）、新闻词典消极词汇数（XW2）、基于新闻词典的新闻情感值 1（XW3）和基于新闻词典的新闻情感值 2（XW4），共计 4 个基于上市公司网络财经新闻情感标引的财务危机预警知识。

4.6   基于知识融合的上市公司年度报告可读性标引

本节主要是利用可读性标引进行上市公司年度报告的知识组织，是数据层知识融合的具体实践。上市公司年度报告的可读性标引能够在一定程度上揭示企业的生产经营状况，极具现实意义。本书综合利用深度学习方法以及传统的统计学方法挖掘能够代表上市公司年度报告可读性的相关知识，最终得出表 4-17 中的财务危机预警知识。

4.6.1   上市公司年度报告可读性标引方法

本书分别利用深度学习和统计学方法进行上市公司年度报告的可读性标引。在基于深度学习的可读性标引方面，已有部分研究将神经网络模型及词嵌入的方法引入可读性标引，利用词向量模型将文本转换为向量，再利用神经网络模型或传统机器学习模型对其进行分类（Tseng et al.，2016；曾厚强等，2017；Zheng and Yu，2018）最终得出文本的可读性，上述研究多基于通用语料，利用监督学习的方法对文本的可读性进行判断。本书的研究对象为领域语料，缺乏权威标注。因此，基于 Cha et al.（2017）提出的结合词向量模型及聚类算法的可读性标引方法，本书基于此研究，提出了一个结合 FastText 和 K-means 的文本可读性识别模型，具体流程如图 4-17 所示。先将财务危机及财务健康样本企业的上市公司年度报告进行分词、去停用词等预处理工作，利用 FastText 将处理后的文本转化为词向量，再利用 K-means 算法对词向量进行聚类，以文本词向量的聚类数代表上市公司年度报告的可读性。

在基于统计学方法的可读性标引方面，基于统计学方法的文本特征分析也在可读性标引中发挥着重要作用（吴思远等，2018），主要涉及词汇特征、句子特征和篇章特征。基于这三个方面的特征，本书主要从四个方面构建面向上市公司年度报告的可读性标引知识，包括：年报总字数（NB8）、年报词汇数（NB9）、

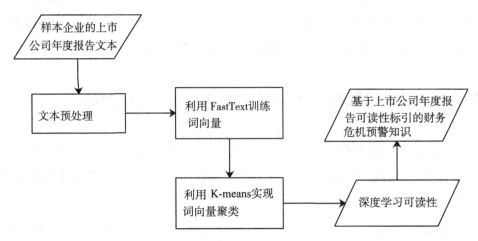

图 4-17   基于深度学习的年报可读性标引方法

年报中文词汇数（NB10）和年报句子数（NB11）。本书利用 Python 程序设计语言实现上述四个知识的获取，其流程如图 4-18 所示。

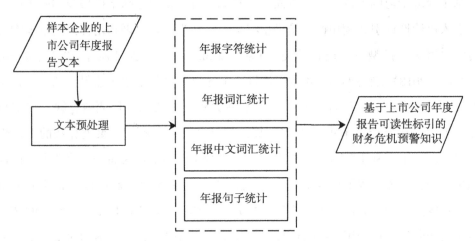

图 4-18   基于统计学方法的年报可读性标引方法

4.6.2   基于深度学习的上市公司年度报告可读性标引实验

基于 4.6.1 节中提出的结合 FastText 和 K-means 的可读性标引方法，能够进行上市公司年度报告的可读性标引。具体而言，文本预处理方式参考上述情感标引方法的预处理流程。词向量训练模型 FastText 是 Word2vec 的扩展版本，能够进行高效的文本分类及词向量的表征。与 Word2vec 相比，FastText 在输入层加入了 n-gram 特征，使得上下文的语义信息更加完整（冯勇等，2019），具体的训练流程如伪码 4-7 所示。

伪码 4-7　FastText 词向量训练

输入：　需要进行训练的语料文件 F。

输出：　FastText 训练的输出，包括模型 M 和向量格式的模型 V。

1：　Read the input file F;

2：　model = FastText (LineSentence (F), sg = 1, size = 100, window = 5, min_count = 5);

3：　model. save (M);

4：　model. save (V);

当完成词向量训练后，需要利用 K-means 算法实现词向量的聚类，该算法是一种无监督学习方法，能够将相似的对象自动划分到同一簇中，该算法的思想如下：首先从数据集合 V 中随机选择 K 个数据作为初始聚类中心 $N_{i(1 \leqslant i \leqslant k)}$，然后求出每个数据与初始聚类中心的距离，距离一般使用欧式距离，计算公式如下：

$$d(x, y) = \sqrt{\sum_{i=1}^{n} (x_i - y_i)^2} \tag{4-25}$$

根据得出的距离，能够将每个数据划分到最相似的簇中，即当 $V(X_j, N_i) = \min \{V(X_j, N_i)\}$ 时，$X_j \in Y_i$，其中 $X_{j(1 \leqslant j \leqslant n)}$ 为数据集合 V 中的每个数据对象。要重新计算新簇的聚类中心 N_i，其公式为：

$$N_i = \frac{1}{n} \sum_{X_j \in Y_i} X_j \tag{4-26}$$

然后计算聚类准则函数 E，其公式为：

$$E = \sum_{j}^{n} \sum_{i}^{k} \| X_j - N_i \|^2 \tag{4-27}$$

在聚类过程中要给定一个阀值 ε，当 $E \leqslant \varepsilon$ 时，聚类函数收敛，则聚类结束。值得注意的是，K-means 算法的输入包括数据集合以及聚类簇的个数 K，常用的确定 K 值的方法包括轮廓系数法和手肘法等。本书利用轮廓系数法来确定聚类中的 K 值，计算公式为：

$$S(i) = \frac{b(i) - a(i)}{\max\{a(i),\ b(i)\}} \tag{4-28}$$

其中，$a(i)$ 是 i 向量到同簇其他样本的平均距离，称为簇内不相似度；$b(i)$ 是 i 向量到与它相邻最近的一簇内所有样本的平均距离，称为簇间不相似度；$S(i)$ 的取值在 [-1, 1] 之间，其值越大越合理。本书利用 Python 程序设计语言的第三方库 Sklearn 实现 K-means 聚类及其 K 值的选择，K 值在 10 到 200 之间调优（Cha et al., 2017）。最终输出的上市公司年度报告文本的聚类数量即为深度学习可读性（NB12）的值，本书认为文本的聚类数越多则阅读难度更大，其可读性较低，反之则可读性较高。

4.6.3　基于统计学方法的上市公司年度报告可读性标引实验

基于 4.6.1 节中提出的基于统计学方法的可读性标引方法，能够进行上市公司年度报告的可读性标引。具体而言，首先将上市公司年度报告文本进行预处理，再利用 Python 程序设计语言的相关第三方包进行文本的字符统计，能够得到年报总字数（NB8），该特征反映了上市公司年度报告的篇章特性，文本的整体长度会对文本的可读性产生影响。类似的，经过分词和去停用词等处理后的年报文本能够统计出其词汇数量，进而能够得到年报词汇数（NB9）和年报中文词汇数（NB10），这两个特征反映了上市公司年度报告的词汇特性，前者代表去除数字后的上市公司年度报告的总字数，后者代表去除数字和英文单词后的上市公司年度报告的总字数，中文词汇、数字以及英文单词的占比在一定程度上会对文本的可读性产生影响。此外，基于文本中的标点符号能够统计出年报文本中包含句子的数量，能够得到年报句子数（NB11），该特征反映了上市公司年度报告的句子特性，文本的句子数量能够反映文本的长度以及文本的书写特征，也能够在一定程度上对文本的可读性产生影响。

4.7　本章小结

数据层知识融合主要解决财务危机预警信息资源获取及知识组织这两个问题。在财务危机预警信息资源获取方面，本章首先明确了财务危机和财务健康样本企业的选择依据，包括 214 家财务危机企业和 642 家财务健康企业。然后获取上市公司财务危机预警结构化信息资源，包括财务、股票和公司治理信息。其中，财务信息主要从盈利能力、偿债能力、比率结构、经营能力和发展能力 5 个方面获取，共初选了 50 个特征；股票信息初选了每股收益、每股综合收益、每股现金净流量、每股营业总收入、每股营业利润、每股净资产等 10 特征；公司治理信息主要从治理结构、股权结构、内部控制情况和审计情况 4 个方面获取，共初选了 24 个特征。在上市公司财务危机预警非结构化信息资源获取方面，本章主要描述了上市公司年度报告及财经新闻这两类非结构化信息资源的获取策略、及网络爬虫构建过程。

在财务危机预警知识组织方面，本章对已获取的财务危机预警结构化及非结构化信息进行知识组织。具体而言，先对财务危机预警结构化信息资源进行了特征分析，并明确了需要从数据缺失值处理、数据特征编码和数据标准化处理三个方面对已获取的财务危机预警结构化信息进行处理。然后对上市公司年度报告及网络财经新闻进行初步的特征分析，明确了本书主要利用情感标引和可读性标引两种方法对财务危机预警非结构化信息进行处理。着重介绍了基于深度学习的领域情感词典构建方法，提出了 MA-DNN 分类模型，将其应用于种子情感词汇的分类问题中，并通过实验验证了其有效性。在完成基于上市公司年度报告和网络财经新闻两类文本的领域情感词典构建后，分别利用已创建的词典实现情感标引，最终得到基于情感标引的上市公司财务危机预警知识。随后介绍了面向上市公司年度报告的可读性标引方法，包括基于深度学习的文本可读性识别模型以及基于统计学方法的文本可读性标引方法，最终得到基于可读性标引的上市公司财务危机预警知识。参照第三章有关数据层知识融合的概念模型：

$$KF_1 = < FO_1, OK_1, f_1, FR_1 >$$

本章主要描述了数据层知识融合中融合前的知识 OK_1，通过数据层知识融合

135

方法 f_1 中的情感标引和可读性标引等方法，将财务危机预警结构化及非结构化信息进行抽取与转换，实现了数据层知识融合目标 FO_1 中多源信息资源的知识组织目标，并最终得到了数据层知识融合的结果 FR_1，即数据层知识融合最终形成了结构统一的上市公司财务危机预警知识集合，即为数据层知识融合的融合结果。

5　基于处理层知识融合的财务危机预警特征建模

处理层知识融合是基于知识融合的上市公司财务危机预警方法研究中承上启下的一环，处理层知识融合需要解决财务危机预警知识的特征建模问题。首先，要对已获取的非平衡样本集进行处理，以减少非平衡样本集对后续模型的影响。再对现有的特征建模方法进行比较，构建基于融合算法的特征降维模型，在此基础上对上市公司财务危机预警知识进行特征初选和特征优选，以识别出能够高效辅助财务危机预警的知识特征，形成优选后的 T-3、T-4、T-5 和 T-6 特征集，发现在不同年度影响财务危机预警的知识间的异同，最终生成基于处理层知识融合的融合结果。

5.1　上市公司财务危机预警非平衡样本集的处理

财务危机预警知识的特征建模是本章需要解决的知识融合任务，需要对数据层生成的财务危机预警知识集合进行特征优选，但已获取的财务危机和财务健康样本为 1∶3 的非平衡样本集。因此，在进行特征优选前，需要先对非平衡样本集进行处理。本节先对数据层已获取的财务危机预警初选知识进行汇总，梳理常用的非平衡样本集处理方法，再对本书获取的上市公司财务危机预警非平衡样本集进行处理。

5.1.1　上市公司财务危机预警初选知识

本书已从财务、股票及公司治理三个方面总结了上市公司财务危机预警结构化知识，并利用情感标引及可读性标引方法从上市公司年度报告及网络财经新闻两类非结构化信息资源中抽取了财务危机预警知识。初选了 84 个结构化上市公司财务危机预警知识，以及 16 个从非结构化文本中抽取与转换而来的上市公司财务危机预警知识。其中结构化财务危机预警知识中包括 8 个分类变量，需要对其进行特征编码，如表 5-1 所示，故共计初选了 113 个上市公司财务危机预警知识。

表 5-1　　　　　　　　　　特征编码后的财务危机预警分类变量

代码	名　　　称	编码后代码	名　　　称
ZL2	前十大股东是否存在关联	ZL2_1	前十大股东存在关联
		ZL2_2	前十大股东不存在关联
		ZL2_3	不确定前十大股东是否存在关联
ZL3	董事长与总经理兼任情况	ZL3_1	董事长与总经理由同一人兼任
		ZL3_2	董事长与总经理不由同一人兼任
NK1	是否披露内控评价报告	NK1_1	披露内控评价报告
		NK1_2	不披露内控评价报告
NK2	是否出具内控评价报告结论	NK2_1	出具内控评价报告结论
		NK2_2	不出具内控评价报告结论
NK3	内部控制是否有效	NK3_1	内部控制有效
		NK3_2	内部控制无效
NK4	内部控制是否存在缺陷	NK4_1	内部控制存在缺陷
		NK4_2	内部控制不存在缺陷
NK5	是否采取整改措施	NK5_1	采取整改措施
		NK5_2	不采取整改措施
SJ1	审计意见类型	SJ1_1	审计意见为标准无保留意见
		SJ1_2	审计意见为保留意见
		SJ1_3	审计意见为否定意见
		SJ1_4	审计意见为无法发表意见
		SJ1_5	审计意见为无保留意见加事项段
		SJ1_6	审计意见为保留意见加事项段

5.1.2 面向非平衡样本集的处理方法

非平衡样本集是指各个类别的样本量是不均衡的，在二分类问题中，当正例或负例的样本量大于另一类别时，即为非平衡样本集。若直接将非平衡样本集输入分类模型，分类器会偏向样本较多的类别，导致分类器的结果失真。因此，在完成上市公司财务危机预警知识初选后，需要对非平衡样本集进行处理，常见处理方法主要包括：采样方法和代价敏感学习方法。

1. 采样方法

采样方法是通过改变样本集的类别分布来生成一个相对平衡的样本集，采样方法可以分为欠采样和过采样两类。欠采样也称为下采样，是通过减少多数类样本的个数来平衡样本集；过采样也称为上采样，是通过增加少数类样本的个数来平衡样本集。例如 NearMiss 过采样方法就是利用 KNN 来实现欠采样，包含了 3 种采样方法：①选择到离 N 个近邻的少数类样本平均距离最小的多数类样本；②选择离 N 个少数类样本平均距离最小的多数类样本；③为每个少数类样本保留 M 个近邻多数类样本，进一步选择离 N 个近邻样本平均距离最大的正样本将被选择。

欠采样方法主要分为两类，第一类是随机删除多数类样本，但这种方法容易造成数据偏差，使模型仅学习到了部分数据；第二类是基于聚类方法对欠采样进行改进，即保留有代表性的多数类样本进行训练，使模型能够学习到有价值的信息。

过采样方法主要包含两类，第一类是按比例随机对少数类样本进行复制，称为随机过采样（random oversampling），但这种方法会造成少数类样本重复，进而导致数据过拟合；第二类是基于数据合成的方法，最为常见的是合成少数类过采样技术（Synthetic Minority Oversampling Technique，SMOTE），该算法的基本思想是先计算少数类样本中随机样本 x_i 与其他样本点的距离，得到最近的 K 个邻近样本，再基于样本的不平衡比例设定一个采样比例，从 K 个邻近样本中选择若干样本 x_j，对于每个随机挑选出的近邻 x'，可以按照该公式构建新的样本：

$$x_{new} = x_i + \alpha * (x_j - x_i) \tag{5-1}$$

139

其中 x_{new} 是合成的新样本点，α 是常量，其取值范围是 (0，1)。SMOTE 能够在一定程度上缓解数据的过拟合问题。

2. 代价敏感学习方法

代价敏感学习方法是利用样本不均衡的分类代价来解决数据的不平衡问题，其本质就是给不同类别的样本设定差异化的错分惩罚代价，在处理非平衡样本集问题时，给少数类样本设置更高的错分代价，使得模型在进行学习时能够对少数类样本采取一定程度的偏置学习。

当处理二分类问题时，由错分惩罚系数构成的代价矩阵如表 5-2 所示，其中少数类被定义为正类（Positive，P），多数类被定义为负类（Negative，N）。当 $Cost(P, N) = Cost(N, P)$ 时，代表正负类样本的错分代价是对称的，即为代价不敏感，当 $Cost(P, N)$ 和 $Cost(N, P)$ 二者的差越大时，错分代价不平衡程度越大。

表 5-2 错分惩罚系数构成的代价矩阵

类别	预测为正类	预测为负类
实际为正类	Cost (P, P) = 0	Cost (P, N)
实际为负类	Cost (N, P)	Cost (N, N) = 0

对于二分类问题，当样本 x 所属的类别未知时，将该样本错分为 n 类的期望风险可以表示为：

$$R(n \mid x) = \sum_{i=1}^{2} P(i \mid x) Cost(n, i) \tag{5-2}$$

其中 $P(i \mid x)$ 是样本 x 的后验概率，目标是将各个样本分类到其期望风险最小的类别中，即 $\min \{ R(n \mid x) \}$，代价敏感学习能够在一定程度上提升少数类的分类准确率。历史研究将代价敏感学习与分类算法结合起来处理非平衡样本集的问题，具体而言，是在模型训练过程中将错分代价加权到损失函数上，将对损失函数的优化过程在一定程度上等价于错分代价的优化过程，将代价敏感因子添加到非代价敏感分类算法中，就能得到一个具有倾向性的算法，进而实现基于代价敏感学习的非平衡数据集处理（王瑞，2013）。常见的与代价敏感结合起来的算法包括：代价敏感的支持向量机、代价敏感的决策树算法、代价敏感的回归模型和代价敏感的最近邻分类器（万建武和杨明，2020）。

5.1.3 基于SMOTE-Tomek的非平衡样本集处理

上述非平衡样本集的处理方法主要从基于数据的采样方法和基于算法的代价敏感学习方法两个方面对相关方法进行了梳理。本书利用过采样方法解决上市公司财务危机预警的非平衡样本问题，以弥补因财务危机样本较少对模型效果的影响。传统的SMOTE方法存在着合成样本质量问题、模糊类边界问题以及少数类分布问题。因此，学者们提出了SMOTE的优化方法，包括SMOTE改进算法、欠采样与SMOTE结合的方法、过滤技术与SMOTE结合的方法、聚类算法与SMOTE结合的方法、决策树与SMOTE结合的方法等（石洪波等，2019；董明刚等，2020）。

本书利用过滤技术与SMOTE结合的方法SMOTE-Tomek来实现少数类样本的合成，该方法能够有效解决合成样本质量问题和模糊类边界问题。该算法主要分为两步：首先使用SMOTE对少数类样本进行过采样来扩充样本集，得到新的样本集；再对扩充后的样本集建立Tomek Links对，并移除类间重叠的样本。对于本书而言，设原始样本集为 F，其中财务危机样本集为 F_{min}，财务健康样本集为 F_{major}，SMOTE-Tomek的处理流程如下：

首先使用SMOTE对 F_{min} 进行过采样来扩充样本集。对于财务危机样本集中的每一个样本 x_i（$i \in F_{min}$），寻找其在 F_{min} 样本集中的 K 个近邻点，并从这 K 个近邻点中随机选取 n 个近邻点 x_j（$1 \leq j \leq n$），即可以产生新的财务危机样本点 x_{new}，其计算公式如下：

$$x_{new} = x_i + \alpha * (x_j - x_i) \tag{5-3}$$

其中 α 为其取值范围在（0，1）之间的一个随机数。在实际应用中，假设 x_{i1} 为一个财务危机样本，x_{i1_1}、x_{i1_2} 和 x_{i1_3} 分别为与 x_{i1} 近邻的3个样本点，则 x_{new_1}、x_{new_2} 和 x_{new_3} 即为SMOTE合成的财务危机样本，如图5-1所示。

财务危机与财务健康样本之间的比例是1:3，SMOTE需要重复上述过程，最终使正负样本平衡，但这种通过插值复制的过程会导致财务危机样本进入财务健康样本的空间。因此，在完成SMOTE操作后，需要利用Tomek Links算法对合

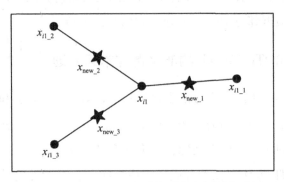

图 5-1 基于 SMOTE 合成的财务危机样本示例

成后的样本进行筛选。具体而言，设财务危机样本 x_{i1} 与财务健康样本 y_{i1} 之间的距离为 $d(x_{i1}, y_{i1})$，当不存在另外一个样本 w，使 $d(w, x_{i1}) < d(x_{i1}, y_{i1})$ 或 $d(w, y_{i1}) < d(x_{i1}, y_{i1})$ 时，$d(x_{i1}, y_{i1})$ 为一个 Tomek Links 对。当两个不同类的样本组成一个 Tomek Links 对时，两个样本中可能存在噪声样本或边界样本，由于 SMOTE 操作扩充了少数类样本，所以在识别 Tomek Links 对时，可以将这些连接对直接删除。使用 SMOTE-Tomek 算法对 T-3、T-4、T-5 和 T-6 的样本进行处理后，样本变化如表 5-3 所示。

表 5-3   基于 SMOTE-Tomek 的上市公司财务危机预警样本处理对比

	原财务危机与财务健康样本比	处理后的财务危机与财务健康样本比
T-3	214 : 642	586 : 586
T-4	214 : 642	599 : 599
T-5	214 : 642	590 : 590
T-6	214 : 642	598 : 598

5.2 基于融合算法的上市公司财务危机预警特征建模方法

特征是模型分析或预测的对象，特征的质量和数量对模型的学习效果具有重要影响。对于上市公司财务危机预警模型而言，其输入为财务危机预警知识，若直接将全部高维的特征数据引入预警模型，会影响模型的分类性能和泛化能力。因此，在构建财务危机预警模型前有必要对高维特征进行特征建模，进一步对特征进行筛选，减少模型学习时的噪声和干扰。常见的特征建模（特征工程）的方法包括：特征提取、特征构造、特征放缩、特征编码和特征降维（周志华，2016）。因本书获取的财务危机预警知识为高维特征，本节主要梳理特征降维方法，包括特征抽取和特征选择，并进一步明确上市公司财务危机预警知识适用于何种特征降维方法，并构建基于融合算法的上市公司型财务危机预警特征降维模型。

5.2.1 特征降维方法

1. 特征抽取方法

特征抽取方法是从原始数据中抽取新特征的方法，是通过函数映射将原始数据从高维空间映射到低维空间，进而将原始数据中的多维特征转换为更具代表性的低维特征，以达到特征降维的目的。这种方式处理后的数据特征不同于原始数据的特征，假设有 n 个原始特征 X_1，X_2，$\cdots$，X_n，通过函数映射 $T_i = f_i(X_1, X_2, \cdots, X_m)$，$i \in [1, m]$，能够得到另外一组特征 Y_1，Y_2，$\cdots$，$Y_m(m < n)$，其变换过程如图 5-2 所示。特征抽取方法主要包括两类，即线性变换方法和非线性变换方法。

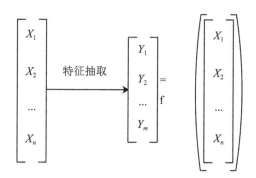

图 5-2　特征抽取方法特征变化图

（1）线性变换方法。线性变换方法是通过矩阵运算降低特征维度，是将原数据从一个线性子空间变换成另一个线性子空间，典型的线性变换方法包括：线性判别分析法（Linear Discriminant Analysis，LDA）和主成分分析法（Principal Component Analysis，PCA）。其中，LDA 是一种监督学习的特征降维方法，使用 LDA 能够使映射后模式样本的类间散布矩阵最大，并且类内散布矩阵最小（黄璞，2014）。换而言之，通过该方法映射后的数据，在新的线性子空间具有最大的类间距离和最小的类内距离，即模式在子空间内有最佳的可分离性。PCA 是一种非监督学习的特征降维方法，其基本思想是通过某种线性映射，将原始的高维数据映射到低维空间中，并期望在所映射的低维空间中数据的方差最大，以较少的数据维度来保留较多的原始数据点的特征，也就是利用较少的特征来尽可能精确地表示原始数据的特征。

（2）非线性变换方法。非线性变换方法是通过非线性的计算方法将原始数据从高维空间转换到低维空间，该方法更适合处理包含非线性关系的数据，并且致力于在降维前后能够保持原始数据在某方面的特性不变（张少龙等，2014），典型的非线性变换方法包括：局部线性嵌入（Locally Linear Embedding，LLE）和等距映射（Isometric Feature Mapping，ISOMAP）。其中，LLE 是一种非监督学习的特征降维方法，该方法强调在特征降维的过程中能够保持原始数据局部的线性特征，该方法假设数据全集为非线性的流形，而局部数据可以视为线性结构，则全集上的数据点可以表示为局部近邻点的线性组合，进而构成线性权值，基于线性权值能够进一步计算出数据点与其近邻点直接的最小重构误差，以得到最优重构权值，保持数据点与其近邻点在低维空间中的重构关系，就能够将原始数据从高维空间映射到低维空间中，进而实现了数据的降维（王鲁，2017）。ISOMAP 也是一种非监督学习的特征降维方法，该方法强调将原始数据映射到低维空间后仍能保持数据间的相对距离关系，该方法是建立在 Multiple Dimensional Scaling（MDS）的基础上，使用能够更有利于反映数据全局几何机构的测地距来处理非线性流形。ISOMAP 的具体步骤包括三个部分，首先，对于原始数据集中的所有数据点，以 K 近邻或球半径方式定义其邻域，构建邻域图；然后，计算邻域图中每两个数据点之间的最短路径距离；最后，将数据点之间的最短路径距离作为输入，利用 MDS 算法对原始数据集进行降维处理，最终得到低维的嵌入流形，进而实现了数据的降维（籍永建和王红军，2015）。

2. 特征选择方法

特征选择方法是从原始特征中选择子特征的过程，是通过某种算法剔除原始数据中的冗余特征，进而实现特征的优选，以达到特征降维的目的。这种方式处理后的数据特征即为原始数据特征的子集，假设有 n 个原始特征 X_1，X_2，$\cdots$，X_n，通过某种算法对其进行选择，能够得到优选后的一组特征 X_{a1}，X_{a2}，$\cdots$，$X_{am}(m < n)$，其变换过程如图 5-3 所示。

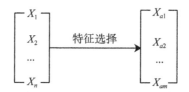

图 5-3　特征选择方法特征变化图

特征选择主要包括四个步骤，即特征子集生成、特征子集评价、停止条件以及特征子集验证（Dash and Liu，1997）。在特征子集生成部分需要利用搜索策略对原始特征进行搜索，生成候选特征子集；再利用特定的评价机制对其进行判断，若得到更优的特征子集则将其更新为最优特征子集，并不断循环特征子集生成和特征子集评估两个步骤，直到满足既定的停止条件；最后在子集验证部分需要在模型精度和复杂度等方面对已优选的特征子集进行验证，整体流程如图 5-4 所示。对特征选择的搜索策略进行分类时，特征选择搜索策略主要包括完全搜索、随机搜索和启发式搜索。对特征选择的评价准则进行分类时，特征选择方法主要包括三类：过滤式方法（Filter）、封装式方法（Wrapper）和嵌入式方法（Embedded），本节从这个角度对现有的特征选择方法进行总结。

（1）Filter 方法。Filter 方法对原始数据的特征筛选过程独立于后续的学习算法，是仅针对数据进行特征选择的一种方法，能够快速剔除相关性较低的噪声特征，其计算效率高。基于 Filter 方法的特征评价方法包括 4 类，即相关性度量、一致性度量、基于距离的度量和信息度量。相关性度量包括皮尔逊相关系数、卡方检验和 Fisher 系数等，能够识别特征与相应变量间的相关关系；一致性度量主要是利用不一致率来度量，目的是找到在可接受的不一致率下的最小规模的特征

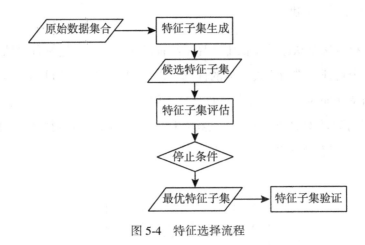

图 5-4 特征选择流程

子集；基于距离的度量主要包括马氏距离、欧式距离和平方距离等，通过测量类间和类内距离来生成特征子集；信息度量主要是互信息、信息增益等，通过特征与标签之间的关系来生成特征子集。Filter 方法的劣势是其特征选择过程不能生成一个无冗余特征的较小的优选特征子集，可能会影响最终分类器的效果。而该方法的优势是能够快速剔除一部分噪声特征，缩小最终优选特征子集的搜索范围，因此，Filter 方法常被视为特征的预选器。

（2）Wrapper 方法。Wrapper 方法对原始数据的特征筛选过程是依赖于特定的算法，是利用原始数据的测试集在特定算法上的性能来评价其生成的特征子集的优劣。具体而言，该方法是在原始数据集中选取不同的特征进行组合，生成不同的特征子集，再利用特定的算法测试各个特征子集的预测效果，最后选择精度最优的特征子集作为最终的优选特征子集。常用于 Wrapper 方法的算法包括 SVM、KNN、贝叶斯、遗传算法和递归特征消除法等。按照搜索策略的差异，可以将 Wrapper 方法分为顺序选择策略和启发式搜索策略（Chandrashekar and Sahin，2014）。顺序选择策略是从特征全集来删除特征或是从特征空集来增加特征，通过每剔除或增加一个特征，来生成不同的特征子集。启发式搜索策略是通过启发式规则设计搜索策略，进而利用启发信息来引导搜索过程，来生成不同的特征子集。Wrapper 方法的劣势是运行速度较慢，计算开销较大，但该方法能够在保障后续算法精度较高的情况下，生成规模较小的优选特征子集。

（3）Embedded 方法。Embedded 方法是将特征选择过程与算法的学习过程融合在一起，在算法学习的过程中实现特征选择，该方法的特征选择效果依赖于选择的特征模型以及特定的学习算法。Embedded 方法主要包含两类，即基于树结构的方法和正则化方法（吴争和董育宁，2018）。基于树结构的方法是将特征视为树中的各个节点，进而搭建整体的树结构，主要是通过信息增益和基尼系数等信息度量方式来评估特征的优劣，常用于特征选择的树结构算法包括 Cart、C4.5、随机森林和极端随机树等。正则化方法就是把额外的惩罚项或约束添加到现有的算法中，进而防止模型发生过拟合的情况并提升其泛化能力，常用的正则化方法包括 Lasso 和岭回归（Ridge regression）。Embedded 方法在一定程度结合了 Filter 和 Wrapper 方法的优点，在保障特征选择效果的同时，也减少了模型的运算时间。但是，应用 Embedded 方法进行特征选择时，需要依赖于相关历史经验来确定损失函数及相关参数。

5.2.2 基于融合算法的上市公司财务危机预警特征降维模型

上述特征抽取及特征选择方法是通过不同的计算过程来实现对原始数据的特征降维，降维后保留的数据形态也不相同，为了在充分保留原始知识特征的前提下实现特征降维，本书利用特征选择方法进行上市公司财务危机预警知识的特征降维。处理层知识融合的主旨是对多源财务危机预警知识进行特征优选，以识别出能够高效辅助财务危机预警模型的特征子集。

历史研究在财务危机预警知识的特征选择方面进行了有益的探索，部分研究仅利用 Filter、Wrapper 和 Embedded 方法中的一种进行特征选择。Liang et al.（2015）指出 LDA 和 T 检验能够有效的进行多维财务危机预警知识的特征选择；陈艺云等（2018）利用 Logistics 回归对原始财务危机预警知识进行特征初选，Wang et al.（2018）运用 Lasso 方法剔除不显著的财务危机预警特征，以实现特征选择；Tang et al.（2020）运用基于支持向量机的递归特征消除法（SVM-RFE）对多源财务危机预警知识进行特征选择。此外，还有部分研究将多类特征选择方法进行融合，Lin et al.（2014）综合运用 Filter 和 Wrapper 两类方法，先利用 t 检验进行特征初选，剔除噪声或冗余特征，再利用遗传算法进一步对初选的特征子集进行筛选，最终得到优选特征子集；Li et al.（2014）将 Wrapper 方法与 Embedded 方法相结合，构建了 Lasso 与 SVM 结合的特征选择模型，以实现财务危机预警知识的特征选择。

　　基于已抽取的财务危机预警知识涵盖了上市公司生产经营活动的各个方面，财务危机预警知识的类别众多、分布广泛，本书采取 Filter 与 Wrapper 方法相结合的策略进行财务危机预警知识的特征优选，通过将融合算法引入特征降维过程，来实现处理层的知识融合。具体而言，先利用 T 检验对原始的财务危机预警特征进行初选，剔除相关性较低的特征，生成初选特征子集。再进一步利用结合遗传算法与随机森林算法（GARF）的特征降维模型实现对上市公司财务危机预警初选特征子集的筛选，最终得到优选的特征子集，其过程如图 5-5 所示。

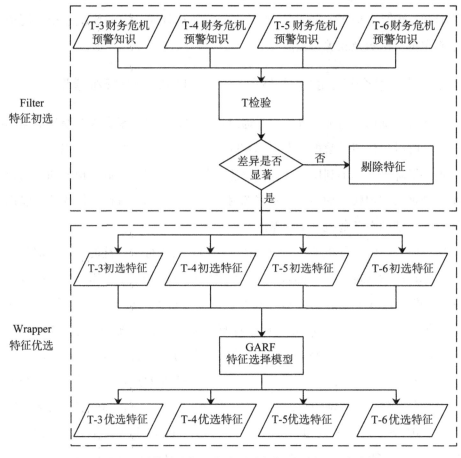

图 5-5　基于融合算法的上市公司财务危机预警特征降维模型

5.3　基于融合算法的上市公司财务危机预警特征建模实验

如前所述，本书利用特征降维实现上市公司财务危机预警知识的特征建模，通过梳理特征降维方法的内涵，利用特征选择方法实现特征的降维。基于融合算法的上市公司财务危机预警特征降维模型主要包括两个阶段，即基于 T 检验的特征初选，以及基于 GARF 的特征优选。通过两个阶段的特征降维能够分别生成 T-3、T-4、T-5 和 T-6 特征优选集合，即为处理层知识融合生成的财务危机预警特征知识，进而实现处理层的知识融合目标。

5.3.1　基于 T 检验的上市公司财务危机预警特征初选

T 检验是常见的假设检验方法之一，也常被用于特征选择任务中，本书利用 T 检验来判断特征在正负样本之间的差异是否显著。设 X_1，X_2，$\cdots$，X_n 是正态总体 $A(\mu_1, \partial^2)$ 的样本值，Y_1，Y_2，$\cdots$，Y_m 是正态总体 $B(\mu_2, \partial^2)$ 的样本值，且两个样本独立。两个样本的均值分别为 X 和 Y，样本方差分别为 S_X^2 和 S_Y^2，而 μ_1、μ_2 和 ∂^2 未知。其中样本均值的计算方式为：

$$\overline{X} = \frac{1}{n} \sum_{i}^{n} X_i, \ \overline{Y} = \frac{1}{m} \sum_{i}^{m} Y_i \tag{5-4}$$

样本方差的计算公式为：

$$S_X^2 = \frac{1}{n-1} \sum_{i=1}^{n} (X_i - \overline{X}), \ S_Y^2 = \frac{1}{m-1} \sum_{i=1}^{m} (Y_i - Y) \tag{5-5}$$

T 检验的假设检验过程如下：

（1）首先建立检验假设：H_0：$\mu_1 = \mu_2$，即两个样本总体之间的统计平均值没有显著差异；H_1：$\mu_1 \neq \mu_2$，即两个样本总体之间的统计平均值有显著差异。

（2）然后计算 t 检验统计量

$$t = \frac{\overline{X} - \overline{Y}}{S \sqrt{\dfrac{1}{n} + \dfrac{1}{m}}} \tag{5-6}$$

$$S = \sqrt{\frac{(n-1) S_X^2 + (m-1) S_Y^2}{n+m-2}} \tag{5-7}$$

（3）基于 t 检验统计量能够推断原假设的发生概率及显著性水平。当发生概率 $P < 0.05$，则拒绝原假设 H_0，认为两个样本之间存在显著差异，则可以保留该特征；当发生概率 $P > 0.05$，则接受原假设 H_0，认为两个样本之间不存在显著差异，则剔除该特征。

基于上述过程，本书利用 SPSS 软件对原始上市公司财务危机预警知识进行 T 检验，仅保留 P 值小于 0.05 的特征，各样本集合剔除的特征如表 5-4 所示。

表 5-4   **基于 T 检验的剔除的特征**

样本集	剔除的特征	数量
T-3	YL4, YL5, YL12, CZ4, BL4, JY2, JY5, FZ4, FZ5, FZ6, SJ1_3, SJ1_4, SJ1_6	13
T-4	YL4, YL5, YL8, YL9, CZ4, FZ6, FZ9, SJ1_3, SJ1_4, SJ1_6	10
T-5	YL4, YL8, CZ4, BL3, FZ4, FZ5, FZ6, NK2_2, SJ1_3, SJ1_4, SJ1_6	11
T-6	YL1, YL3, YL9, CZ4, BL3, BL6, FZ4, FZ5, FZ6, FZ8, NK2_2, SJ1_2, SJ1_3, SJ1_4, SJ1_6	15

5.3.2   基于 GARF 的上市公司财务危机预警特征优选

在完成上市公司财务危机预警特征初选后，本书进一步利用 GARF 对初选特征进行优选，最终生成输入到财务危机预警模型的优选特征集合。本节先梳理遗传算法及随机森林算法原理及其在特征选择中的应用，再构建基于融合算法的 GARF 特征优选模型。

1. 遗传算法原理及其在特征选择中的应用

遗传算法（Genetic Algorithm，GA）是一种基于生物遗传学的全局优化算法，该算法通过不断的进化来实现种群中个体适应度的提升，最终实现全局最优的目标（黄欣荣，2014）。遗传算法主要包括编码、初始化种群、适应度评价、选择、交叉和变异这几个步骤，该算法的流程图如图 5-6 所示。

遗传算法的步骤就是先基于实际问题对数据进行编码，进行初始种群的生

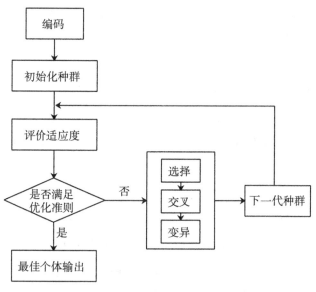

图 5-6　遗传算法流程图

成，再根据优化目标计算出种群中个体的适应度，若不满足优化准则时，则进行包含选择、交叉和变异的遗传算子操作，进而生成下一代种群，再循环评价适应度的操作。当满足优化准则时，即可终止遗传算法过程，输出最佳个体。

具体而言，编码是把原始数据按照某种准则转换为遗传算法可以识别的模式，也就是把目标问题的最优解从其解空间转换到遗传算法能够处理的搜索空间的方式（马永杰和云文霞，2012）。编码方式的差异会对遗传算法的过程产生影响，需要基于目标问题选择合适的编码方式，常见的编码方式包括二进制编码和复数编码等。初始化种群是确定初始种群的规模，即种群中包含的个体数量和分布，初始种群的生成要基于目标问题的实际情况，确定适合的种群数量。适应度评价是对个体在环境中的适应程度进行评价，在算法中主要是利用适应度函数来评价个体的优劣，因此适应度函数的选择对遗传算法来说至关重要，若选择不当，可能会导致种群的较优解无法在进化过程中保留。当完成适应度评价后，对于不满足优化准则的种群需要进行遗传算子操作，包括选择、交叉和变异。选择的中心思想是保留较优的个体，也就是利用适应度函数在现有的种群中挑选出更加适应环境的个体进入到下一步的迭代过程。交叉的中心思想是形成新的个体，交叉能够继承父代个体的特征。变异的中心思想也是形成新的个体，但变异是通过变异概率对被选中的个体进行基因值的修改。完成遗传算子操作后能够生成下一代种群，继续循环适应度评价操作，最终输出最佳个体。

在厘清了遗传算法的原理后，可以发现遗传算法与特征选择的重点都是进行组合优化。已有部分学者将遗传算法应用到特征选择领域，Lin et al.（2014）将遗传算法与 SVM 结合起来实现了对财务特征的特征选择；牛晓青等（2016）利用遗传算法框架并将 KNN 作为适应度函数实现了特征选择；刘成锴等（2019）在 TF-IDF 的基础上利用遗传算法实现了文本特征的优化。

如 5.2.1 节所描述的特征选择流程，遗传算法应用于特征选择的步骤也分为特征子集生成、特征子集评价、停止条件以及特征子集验证。在特征子集生成部分，需要利用搜索策略对原始特征进行搜索，生成候选特征子集，对于遗传算法而言，就是随机搜索策略，通过编码生成初始种群，再通过遗传算子进行下一代种群的生成。再利用特定的评价机制对其进行判断，若得到更优的特征子集则将其更新为最优特征子集，对于遗传算法而言，就是利用适应度函数确定适合目标问题的评价准则。停止条件就是在搜索过程中满足预先设定的条件，对于遗传算法而言，常用最大迭代次数、个体适应度等特征确定终止条件。最后在子集验证部分需要对已优选的特征子集进行验证。

2. 随机森林算法原理及其在特征选择中的应用

随机森林（Random Forest，RF）是一种基于集成学习的组合分类器，其基分类器为决策树（Decision Tree，DT）。RF 的基本流程包含 Bootstrap 重采样，构建单棵 DT 并生成森林，利用投票机制集成众多决策树的结果，最终形成分类结果，上述过程如图 5-7 所示。

具体而言，首先利用 Bootstrap 方法对原始数据集合进行有放回的随机抽样，抽取 n 个数据集，再基于已创建的 n 个数据集构建决策树。假设有 w 个特征，在已生成的决策树中的节点随机选择 z 个特征，且 $z < w$，然后计算树中每个节点的信息熵，通过计算结果的概率值大小，在分类能力最强的节点上进行分裂操作，在每个树上重复该过程，最终形成森林。再利用投票机制集成多棵树的分类结果，公式为：

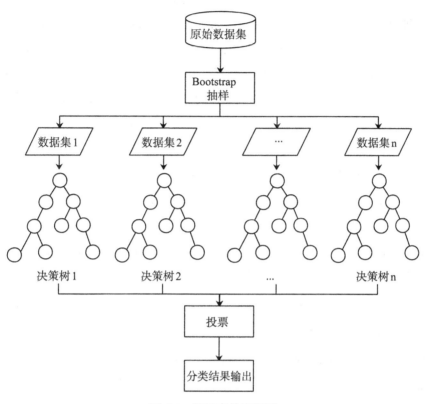

图 5-7 随机森林流程图

$$H(X) = argmax \sum_{i=l}^{n} I(h_i(X) = Y) \qquad (5\text{-}8)$$

其中，h_i 表示单个决策树算法，Y 是具体问题的目标变量，$I(\cdot)$ 为示性函数，$H(X)$ 为集成多棵决策树的算法。随机森林算法的优势是算法操作简单且不易发生过拟合现象，模型在学习高维数据时训练速度较快，还可以处理不平衡或包含缺失值的数据。此外，RF 算法还有一个泛化误差估计方式 Out of Bag（OOB），能够优化模型在新样本中的适应能力。如前所述，利用 Bootstrap 方法对原始样本抽样后，还有部分样本不会被抽样到，这部分样本则可以组成袋外样本集合，即 OOB 集，可以利用 OOB 集评价 RF 的泛化误差：

$$OOB = \frac{\sum \{Card\{i \in \{1, 2, \cdots, N\} \mid Y_i \neq \hat{Y_i}\}\}}{N} \qquad (5\text{-}9)$$

其中，N 为总样本数量，Y_i 为真实的类变量，$\hat{Y_i}$ 为模型预测的类变量。通过 OOB 能够计算每棵决策树的袋外数据误差，进而进行特征重要性度量，以实现特征选择。已有部分学者将随机森林算法应用到特征选择领域，Deng and Runger（2013）利用正则随机森林实现特征选择；徐少成和李东喜（2018）利用随机森林中的多棵决策树的权重以及特征重要性的加权求和来输出最终的特征重要性排名，再利用序列后向选择方法进行特征优选，以实现特征选择；李鲜等（2019）利用随机森林算法对已选图像的特征进行优选，并证明了其适用性。

如 5.2.1 节所描述的特征选择流程，随机森林算法应用于特征选择的步骤也分为特征子集生成、特征子集评价、停止条件，以及特征子集验证。在特征子集生成部分，随机森林利用 Bootstrap 方法对原始样本进行抽样，生成多棵决策树。在特征子集评价部分，随机森林利用 OOB 计算袋外数据误差 errOOB1，随机对袋外数据 OOB 所有样本的特征加入噪声干扰，再进行一次袋外数据误差的计算，计为 errOOB2，则某个特征 X 的重要性为：$X_{\mathrm{import}} = \sum (\mathrm{errOOB2\text{-}errOOB1}) / N_{\mathrm{tree}}$，其中 N_{tree} 为随机森林中决策树的数量。随机森林在特征选择过程中的停止条件是预先设定的剔除特征的比例，当达到该比例时，即停止筛选。最后在子集验证部分需要利用集成的分类器效果对已优选的特征子集进行验证。

3. 基于 GARF 的上市公司财务危机预警知识特征优选模型构建

通过上述对遗传算法和随机森林算法的原理及其在特征选择应用的梳理，本书构建一个融合上述两种算法的特征优选模型，该模型利用遗传算法作为搜索策略，将随机森林的分类精度作为适应度评价准则，实现对已初选的上市公司财务危机预警特征进行特征优选，以实现基于融合算法的特征优选，具体流程如图 5-8 所示。

具体而言，首先分别对已初选的 T-3、T-4、T-5 和 T-6 特征集合进行编码，以 T-3 的初选特征为例，共有 100 个初选特征，则可以表示为染色体上的 100 位，染色体与特征子集一一对应，若特征子集包含某个特征，则该特征在染色体对应的位上为 1，否则为 0，形成了初始种群，此时的搜索空间为 2^{100}，算法的收敛条件为遗传算法的传代数达到 K 代。在完成初始化种群后，需要进行适应度评价，本书利用特征组合的分类精度进行评价，即将筛选出的特征子集输入到随机

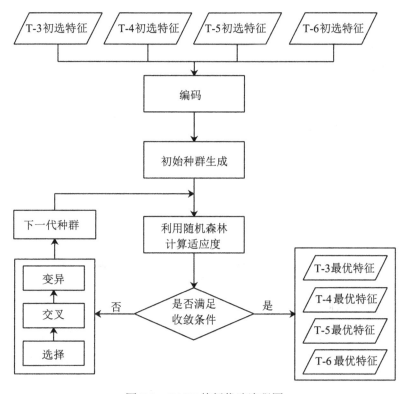

图 5-8　GARF 特征优选流程图

森林算法中，将该样本分为训练集和测试集，先用训练集拟合该模型，再用测试集测试该模型的准确率，将准确率作为适应度函数。进一步进行遗传算子操作，选择部分选用轮盘赌选择算法，根据适应度选择基因来遗传给下一代，适应度高的则被选择的概率高，每次选择两个基因作为父代进行后续的交叉与变异。交叉部分选用简单交叉法，即在个体编码串中随机设置一个交叉点，然后在该点进行两个基因部分染色体的交换，进而产生子基因。变异部分则对产生的子基因按照一定的突变率进行变异操作。完成遗传算子操作后生成子代种群，循环上述操作，至第 K 代停止。最终输出的是与适应度得分相对应的最优特征的组合，以"1"表示被选中特征，以"0"表示剔除的特征，以 T-3 样本集的输出为例，如图 5-9 所示，基于上述过程能够分别得到 T-3、T-4、T-5 和 T-6 的优选特征子集。

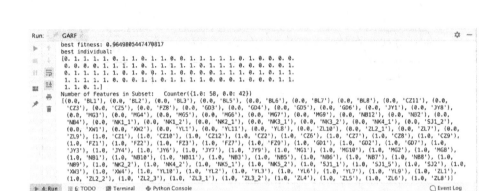

图 5-9　GARF 特征优选结果输出示例

5.3.3　上市公司财务危机预警知识的优选特征子集分析

通过上述 GARF 方法，本书对已进行特征初选的各样本集进行特征优选，经过 15 次重复实验，选取各样本集的最优结果作为特征优选集合。各优选特征集对应的最佳适应度分别为：T-3（96.49%）、T-4（98.61%）、T-5（98.13%）和 T-6（97.83%），该算法的参数如表 5-5 所示。

表 5-5　　　　　　　　　　　　　**GARF 算法的参数**

遗传过程	步　　骤	参 数 设 置
初始化种群	搜索空间	100
	特征被选择的初始概率	0.5
遗传操作	编码方式	0-1 编码
	适应度评价	分类准确率
	适应度函数	随机森林
	选择方法	轮盘赌选择法
	交叉方式	简单交叉法
	突变概率	0.1
结束条件	最大迭代次数	100

1. T-3 样本集的特征优选结果分析

基于上述参数设定下的 GARF，共在 T-3 特征初选集合的 100 个特征中优选了 58 个特征，其分布如表 5-6 所示。

表 5-6   **T-3 优选特征分布**

财务特征	盈利特征	YL2, YL3, YL6, YL7, YL9, YL10
	偿债特征	CZ1, CZ2, CZ6, CZ7, CZ8, CZ9, CZ10, CZ12
	比率特征	N/A
	经营特征	JY3, JY4, JY6, JY7, JY9
	发展特征	FZ1, FZ2, FZ3, FZ7, FZ9
股票特征		MG1, MG2, MG8, MG10
公司治理特征	治理结构特征	ZL1, ZL2_2, ZL2_3, ZL3_1, ZL3_2, ZL4, ZL5, ZL6, ZL8
	股权结构特征	GD1, GD2, GD7
	内部控制特征	NK2_2, NK4_2, NK5_1, NK5_2
	审计情况特征	SJ1_1, SJ1_5, SJ2
文本特征	年报特征	NB1, NB3, NB5, NB6, NB7, NB8, NB9, NB10, NB11
	新闻特征	XW3, XW4

如表 5-6 所示，T-3 样本集的优选特征中包含 47 个结构化特征和 11 个文本特征。具体而言，结构化特征中包含 24 个财务特征，包括盈利特征 6 个、偿债特征 8 个、经营特征 5 个和发展特征 5 个，其中被保留的偿债特征最多，而比率特征均被剔除。包含 4 个股票特征，分别为：每股收益、每股综合收益、每股留存收益和每股企业自由现金流。包含 19 个公司治理特征，其中反映公司股东规模、股东关联情况、董事长与总经理兼任情况、董事会规模、独立董事规模等治理结构特征均被优选；在股权结构特征方面，保留了反映公司第一和前三大股东持股比例的特征以及 H 指数特征；在内部控制方面，保留了与是否出具内控评价报告结论、内部控制是否存在缺陷及是否采取整改措施相关的特征；在审计情况特征方面，保留了与标准无保留意见和无保留意见加事项段相关的意见类型特征以及审计费用特征。

优选的文本特征主要包括 LM 词典及本书构建的上市公司年度报告领域情感词典所统计的年报积极情感词汇数和情感值，可读性方面主要包括年报总字数、词汇数、中文词汇数和年报句子数等年报特征；在新闻特征方面，优选特征为基于本书构建的上市公司网络财经新闻领域情感词典得出的新闻情感值。

2. T-4 样本集的特征优选结果分析

基于上述参数设定下的 GARF，共在 T-4 特征初选集合的 103 个特征中优选了 60 个特征，其分布如表 5-7 所示。

表 5-7　　　　　　　　　　　**T-4 优选特征分布**

财务特征	盈利特征	YL6, YL10, YL11, YL12
	偿债特征	CZ3, CZ5, CZ7, CZ8, CZ9, CZ11, CZ12
	比率特征	BL2, BL3, BL4, BL5, BL6, BL7, BL8
	经营特征	JY1, JY2, JY3, JY8
	发展特征	FZ1, FZ2, FZ4, FZ7
股票特征		MG1, MG2, MG3, MG5, MG9
公司治理特征	治理结构特征	ZL2_1, ZL2_3, ZL3_1, ZL3_2, ZL4, ZL5, ZL6, ZL7, ZL8
	股权结构特征	GD1, GD2, GD6
	内部控制特征	NK1_2, NK2_1, NK4_1, NK4_2, NK5_1, NK5_2
	审计情况特征	SJ1_2
文本特征	年报特征	NB1, NB2, NB3, NB5, NB7, NB9, NB11, NB12
	新闻特征	XW1, XW3

如表 5-7 所示，T-4 样本集的优选特征中包含 50 个结构化特征和 10 个文本特征。具体而言，结构化特征包含 26 个财务特征，包括盈利特征 4 个、偿债特征 7 个、比率特征 7 个、经营特征 4 个和发展特征 4 个，其中偿债特征和比率特征被保留的概率最高。包含 5 个股票特征，分别为：每股收益、每股综合收益、每股现金净流量、每股营业利润和每股经营活动产生的现金流量净额。包含 19 个公司治理特征，其中反映股东关联情况、董事长与总经理兼任情况、董事会规

模等治理结构特征被优选；在股权结构特征方面，保留了反映公司第一和前三大股东持股比例的特征以及 S 指数特征；在内部控制特征方面，保留了与是否披露内控评价报告、是否出具内控评价报告结论、内部控制是否存在缺陷及是否采取整改措施相关的特征；在审计情况特征方面，仅保留了与保留意见相关的意见类型特征。

优选的文本特征主要包括 LM 词典及本书构建的上市公司年度报告领域情感词典所统计的年报情感词汇数和情感值，可读性方面包括年报词汇数、年报句子数和基于深度学习的可读性等年报特征；在新闻特征方面，优选特征包括基于本书构建的上市公司网络财经新闻领域情感词典得出的新闻积极词汇数和新闻情感值。

3. T-5 样本集的特征优选结果分析

基于上述参数设定下的 GARF，共在 T-5 特征初选集合的 102 个特征中优选了 55 个特征，其分布如表 5-8 所示。

表 5-8 **T-5 优选特征分布**

财务特征	盈利特征	YL2, YL3, YL5, YL7, YL10, YL12
	偿债特征	CZ3, CZ7
	比率特征	BL1, BL2, BL6, BL8
	经营特征	JY2, JY4, JY5
	发展特征	FZ3, FZ7, FZ8, FZ9
股票特征		MG1, MG2, MG5, MG7
公司治理特征	治理结构特征	ZL2_1, ZL2_2, ZL2_3, ZL5, ZL6, ZL7, ZL8
	股权结构特征	GD3, GD4, GD6, GD7
	内部控制特征	NK1_2, NK2_1, NK3_2, NK4_1, NK5_1, NK5_2
	审计情况特征	SJ1_1, SJ1_5
文本特征	年报特征	NB1, NB2, NB3, NB6, NB7, NB8, NB9, NB10, NB12
	新闻特征	XW1, XW2, XW3, XW4

如表 5-8 所示，T-5 样本集的优选特征中包含 42 个结构化特征和 13 个文本特征。具体而言，结构化特征包含 19 个财务特征，包括盈利特征 6 个、偿债特征 2 个、比率特征 4 个、经营特征 3 个和发展特征 4 个，其中保留的盈利特征较多，而偿债特征较少。包含 4 个股票特征，分别为：每股收益、每股综合收益、每股营业利润和每股资本公积。包含 19 个公司治理特征，其中反映前十大股东是否存在关联、独立董事规模、监事总规模和高管规模的治理结构特征被优选；在股权结构特征方面，保留了反映公司前五大股东持股比例和前十大股东持股比例的特征以及 S 指数和 H 指数特征；在内部控制特征方面，保留了与是否披露内控评价报告、是否出具内控评价报告结论、内部控制是否有效、内部控制是否存在缺陷及是否采取整改措施相关的特征；在审计情况特征方面，仅保留了与标准无保留意见和无保留意见加事项段相关的意见类型特征。

优选的文本特征主要包括 LM 词典及本书构建的上市公司年度报告领域情感词典所统计的年报积极和消极词汇数以及年报情感值，可读性方面包括年报总字数、年报词汇数、年报中文词汇数和基于深度学习的可读性等年报特征；在新闻特征方面，优选特征包括基于本书构建的上市公司网络财经新闻领域情感词典得出的积极和消极词汇数和新闻情感值。

4. T-6 样本集的特征优选结果分析

基于上述参数设定下的 GARF，共在 T-6 特征初选集合的 98 个特征中优选了 56 个特征，其分布如表 5-9 所示。

表 5-9   **T-6 优选特征分布**

财务特征	盈利特征	YL4，YL5，YL7，YL8，YL10，YL11，YL2
	偿债特征	CZ3，CZ5，CZ7，CZ11
	比率特征	BL5，BL7，BL8
	经营特征	JY2，JY9
	发展特征	FZ1，FZ2，FZ7，FZ9

续表

财务特征	盈利特征	YL4, YL5, YL7, YL8, YL10, YL11, YL2
股票特征		MG1, MG2, MG3, MG6, MG7, MG8
公司治理特征	治理结构特征	ZL2_1, ZL5, ZL6, ZL8
	股权结构特征	GD1, GD2, GD3, GD4, GD5, GD6, GD7
	内部控制特征	NK1_2, NK2_1, NK3_1, NK4_1, NK5_1, NK5_2
	审计情况特征	SJ2
文本特征	年报特征	NB2, NB3, NB4, NB5, NB6, NB7, NB9, NB10, NB11, NB12
	新闻特征	XW3, XW4

如表 5-9 所示，T-6 样本集的优选特征中包含 44 个结构化特征和 12 个文本特征。具体而言，结构化特征包含 20 个财务特征，包括盈利特征 7 个、偿债特征 4 个、比率特征 3 个、经营特征 2 个和发展特征 4 个，其中保留的盈利特征较多，而经营特征较少。包含 6 个股票特征，分别为：每股收益、每股综合收益、每股现金净流量、每股净资产、每股资本公积和每股留存收益。包含 18 个公司治理特征，其中反映前十大股东是否存在关联、独立董事规模、监事总规模和董事会持股数量的治理结构特征被优选；在股权结构特征方面，全部特征均被保留；在内部控制特征方面，保留了与是否披露内控评价报告、是否出具内控评价报告结论、内部控制是否有效、内部控制是否存在缺陷及是否采取整改措施相关的特征；在审计情况特征方面，仅保留了审计费用特征。

优选的文本特征包括了除去基于 LM 词典的年报积极词汇数的全部上市公司年度报告情感特征，及除去年报总字数的全部可读性特征；在新闻特征方面，优选特征包括基于本书构建的上市公司网络财经新闻领域情感词典得出的新闻情感值。

通过上述分析可以发现各年度优选的财务、股票、公司治理与文本特征的数量分布较为相似，但仅有部分特征在 T-3、T-4、T-5 和 T-6 年度均被优选，如表5-10 所示。

表 5-10　　　　　　　　　　　四个年度均被优选的特征分布

财务特征	YL10, CZ7, FZ7
股票特征	MG1, MG2
公司治理特征	ZL5, ZL6, ZL8, NK5_1, NK5_2
文本特征	NB3, NB7, NB9, XW3

共有 14 个特征在各年度均被优选，其中包含财务特征 3 个，股票特征 2 个，公司治理特征 5 个和文本特征 4 个。具体而言，四个年度均被优选的财务特征为：总营业成本率（YL10），该特征是用来衡量成本和费用占公司营业收入比重的；有形资产负债率（CZ7），该特征能够更为全面地反映企业的偿债能力；营业总收入增长率（FZ7），该特征能够反映企业的成长及发展状况。可以发现这 3 个特征分别代表了企业的盈利能力、偿债能力和发展能力，而比率结构和经营能力部分没有特征均被四个年度优选。

四个年度均被优选的股票特征为：每股收益（MG1），该特征能够用来衡量企业的盈利能力，反映了企业每股股票创造的税后利润；每股综合收益（MG2），该特征能够反映企业的财务状况，并且对企业股票价格的解释性更强。可以发现这 2 个特征主要是用来衡量上市公司股票的收益情况，说明上市公司股票的收益是能够反映企业财务状况的重要特征。

四个年度均被优选的公司治理特征为：独立董事规模（ZL5），该特征能够在一定程度上反映董事会的多元性；监事总规模（ZL6），该特征在一定程度上反映了企业的内部监管意识及能力；董事会持股数量（ZL8），该特征在一定程度上反映了企业的股权特征；采取整改措施（NK5_1）和不采取整改措施（NK5_2）反映了企业是否对其内部控制缺陷采取了整改措施。可以发现四个年度均被优选的特征中公司治理特征的占比最高，上述 5 个公司治理特征主要代表了企业的治理结构和内部控制情况，说明上市公司董事会结构以及内部控制情况能够对企业的财务状况产生重要影响。

四个年度均被优选的文本特征为：年报词典积极词汇数（NB3），该特征反映了基于本书构建的年报情感词典所标引的上市公司年度报告中的积极词汇数量；基于年报词典的年报情感值 2（NB7），该特征反映了基于本书构建的年报情感词典所计算出的上市公司年度报告情感倾向值；年报词汇数（NB9），该特征反映了去除数字后的年报全文总字数；基于新闻词典的新闻情感值 1（XW3），该特征反映了基于本书构建的财经新闻情感词典所计算出的财经新闻情感倾向值。可以发现这 4 个特征分别代表了上市公司年度报告和财经新闻的情感特征以及上市公司年度报告的可读性特征，反映了年报及新闻的情感和可读性特征能够在财务危机预警中发挥作用，其中情感特征均是由本书构建的领域情感词典抽取的，证明了本书提出的情感标引方法的有效性。

5.4　本章小结

本章首先对已获取的上市公司财务危机预警非平衡样本进行了处理，利用 SMOTE-Tomek 进行了样本集的扩充，以减少非平衡样本集对后续模型的影响。然后对现有的特征降维方法进行了比较，构建了结合 Filter 方法和 Wrapper 方法的特征降维模型，利用 T 检验对上市公司财务危机预警样本集进行特征初选，再利用 GARF 对初选特征进一步筛选，最终生成 T-3、T-4、T-5 和 T-6 特征优选集合。其中 GARF 是基于遗传算法和随机森林算法的特征优选方法，以遗传算法为基础，将随机森林作为适应度函数，将最佳适应度对应的集合作为优选特征。在完成特征优选后，分别对 T-3、T-4、T-5 和 T-6 特征集合的分布进行了分析，发现在不同年度影响财务危机预警的知识间的异同。参照第三章有关处理层知识融合的概念模型：

$$KF_2 = <FO_2, OK_2, f_2, FR_2>$$

本章描述了处理层知识融合的全过程，其中处理层知识融合前的知识 OK_2 为数据层知识融合生成的结构统一的上市公司财务危机预警知识集合。通过一系列方法 f_2 能够实现解决财务危机预警知识的特征建模问题的目标 FO_2，如前所述，处理方法包括非平衡样本集处理、特征初选以及基于融合算法的特征优选。最终能够发现在不同年度影响上市公司发生财务危机的特征存在共性与差异，生成 T-3、T-4、T-5 和 T-6 的优选特征集合，即为处理层知识融合产生的融合结果 FR_2。

6 基于应用层知识融合的财务危机预警实现

应用层知识融合是基于知识融合的上市公司财务危机预警方法研究的关键，应用层知识融合需要解决上市公司财务危机预警的实现问题，这一层能够得到目标问题的最终求解。本章首先梳理常用于财务危机预警研究的三种单分类器模型，再利用神经网络及 D-S 证据理论两类融合算法构建财务危机预警模型。最后分别利用各类单分类器与基于融合算法的预警模型在 T-3、T-4、T-5 和 T-6 特征集上进行实验，并利用多种评估指标比较各类模型的效果，发现在不同年度及不同特征集中各类预警模型的效果及存在的差异，最终生成基于应用层知识融合的融合结果。

6.1 基于单分类器的上市公司财务危机预警模型

在完成上市公司财务危机特征优选后，需要构建预警模型，以实现最终的财务危机预警。基于单分类器的财务危机预警模型就是仅通过单分类器的预测结果判定样本企业的财务状况，主要包括统计学模型和部分人工智能模型。如第二章所述，应用于财务危机预警领域的统计学模型包括单变量分析模型、回归分析、多元判别模型等，人工智能模型包括支持向量机、决策树和 K 最近邻算法等。本节主要梳理应用较广的回归分析模型、支持向量机和决策树，后续实验将以这 3个模型作为财务危机预警的基学习器与本书构建的基于融合算法的财务危机预警模型进行比较。

6.1.1 回归分析模型

常见的回归分析模型主要包括 Probit 模型和 Logistic 模型，而应用于财务危机预警问题的主要是 Logistic 模型（吴世农和卢贤义，2001；Jones and Hensher，2004；鲜文铎和向锐，2007）。Logistic 模型在解决二分类问题时主要有三个步骤，即寻找预测函数、构造损失函数和明确最优化方法。

寻找预测函数就是用于预测因变量结果的函数，对于财务危机预警问题而言，其输入为上市公司的各类特征，其输出为该公司是否发生财务危机。逻辑回归模型是 sigmoid 函数和线性回归模型的结合，sigmoid 函数可表示为：

$$g(z) = \frac{1}{1 + e^{-z}} \tag{6-1}$$

其中 z 为线性回归模型，其表达形式为：

$$z = w_0 + w_1 x_1 + w_2 x_2 + \cdots + w_n x_n = \sum_{i=0}^{n} w_i x_i = w^T x \tag{6-2}$$

则能够将线性回归模型与 sigmoid 函数进行结合，进而构造逻辑回归的预测函数：

$$h_w(x) = g(w^T x) = \frac{1}{1 + e^{-w^T x}} \tag{6-3}$$

其中 x 为自变量，w 是回归系数，$h_w(x) \in (0, 1)$ 是模型输出的值。对于本书而言，x 是特征优选集合，$h_w(x)$ 为模型的预测值，当其值大于 0.5 时归类为 1，否则归类为 0。在确定预测函数后，需要利用损失函数对预测函数的结果进行评价，交叉熵损失函数的表达形式为：

$$J(w) = -\frac{1}{m} \sum_{i=1}^{m} \left[y_i \log h_w(x_i) + (1 - y_i) \log (1 - h_w(x_i)) \right] \tag{6-4}$$

其中 m 为样本的数量，损失函数能够评价模型预测值与实际值之间的平均差异，需要通过优化方法使损失函数达到最小，进而实现了模型的优化。常见的优化方法包括梯度下降、牛顿法、拟牛顿法和共轭梯度法等。

6.1.2　支持向量机

支持向量机能够处理回归与分类问题，已被广泛应用于财务危机预警领域（Hua et al.，2007；Hsu and Pai，2013；Liang et al.，2016）。该模型的核心思想是将输入向量映射到高维特征空间，再求出满足分类需求的最优分类超平面。SVM 的求解流程可以分为两个部分，即将原始问题转换为凸优化问题和凸优化问题的求解。

对于二分类问题，设样本集为 $(x_i, y_i)(i = 1, 2, \cdots, n)$，$x \in R^n$，$y \in \{\pm 1\}$，则分类面的方程可以记为：$(w \cdot x_i) + b = 0$，为使分类面能够对样本进行正确分类且分类间隔最小为1，需要满足约束条件：$y_i[(w \cdot x_i) + b] \geq 1$，$i \in (1, l)$，进而能够将超平面问题转为：

$$\min\phi(w) = \frac{1}{2}\|w\|^2 = \frac{1}{2}(w' \cdot w) \tag{6-5}$$

为了解决上述凸优化问题，首先需要构建拉格朗日函数：

$$L(w, b, a) = \frac{1}{2}\|w\| - a(y((w \cdot x) + b) - 1) \tag{6-6}$$

基于拉格朗日函数的对偶性，原始问题能够进一步转换为：

$$\max Q(a) = \sum_{j=1}^{l} \alpha_j - \frac{1}{2}\sum_{i=1}^{n}\sum_{j=1}^{n} \alpha_i \alpha_j y_i y_j (x_i \cdot x_j)$$

$$\text{s.t.} \sum_{j=1}^{l} \alpha_j y_j = 0 \tag{6-7}$$

其中 $j = 1, 2, \cdots, l$，$\alpha_j \geq 0$，最优解为 $a^* = (a_1^*, a_2^*, \cdots, a_l^*)^T$。最优权值向量 w^* 和最优偏置 b^* 分别为：

$$w^* = \sum_{j=1}^{l} a^* y_j x_j \tag{6-8}$$

$$b^* = y_j - \sum_{j=1}^{l} y_j a_j^* (x_j \cdot x_i) \tag{6-9}$$

故最优分类超平面可以表达为：$(w^* \cdot x) + b^* = 0$，进而最优分类函数为：

$$f(x) = sign\left(\sum_{j=1}^{l} y_j a_j^* (x_j \cdot x_i) + b^*\right) \tag{6-10}$$

对于线性不可分问题，需要完成将 x 从输入空间 R^n 到特征空间 H 的变换 Φ，记为：$x \rightarrow \Phi(x) = (\Phi_1(x), \Phi_2(x), \cdots, \Phi_n(x))^T$，则最优分类函数可以表达为：

$$f(x) = sign\left(\sum_{j=1}^{l} y_j a_j^* \Phi(x_j) \cdot \Phi(x_i) + b^*\right) \tag{6-11}$$

其中 $K(x_j, x_i) = \Phi(x_j) \cdot \Phi(x_i)$，即为核函数，常见的核函数形式包括多项式核函数、sigmoid 核函数和径向基核函数。对于财务危机预警问题而言，特征与目标求解之间常为非线性关系，故需要通过式 (6-10) 对目标问题进行求解。

6.1.3 决策树

决策树具有树形结构，每一个叶子节点代表一种类别，通过决策树的生成过程实现对样本的分类，也被广泛应用于财务危机预警研究（Sun and Li, 2008；Chen, 2011；Liang et al., 2016），常见的决策树模型包括 ID3、CART、C4.5 等，本节主要介绍利用 CART 决策树实现财务危机预警的方法，其流程主要包括决策树生成和剪枝两步。

在决策生成部分，CART 算法是从根节点开始自上而下的建立决策树，在每个节点选择一个最优的特征进行分裂，直至循环每一个特征的划分，最终形成二叉树形式的结构，则树生成过程中的核心问题为分裂准则的确定。决策树的分裂准则包括：基于概率理论的分裂准则、基于统计理论的分裂、基于分枝差异的分裂准则和基于距离的分裂准则。对于 CART 分类树而言，常用的分裂准则为基于概率理论的分裂准则中的基尼系数（GINI）。假设 CART 分类树中存在节点 x，则该节点的 GINI 指标为：

$$GINI(x) = 1 - \sum_{i=1}^{n} p_i^2 \tag{6-12}$$

其中 $i \in (1, n)$ 为因变量的个数，p_i 表示节点 x 属于类别 i 的概率。当完成 CART 分类树构建后，需要对其进行剪枝。剪枝就是从已构建好的决策树中剪去部分子树，使决策树规模变小，剪枝过程可以分为两步。假设已生成的决策树为 T，首先从 T 树的底端进行进行剪枝，直至 T 树的根节点 T_0，进而形成一个子序列 T_0, T_1, T_2, $\cdots$, T_n；再通过交叉验证在独立的验证集上对子树序列进行测试，交叉验证结果最优子树即为最终的剪枝结果。其中明确决策树剪枝的标准是这一部分的重点，CART 分类树以树的损失函数作为标准来进行决策树的剪枝，其计算公式为：

$$C_\alpha(T) = C(T) + \alpha |T| \tag{6-13}$$

其中 $C(T)$ 是 T 树的误分类损失，$|T|$ 是树的叶子节点数量，α 是复杂度系数，$C_\alpha(T)$ 则为参数是 α 时的树 T 的损失函数。对于 T 树中的任意一棵子树 T_i，若没有剪枝则其损失函数为：

$$C_\alpha(T_i) = C(T_i) + \alpha |T_i| \tag{6-14}$$

若对其进行剪枝，仅保留根节点，则其损失函数为：

$$C_\alpha(i) = C(i) + \alpha * 1 \qquad (6\text{-}15)$$

当 α 增加到一定程度时 $C_\alpha(i) = C_\alpha(T_i)$，则：

$$\alpha = \frac{C_\alpha(i) - C_\alpha(T_i)}{|T_i| - 1} \qquad (6\text{-}16)$$

此时子树 T_i 剪枝前后的损失函数相同，但剪枝后的节点数更少，则可以对子树 T_i 进行剪枝操作。对于财务危机预警问题而言，其输入为财务危机预警样本，CART 分类树能够通过对特征的二元划分实现对样本的分类。

6.2 基于融合算法的上市公司财务危机预警模型

应用层知识融合主要是利用融合算法实现上市公司财务危机预警，本节利用神经网络和 D-S 证据理论两类融合算法，分别构建结合注意力机制的全连接神经网络、全连接神经网络和基于 D-S 证据理论融合三种基分类器的上市公司财务危机预警模型，以实现目标问题的求解。

6.2.1 基于深度学习的上市公司财务危机预警模型

上述单分类器均为传统统计学和机器学习模型，已被广泛应用于财务危机预警研究中，而近年来热门的深度学习模型在该领域的应用相对较少。仅有少量研究尝试将深度学习模型应用于财务危机预警研究中并证明了其有效性，历史研究主要尝试将 DNN、CNN 和 RNN 模型应用于该领域（Alexandropoulos et al.，2019；Hosaka，2019；Mai et al.，2019；Tang et al.，2020）。相较于 CNN 模型更适用于图像分析，RNN 模型更适用于序列数据的分析，DNN 模型在上市公司财务危机预警问题中更为适用。因此，本书在后续实验中主要尝试将 DNN 模型和结合 Attention 机制的 DNN 模型应用于财务危机预警的实现。

DNN 的内部结构已在第四章进行了详细的介绍，其内部网络结构可以分为 3 类，即输入层、隐藏层和输出层，在隐藏层部分可以添加网络层次，层与层之间是利用全连接的形式从前向后传递信息。参照历史研究，本书尝试构建一个包含 4 层隐含层的全连接神经网络来实现财务危机预警，其中输入为财务危机样本集，输出为各个样本的分类结果。其网络结构如图 6-1 所示。

Attention 机制是由视觉研究领域发展而来的，其基本思想是当注意某个目标

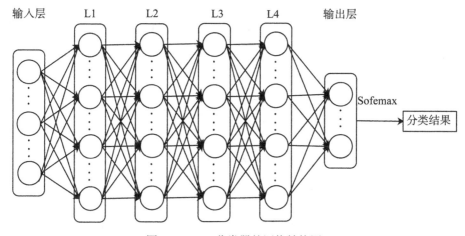

图 6-1　DNN 分类器的网络结构图

时，对该目标目标内部的注意力分布是存在差异的，而被忽视的信息可能是重要的（Chaudhari et al., 2019）。Attention 机制能够抽象理解为从大量信息中有选择地筛选并聚焦部分重要信息的过程，其计算过程能够抽象理解为分配权重系数，具体而言，输入能够映射为一个 $query$ 和一系列 $< key, value >$，通过 $query$ 和 $value$ 计算权重系数，再根据权重系数对 $value$ 进行加权求和，最终得到 $Attention$ $value$。

在第一阶段，根据 $query$ 和每个 key 计算其相似度，常见的方法包括向量点积、向量 Cosine 相似度或通过额外的神经网络对其进行求值，计算公式为：

$$sim(Q, K_i) \begin{cases} Query \cdot Key_i \\ \dfrac{Query \cdot Key_i}{\parallel Query \parallel \cdot \parallel Key_i \parallel} \\ MLP(Query \cdot Key_i) \end{cases} \tag{6-17}$$

在第二阶段，需要对第一阶段的得分进行数值转换，能够对其进行归一化也能够突出重要元素的权重，常见的方式为 SoftMax 函数，其计算公式为：

$$a_i = SoftMax(sim_i) = \dfrac{\exp(sim_i)}{\sum_{j=1}^{L_x} \exp(sim_j)} \tag{6-18}$$

在第三阶段，通过对 a_i 和对应的 $value$ 进行加权求和，就能得出 $Attention$

value 的值，其计算公式为：

$$Attention(Q, K, V) = \sum_{i=1}^{L_x} a_i \cdot value_i \qquad (6\text{-}19)$$

上述 *Attention value* 的计算过程如图 6-2 所示。

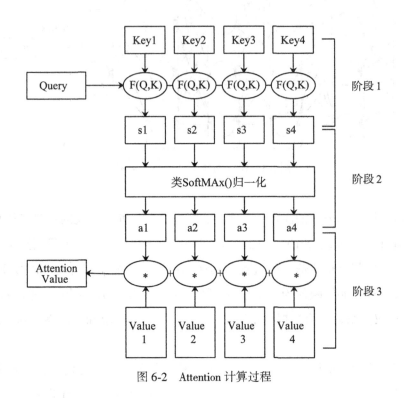

图 6-2　Attention 计算过程

大部分 Attention 机制的变形均可通过上述三步进行计算，本书拟在已构建的包含 4 层隐层的全连接神经网络中加入一层 Attention，构建 AttDNN 模型实现上市公司财务危机预警，其网络结构如图 6-3 所示。经过多次实验，本书在第二和第三隐层之间加入了 Attention 层，利用 Keras 框架搭建该网络，在该框架中注意力层即为一个全连接层和一个 Multiply 操作，Multiply 即为对应元素相乘。

6.2.2　基于 D-S 证据理论的上市公司财务危机预警模型

D-S 证据理论是用来处理不确定问题的理论，是决策层融合中常用的一种人

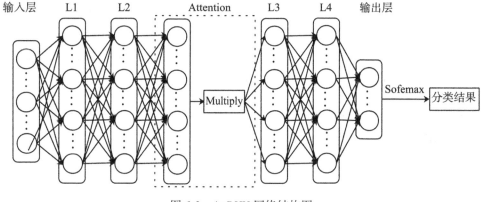

图 6-3 AttDNN 网络结构图

工智能方法，能够应用于信息融合领域来组合不同数据源的数据，也能够用于组合多种同质或异质分类器（Li et al.，2017；Pan et al.，2020；Wang et al.，2020）。D-S 证据理论的四个重要概念，包括识别框架、基本概率分配函数、信度函数与似然函数和 D-S 证据理论合成规则，这些概念已在第二章进行了详细描述。本节主要介绍如何构建基于 D-S 证据理论的上市公司财务危机预警模型（DSFDP），其基本框架如图 6-4 所示。

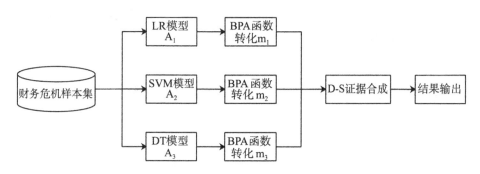

图 6-4 基于 D-S 证据理论的上市公司财务危机预警模型

如图 6-4 所示，基于 D-S 证据理论的上市公司财务危机预警模型主要分为三个部分，即模型构建、基本概率分布函数（BPA）转换和 D-S 证据合成。首先将处理后的财务危机样本集分别输入逻辑回归模型（LR）、支持向量机（SVM）和

CART决策树（DT），每个模型的输出结果被视为一个证据，分别为 A_1、A_2 和 A_3。上述三种分类器的输出结果为样本的标签，$y = 0$ 或 1，分别表示财务危机样本和财务健康样本，设模型对测试样本集中的一个样本的预测为 $K_i = (k_{i1}, k_{i2})$，$i = 1$，2，3，分别对应三个证据，k_{i1} 和 k_{i2} 则分别表示样本被预测为财务危机和财务健康的概率，$k_{i1} + k_{i2} = 1$。设模型的支持度向量为 $S_i = (s_{i1}, s_{i2})$，$i = 1$，2，3，分别对应三个证据，s_{i1} 和 s_{i2} 分别表示混淆矩阵中真正例和真负例的支持度，则模型的输出概率向量转化为 BPA 函数的公式为：

$$m_i(Y) = (m_i(Y_1), m_i(Y_2), m_i(\alpha)) \tag{6-20}$$

其中，$i = 1$，2，3，$m_i(Y)$ 表示某证据的 BPA 函数，$m_i(Y_1)$ 是该证据对预测为财务危机的 BPA 值，$m_i(Y_1) = k_{i1} \cdot s_{i1}$；$m_i(Y_2)$ 是该证据对预测为财务健康的 BPA 值，$m_i(Y_2) = k_{i2} \cdot s_{i2}$；$m_i(\alpha)$ 则为不确定的 BPA 值，$m_i(\alpha) = 1 - (m_i(Y_1) + m_i(Y_2))$。在完成 BPA 函数转换后，需要对 A_1、A_2 和 A_3 三个证据进行合成，合成公式为：

$$m_{1,2,3}(Y) = \frac{1}{1-k} \sum_{\cap A_i = Y} \prod_{1 \leqslant i \leqslant n} m_i(A_i) \tag{6-21}$$

其中 k 为：

$$k = \sum_{\cap A_i = \varphi} \prod_{1 \leqslant i \leqslant 3} m_i(A_i) \tag{6-22}$$

通过上述过程，能够将 LR、SVM 和 DT 三种单分类器的结果进行融合，实现基于 D-S 证据理论的上市公司财务危机预警。

6.3　基于融合算法的上市公司财务危机预警实现及分析

前两节已经详细描述了上市公司财务危机预警实现中涉及的基准预警模型和基于融合算法的预警模型。基于上述模型，本节主要从上市公司财务危机预警实验设计和实验结果分析两个方面展开，以完成基于应用层知识融合的上市公司财务危机预警。

6.3.1　上市公司财务危机预警实验设计

上市公司财务危机预警实验主要分为三个步骤，包括财务危机预警样本组合、财务危机预警模型构建和财务危机预警模型评估，其流程如图 6-5 所示。

1. 财务危机预警样本组合

在完成上市公司财务危机预警特征优选后，将优选后的 T-3、T-4、T-5 和 T-6 特征集合进行分组。具体而言，将财务特征与股票特征组合为 F1 集合，将公司治理特征作为 F2 集合，将从年报和财经新闻中抽取的特征作为 F3 集合。分别将各年度的 F1、F1+F2、F1+F3 和 F1+F2+F3 特征集合作为各类财务危机预警模型的输入，基于此能够比较各类特征在财务危机预警中发挥的作用，以明确财务危机预警中的关键特征。值得注意的是 F1 集合包含了历史研究中最常使用的财务危机预警特征，通过对比 F1+F2、F1+F3 和 F1+F2+F3 特征集合与 F1 特征集合的财务危机预警效果，能够衡量本书构建的融合了多源信息资源的财务危机预警特征能否提升财务危机预警效果。

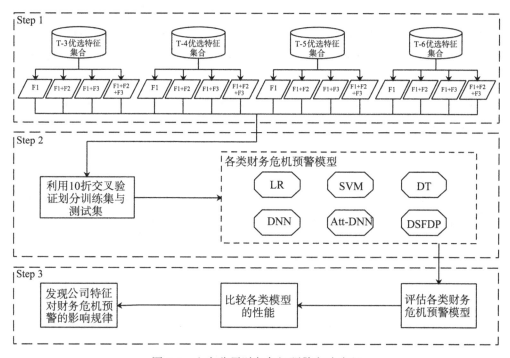

图 6-5　上市公司财务危机预警实验流程

2. 财务危机预警模型构建

在完成特征分组后，分别将上述 16 个特征组合输入至各财务危机预警模型，在输入模型前需要利用归一化方法对数据进行处理，再利用 10 折交叉验证划分训练集与测试集。本书分别构建了 6 个财务危机预警模型，包括 LR、SVM、DT、DNN、AttDNN 和 DSFDP。具体而言，LR、SVM 和 DT 三个模型均利用 Python 程序设计语言的 Sklearn 第三方库构建。DSFDP 是在此基础上利用 6.2.2 节所述的合成方式对三个基础模型的结果进行合成。DNN 和 AttDNN 模型则是利用 Python 程序设计语言的 Keras 第三方库构建，其网络结构如 6.2.1 所述。经过多次实验，上述 6 个财务危机预警模型的参数设置如表 6-1 所示。

表 6-1　　　　　　　　　上市公司财务危机预警模型参数设置

模型	参　　数
LR	Solver used in the optimization problem = liblinear; norm used in the penalization = l2
SVM	Kernel type used in the algorithm = linear; penalty parameter C of the error term = 1; class weight = balanced
DT	The function to measure the quality of a split = Gini; maximum depth of trees unlimited
DSFDP	Same as LR, SVM and DT
DNN	Number of hidden layers = 4; activation function = sigmoid; batch size = 16; epoch = 100; the optimizer of the model = Adam
AttDNN	Number of hidden layers = 5 (4 dense and 1 attention layer); activation function = sigmoid; batch size = 16; epoch = 100; the optimizer of the model = Adam

3. 财务危机预警模型评估

在完成上市公司财务危机预警模型构建后，需要对其性能进行评估。此外，为了保障实验结果的稳定性，将每个实验重复 15 次，再对 15 次实验的评估指标取均值作为模型最终的性能。本书利用 4 种评估指标对模型进行评估，包括：准确率（Accuracy）、AUC（Area Under ROC Curve）、第一类错误率（Type I error）

和第二类错误率（Type II error）。上述评估指标主要是通过模型预测的四种结果计算出来的，包括：真正例（True Positive，TP）、真负例（True Negative，TN）、假正例（False Positive，FP）和假负例（False Negative，FN），上述四种结果可以表述为混淆矩阵，如表6-2所示。

表6-2　　　　　　　　　上市公司财务危机预警结果混淆矩阵

混淆矩阵		预　测　值	
		财务危机	财务健康
实际值	财务危机	TP	FN
	财务健康	FP	TN

在本书以财务危机样本作为正例，以财务健康样本作为负例。其中，准确率代表所有预测正确的样本数占总样本数的比重，其定义如下：

$$Accuracy = \frac{TP + TN}{TP + FP + FN + TN} \tag{6-23}$$

AUC 是 ROC 曲线与坐标轴的面积，该指标能够评估模型的准确性，其中 ROC（Receiver Operating Characteristic Curve）曲线是以假正例率（$FPR = FP/(FP + TN)$）为横轴和真正例率（$TPR = TP/(FP + TN)$）为纵轴所构成的，曲线中的每个点对应着模型的一次预测结果，AUC 则为 ROC 曲线以下的面积，其取值在 0 到 1 之间。

第一类错误率是假正例在所有实际为负例样本中的比重，能够衡量将财务健康企业误判为财务危机企业的比率，其定义为：

$$Type\ I\ error = \frac{FP}{FP + TN} \tag{6-24}$$

第二类错误率是假负例在所有实际为正例样本中的比重，能够衡量将财务危机企业误判为财务健康企业的比率，其定义为：

$$Type\ I\ Ierror = \frac{FN}{TP + FN} \tag{6-25}$$

6.3.2 上市公司财务危机预警实验结果与分析

1. 上市公司财务危机预警实验结果

基于上述实验流程，本书对不同年度及不同特征组合在各财务危机预警模型中的效果进行了评估，其中模型准确率（Acc）和 AUC 的评估值（%）如表 6-3 所示，在各年度及特征组合中的最优值用黑体标注。

表 6-3　　　　　　　　各财务危机预警模型的准确率和 AUC

特征 模型		F1		F1+F2		F1+F3		F1+F2+F3	
		Acc	AUC	Acc	AUC	Acc	AUC	Acc	AUC
T-3	LR	80.81	81.15	86.03	86.60	87.94	87.79	89.94	89.92
	SVM	82.23	83.09	87.03	87.76	88.71	88.97	89.87	90.51
	DT	84.35	85.10	84.61	84.64	89.81	89.28	89.01	90.39
	DSFDP	**85.66**	**86.14**	88.72	88.07	90.82	90.59	93.91	94.05
	DNN	85.65	85.98	**89.92**	89.82	91.21	92.64	94.49	95.08
	AttDNN	85.34	85.97	88.81	**90.27**	**92.36**	**92.86**	**95.16**	**96.12**
T-4	LR	79.83	79.97	85.03	85.97	89.32	89.73	89.93	89.82
	SVM	81.48	82.45	86.83	86.50	89.97	89.82	90.27	90.21
	DT	80.83	80.56	85.71	85.35	88.90	88.84	90.16	90.69
	DSFDP	**84.77**	**85.35**	87.73	88.35	92.33	93.45	94.37	94.02
	DNN	84.12	84.73	**89.78**	**89.90**	**93.71**	94.29	96.56	96.21
	AttDNN	84.57	84.92	88.28	89.17	93.45	**94.99**	**96.85**	**96.29**
T-5	LR	79.74	79.94	85.33	85.74	88.98	88.92	89.47	89.39
	SVM	80.83	81.39	86.13	86.47	89.83	90.09	90.87	90.78
	DT	81.38	82.85	87.45	87.92	88.13	88.37	90.83	91.40
	DSFDP	**84.71**	**85.12**	**89.41**	**89.53**	90.67	90.67	93.22	93.65
	DNN	84.56	84.87	88.83	89.02	**92.70**	93.09	94.33	95.76
	AttDNN	84.68	84.93	89.33	89.48	92.47	**93.72**	**95.27**	**95.95**
T-6	LR	78.35	79.62	85.71	85.98	88.23	88.44	89.83	89.48
	SVM	79.10	80.13	85.23	85.87	88.83	88.65	89.79	89.85
	DT	79.23	79.81	83.35	83.43	88.34	88.74	89.88	89.78

续表

特征	F1		F1+F2		F1+F3		F1+F2+F3	
模型	Acc	AUC	Acc	AUC	Acc	AUC	Acc	AUC
DSFDP	**82.35**	**83.12**	88.33	88.38	90.37	91.29	92.37	92.77
DNN	81.98	82.72	**89.33**	**89.39**	91.52	**93.11**	93.43	93.60
AttDNN	81.86	82.66	88.84	89.30	**92.50**	92.74	**94.22**	**94.32**

(T-6 对应 DSFDP、DNN、AttDNN 三行)

如表 6-3 所示，在准确率方面，最优准确率是 AttDNN 模型在 F1+F2+F3 特征组合下的 T-4 年度取得的，准确率达到 96.85%；其次是 T-5 年度的 95.27% 以及 T-3（95.16%）和 T-6（94.22%）。在 F1+F3 特征组合下，DNN 和 AttDNN 模型均取得较优的效果，其中最优准确率为 93.71%（DNN，T-4）。而在 F1+F2 特征组合下，DNN 和 DSFDP 模型的效果优于 AttDNN，其中最优准确率为 89.92%（DNN，T-3）。此外，在 F1 特征组合下，DSFDP 模型的效果最优，其中最高准确率为 85.66%（T-3）。在 AUC 方面，最优模型的分布与准确率最优模型的分布类似。最优 AUC 为 96.29%（AttDNN，T-4，F1+F2+F3），并且 AttDNN 模型的 AUC 在 F1+F2+F3 特征组合下各年度均取得最优效果，该模型在除 T-6 年度以外的 F1+F3 特征组合下的效果也为最优。AttDNN 模型在 F1+F2 特征组合下的 T-3 年度也取得最优 AUC 值，DNN 和 DSFDP 模型则在 F1+F2 和 F1 特征组合下的其他年度中取得最优 AUC 值。

此外，模型第一类错误率（Ⅰ）和第二类错误率（Ⅱ）的评估值（%）如表 6-4 所示，在各年度及特征组合中的最优值用黑体标注。

表 6-4　　　　各财务危机预警模型的第一类和第二类错误率

特征	F1		F1+F2		F1+F3		F1+F2+F3	
模型	Ⅰ	Ⅱ	Ⅰ	Ⅱ	Ⅰ	Ⅱ	Ⅰ	Ⅱ
LR	17.81	20.75	15.33	14.34	13.54	12.52	9.09	11.53
SVM	18.86	16.92	14.23	15.00	14.36	9.25	13.46	7.75
DT	15.62	15.09	15.35	14.23	15.68	11.27	16.18	6.92
DSFDP	**12.07**	18.51	**9.37**	10.43	9.23	9.12	7.56	3.36

(T-3 对应 LR、SVM、DT、DSFDP 四行)

特征 模型		F1		F1+F2		F1+F3		F1+F2+F3	
		I	II	I	II	I	II	I	II
T-3	DNN	13.67	14.39	13.83	8.54	12.16	**4.87**	**7.27**	3.12
	AttDNN	13.11	**13.61**	14.21	**7.58**	**7.76**	6.94	7.37	**2.35**
T-4	LR	24.61	15.09	15.67	14.00	13.60	11.35	13.83	8.54
	SVM	24.24	12.96	13.22	14.89	12.12	7.69	9.23	9.25
	DT	23.49	13.64	12.67	15.45	13.63	9.61	10.56	8.33
	DSFDP	**15.38**	16.66	20.00	**7.45**	**7.66**	7.22	10.63	2.81
	DNN	18.51	**12.76**	13.11	11.61	10.93	**3.57**	5.79	2.93
	AttDNN	16.89	13.77	**10.07**	14.39	7.75	5.76	**5.43**	**2.13**
T-5	LR	23.43	16.98	12.76	15.38	12.63	10.61	11.78	9.34
	SVM	24.33	**12.63**	16.93	11.53	9.99	11.53	11.66	8.83
	DT	17.18	20.75	13.84	11.26	13.27	9.45	8.96	11.34
	DSFDP	15.21	16.98	11.11	9.52	10.16	8.47	**6.15**	7.40
	DNN	**12.97**	18.51	**9.75**	12.46	10.60	**3.84**	7.69	4.53
	AttDNN	15.63	15.09	14.15	**8.13**	**9.23**	5.55	6.19	**3.27**
T-6	LR	21.53	18.51	15.43	12.56	13.68	11.03	13.27	10.68
	SVM	23.07	16.98	15.65	14.09	14.19	10.27	9.37	15.09
	DT	24.33	**13.17**	18.18	16.66	15.13	8.79	7.81	16.98
	DSFDP	**18.86**	16.92	**13.77**	10.97	12.83	6.54	11.19	4.35
	DNN	21.49	15.64	15.51	**8.33**	**10.60**	5.76	10.90	**3.17**
	AttDNN	20.13	16.78	14.70	9.66	11.16	**4.87**	**3.70**	7.57

如表6-4所示，在第一类错误率方面，最低第一类错误率3.70%由AttDNN模型在F1+F2+F3特征组合下的T-6年度获得；其次是T-4年度的5.43%，然后是T-5年度（DSFDP，6.15%）和T-3年度（DNN，7.27%）。类似的，F1、F1+F2和F1+F3特征组合下的最优第一类错误率均由AttDNN、DNN和DSFDP模型获得。在第二类错误率方面，最低第二类错误率2.13%由AttDNN模型在F1+F2+F3特征组合下的T-4年度获得；其次是2.35%（T-3，AttDNN）、3.17%

(T-6,DNN) 和 3.27% (T-5，AttDNN)。除 F1 特征组合下 T-5 和 T-6 年度的最优第二类错误率分别由 SVM 和 DT 模型取得外，在 F1、F1+F2 和 F1+F3 特征组合下的最优第二类错误率也均由 AttDNN、DNN 和 DSFDP 模型获得。

基于上述 4 类评估指标，可以发现本书构建的三个基于融合算法的财务危机预警模型基本能够在各特征集合下取得更优的效果，其准确率和 AUC 高于基准模型，第一类错误率和第二类错误率则低于基准模型。

2. 上市公司财务危机预警实验结果分析

为了更为直观地展示各年份及特征组合下的模型最优值，将表 6-3 中标黑的最优值绘制为折线图的形式，如图 6-6 所示。

如图 6-6 所示，主要可以从特征组合和年度两个维度宏观的展示 Acc 与 AUC 最优结果的变化。从特征组合的维度来看，各个年度上的 F1+F2+F3 特征组合的准确率和 AUC 值均为最优，其次为 F1+F3 和 F1+F2，而仅依赖于财务和股票特征的 F1 效果较差。这表明本书抽取的公司治理特征及文本特征是进行财务危机预警的重要知识。从财务危机预警年度的维度来看，在 F1 和 F1+F2 特征组合下，T-3 年度的准确率和 AUC 值最优，随着时间的推移，其效果减弱；在 F1+F3 特征组合下，最优值的分布为 T-4 年度的财务危机预警效果最优，其次是 T-5、T-6 和 T-3；在 F1+F2+F3 特征组合下，最优值的分布为 T-4 年度的财务危机预警效果最优，其次是 T-5 或 T-3，T-6 的准确率和 AUC 值相对较低。这在一定程度上说明文本特征在一个时间区间内能够发挥最佳效果。

类似地，为了更为直观地展示各年份及特征组合下的模型第一类错误率和第二类错误率的最优值，将表 6-4 中标黑的最优值绘制为折线图的形式，如图 6-7 所示。

如图 6-7 所示，主要可以从特征组合和年度两个维度宏观的展示第一类错误率和第二类错误率最优结果的变化。从特征组合的维度来看，各个年度上的 F1+F2+F3 特征组合的第一类错误率和第二类错误率最低，其次为 F1+F3 和 F1+F2，而仅依赖于财务和股票特征的 F1 特征组合下的第一类错误率和第二类错误率相对较高。这一结论与上述准确率与 AUC 的结果类似，表明了公司治理特征和文本特征是进行财务危机预警的重要知识。从财务危机预警年度的维度来看，最优

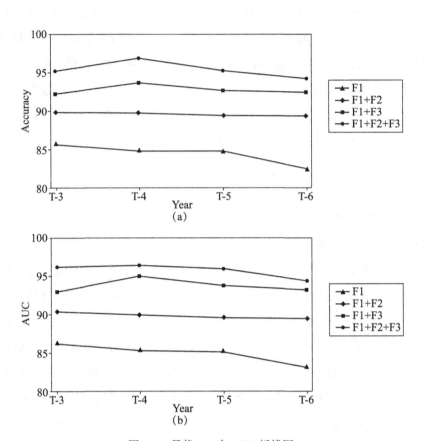

图 6-6　最优 Acc 与 AUC 折线图

第一类错误率和第二类错误率的趋势略有差异，例如，除 F1 特征组合外，各特征组合下的最优第二类错误率均出现在 T-4 年度，而各特征组合下的最优第一类错误率分别分布在 T-3、T-4 和 T-6 年度。此外，整体而言，最优第二类错误率整体低于第一类错误率，这也与表 6-4 中的结论一致，对于本书而言，较低的第二类错误率意味着模型能够更好地识别出财务危机企业，这比较低的第一类错误率更具有现实意义（Bauer and Agarwal，2014；Hájek and Henriques，2017），证明了本书特征优选及模型构建的有效性。

　　综上所述，在模型效果方面，本书构建的基于融合算法的财务危机预警模型比基准模型的效果更优，证明了 DNN、AttDNN 和 DSFDP 模型的有效性。在财务危机预警特征方面，作为基准特征的 F1 特征集在各模型中的效果较差，而 F1+

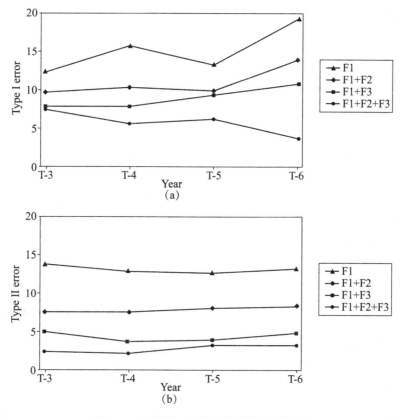

图 6-7　最优第一与第二类错误率折线图

F2+F3 特征组合在各模型中的效果最优，并且与公司治理特征相比，文本特征在上市公司财务危机预警实验中的效果更佳，这一结论与 du Jardin（2016）、Myšková and Hájek（2017）和 Wang et al.（2018）的发现较为类似，均认为以上市公司年度报告为代表的文本知识能够用于财务危机预警，证明了本书构建的财务危机预警特征集合的有效性。此外，本书发现当结合了文本特征时，各模型在 T-4 年度和 T-5 年度的预测能力较强，而仅依赖于财务、股票和企业治理特征时，模型的预测能力随着时间的推移而逐渐削弱。这说明文本特征在财务危机预警中具有时效性，在一定时间区间内的效果最优，而财务、股票和企业治理特征在离财务危机发生越近时其预测能力越强。因此，需要分时段综合利用各类财务危机预警特征，以实现效率更优的财务危机预警。

6.4 本章小结

本章首先梳理了基于单分类器的上市公司财务危机预警模型，以此作为实验的基准模型。然后利用神经网络和 D-S 证据理论两类融合算法，构建了上市公司财务危机预警模型，包括 DNN、AttDNN 和 DSFDP。再利用基准模型和基于融合算法的模型进行财务危机预警，将第五章优选的特征集合进行组合，生成 F1、F1+F2、F1+F3 和 F1+F2+F3 四个组合，并将 F1 特征集合作为基准特征，将四个特征组合分别作为预警模型的输入，并利用准确率、AUC、第一类错误率和第二类错误率共 4 个评估指标，对各模型在不同特征组合及年度上的差异进行比较，参照第三章有关应用层知识融合的概念模型：

$$KF_3 = < FO_3 , OK_3 , f_3 , FR_3 >$$

本章描述了应用层知识融合的全过程，其中应用层知识融合前的知识 OK_3 为处理层融合后的 T-3、T-4、T-5 和 T-6 年度的优选特征集合。通过处理方法 f_3 能够完成解决上市公司财务危机预警的实现问题的目标 FO_3，如前所述，处理方法是构建基于融合算法的上市公司财务危机预警模型，并通过各模型效果的对比，证明了 DNN、AttDNN 和 DSFDP 模型的有效性，证明了本书构建的财务危机预警特征集合的有效性。最终发现上市公司年度报告特征和新闻特征能够在财务危机预警中发挥重要作用，且 T-4 和 T-5 年度这两个特征的作用效果更优，而财务、股票和公司治理特征的作用随着时间的推移而衰减。因此，需要分时段综合利用各类财务危机预警特征，即为应用层知识融合产生的融合结果，也是本书发现的公司特征对财务危机预警的影响规律。

7 总结与展望

7.1 研究总结

上市公司财务危机会对企业自身、信用机构、证券投资者等相关利益主体造成不利影响，严重时还会对国家的经济安全及发展产生危害。因此，进行财务危机预警能够为相关利益主体提供早期预警信息，公司能够尽早制定补救措施，相关投资者能够及时调整投资策略，进而减少财务损失。如何从企业的历史财务及生产经营状况中挖掘出早期财务危机预警知识，已成为金融学及资本市场相关主体的研究重点。随着人工智能技术的不断发展及相关技术在金融领域的应用，如何利用智能化方法进行更为全面的上市公司财务危机预警知识挖掘，实现早期财务危机预警已成为学术界和业界共同关注的热点问题。

本书在系统地梳理了国内外相关研究的基础上，提出了基于三层知识融合的财务危机预警模型，将机器学习、自然语言处理、深度学习、语义分析等技术方法综合运用到基于知识融合的上市公司财务危机预警过程中：获取财务危机预警结构化和非结构化信息资源、自动构建面向金融领域的情感词典、进行基于深度学习的情感标引和可读性标引、利用遗传算法及随机森林进行财务危机预警特征优选、构建基于融合算法的上市公司财务危机预警模型。本书的目的旨在充分挖掘各类财务危机预警信息资源，生成财务危机预警知识集合，进行财务危机预警知识的特征优选，构建财务危机预警模型，为实现上市公司财务危机预警提供可借鉴的方法。本书的主要研究工作如下：

（1）梳理了知识融合的定义、框架及实现路径。先从融合对象和知识处理方式两个维度对与知识融合相关的概念进行辨析，包括数据融合、信息融合、知识整合和知识聚合。再从基于本体和基于层次的两类知识融合框架出发，梳理知识融合的内涵，最终将知识融合定义为：利用多源知识解决目标问题的过程，具体包含知识获取、知识处理和知识应用。首先利用相应的技术和工具获取分布在不同来源和载体上的知识；再对知识进行抽取、匹配及转换，挖掘隐性知识及知识单元间的关联，进而实现知识单元的分析及合并；最终实现目标问题的求解。明确了知识融合的实现需要依赖于本体、语义规则、知识挖掘、图模型、融合算法等方法，而本书主要是利用融合算法实现知识融合，梳理了相关融合算法的内涵及应用。

（2）构建了基于知识融合的上市公司财务危机预警模型。首先梳理了上市公司财务危机预警信息的来源，包括经济金融数据库、上市公司年度报告以及网络金融信息资源，针对不同类型的信息资源分析了其知识组织需求。然后结合DIKW价值链视角下的知识融合流程明确了本节在知识融合过程中的三个目标，包括多源上市公司财务危机预警信息资源采集与知识组织问题、上市公司财务危机预警知识的特征建模问题、上市公司财务危机预警的实现问题。再将 DIKW 价值链与三层知识融合框架进行匹配，发现能够利用三层知识融合框架实现本书的三个知识融合目标。最终构建了包含数据层知识融合、处理层知识融合和应用层知识融合的上市公司财务危机预警模型。

（3）实现了基于数据层知识融合的上市公司财务危机预警信息资源获取与知识组织。在上市公司财务危机预警信息资源获取方面，首先明确了财务危机和财务健康样本企业的选择依据，包括 214 家财务危机企业和 642 家财务健康企业。然后获取上市公司财务危机预警结构化信息，包含财务、股票和公司治理三个方面的内容。其中，财务信息主要从盈利能力、偿债能力、比率结构、经营能力和发展能力 5 个方面获取，共初选了 50 个特征；股票信息初选了每股收益、每股综合收益、每股现金净流量、每股营业总收入、每股营业利润、每股净资产等10 特征；公司治理信息主要从治理结构、股权结构、内部控制情况和审计情况 4个方面获取，共初选了 24 个特征。在上市公司财务危机预警非结构化信息获取方面，主要描述了上市公司年度报告及财经新闻这两类非结构化信息资源的获取策略及其网络爬虫的构建过程。

在上市公司财务危机预警知识组织方面，首先对上市公司财务危机预警结构化信息进行了特征分析，并明确了需要从数据缺失值处理、数据特征编码和数据标准化处理三个方面对已获取的结构化信息进行处理。然后对上市公司年度报告及网络财经新闻进行初步的特征分析，明确了本书主要利用情感标引和可读性标引两种方法对非结构化的财务危机预警信息进行处理。着重介绍了基于深度学习的领域情感词典构建方法，分别构建 DNN、MA-DNN 和 Bi-LSTM 三种分类模型，将这三种模型应用于种子情感词汇的分类问题中，并通过实验发现 MA-DNN 模型的效果最优。在完成基于上市公司年度报告和网络财经新闻两类文本的领域情感词典构建后，分别利用已创建的词典进行金融文本的情感标引，最终得到基于情感标引的上市公司财务危机预警知识。随后介绍了面向上市公司年度报告的可读性标引方法，包括基于深度学习的文本可读性识别模型以及基于统计学方法的文本可读性标引方法，最终得到基于可读性标引的上市公司财务危机预警知识。

（4）实现了基于处理层知识融合的上市公司财务危机预警特征建模。首先对已获取的上市公司财务危机预警非平衡样本进行了处理，利用 SMOTE-Tomek 进行了样本集的扩充，以减少非平衡样本集对后续模型的影响。然后对现有的特征降维方法进行了比较，构建了结合 Filter 和 Wrapper 方法的特征降维模型，先利用 T 检验对上市公司财务危机预警样本集进行特征初选，再利用 GARF 对初选特征进一步筛选，最终生成 T-3、T-4、T-5 和 T-6 特征优选集合。其中 GARF 是基于遗传算法和随机森林算法的特征优选方法，以遗传算法为基础，将随机森林作为适应度函数，将最佳适应度对应的集合作为优选特征。在完成特征优选后，分别对已生成的优选特征集合的分布进行了分析，发现在不同年度影响财务危机预警的知识间的共性与差异。

（5）实现了基于应用层知识融合的上市公司财务危机预警。首先梳理了基于单分类器的上市公司财务危机预警模型，以此作为实验的基准模型。然后利用神经网络和 D-S 证据理论两类融合算法，构建了上市公司财务危机预警模型，包括 DNN、AttDNN 和 DSFDP。再利用基准模型和基于融合算法的模型进行财务危机预警实现，将第五章优选的特征集合进行组合，生成 F1、F1+F2、F1+F3 和 F1+F2+F3 四类特征组合，并以 F1 特征集合作为基准特征组合与其他三类组合进行比较，将这四类组合分别作为预警模型的输入，并利用准确率、AUC、第一类错误率和第二类错误率共 4 个评估指标，对各模型在不同特征组合及年度上的差异进行比较，证明了基于融合算法的财务危机预警模型的效果优于基准模型，并且 F1+F2、F1+F3 和 F1+F2+F3 特征集合的效果均优于 F1，证明了本书构建的财务危机预警知识特征集合的有效性。此外，本书发现上市公司年度报告及新闻特征能够在财务危机预警中发挥重要作用，且在 T-4 和 T-5 年度这两个特征的作用效果更优，而财务、股票和公司治理特征的作用随着时间的推移而衰减。因此，需要分时段综合利用各类财务危机预警知识，以实现效率更优的财务危机预警。

7.2 研究局限与展望

本书构建了基于知识融合的上市公司财务危机预警模型，利用经济金融数据库及网络爬虫获取了结构化与非结构化的财务危机预警信息资源；利用深度学习技术实现了结合语料库和知识库的金融领域情感词典构建，并基于领域情感词典实现了情感标引；利用统计学方法和深度学习方法实现了上市公司年度报告的可读性标引；利用融合算法实现了财务危机预警特征优选及预警模型构建。结果表明，本书提出的财务危机预警方法在一定程度上提升了上市公司财务危机预警水平，但是在研究方法和研究内容上仍存在局限，主要包括以下几个方面：

（1）本书抽取的财务危机预警文本特征未能全面地体现金融文本的语义特征。在进行上市公司财务危机预警时，本书专注于抽取上市公司年度报告的情感和可读性特征以及上市公司网络财经新闻的情感特征。上述两类文本特征仍不能全面地体现上市公司年度报告及财经新闻的语义特征，可能存在语义信息获取不足的问题，需要进一步拓展语义分析方法。

（2）本书提出的金融领域的情感词典自动构建方法仍有待优化。在面向上市公司年度报告和网络财经新闻的领域情感词典构建过程中，本书直接以 LM 词典和历史研究中的部分金融领域情感词汇作为种子词，未进行较为细致的种子情感词汇筛选，可能会影响领域情感词典的构建效果，需要进一步细化领域种子情感词汇的筛选规则。此外，本书利用深度学习构建了三个分类模型以实现情感词汇的自动分类，并证明了 MA-DNN 模型的有效性，但未尝试其他类型分类器的构建，在分类模型的构建及优化方面有待进一步的研究。

（3）本书构建的财务危机预警模型在可解释性方面仍有待进一步提升。在上市公司财务危机预警实现过程中，本书以神经网络和 D-S 证据理论这两类融合算法为基础，构建了 DNN、AttDNN 和 DSFDP 财务危机预警模型，并且实验结果证明了其有效性。但是，上述模型缺乏可解释性，仅能得到单一的预测结果，难以进一步了解是何种因素影响上市公司发生财务危机，并且仅基于预测结果难以准确的制定补救措施，进而导致模型的现实适用性受到制约，因此，在预警模型的构建方面有待进一步的研究。

（4）本书获取的财务危机预警特征在全面性方面仍有待优化。本书以上市公司财务信息、股票信息、公司内部治理信息、上市公司年度报告和上市公司网络财经新闻作为信息来源，实现上市公司财务危机预警。但是，上述信息主要反映了企业的内部情况，且上述信息的主要来源为企业公开披露的信息，信息的全面性仍有不足，因此，在上市公司财务危机预警信息获取方面有待进一步的研究。

基于上述研究局限，后续研究可以从以下几个方面进行改进和深化：

（1）拓展语义挖掘方法以及扩大金融文本分析对象。本书的结论已证明文本特征能够在上市公司财务危机预警中发挥重要作用，但在文本特征挖掘上存在不足，未来研究可以进一步将主题分析、文本分类等方法应用于财务危机预警文本的分析过程中。此外，本书仅对上市公司年度报告的全文进行了情感标引和可读性标引，未将上市公司年度报告中的重点部分，例如管理层讨论与分析等部分进行重点分析。未来研究可以就上市公司年度报告中的重点内容进行语义挖掘，以实现更为全面的财务危机预警文本语义分析。

（2）优化金融领域情感词典构建及情感分类方法。本书主要是利用语料库与知识库相结合的方法实现金融领域情感词典的自动构建，并利用基于词典的方法实现了情感标引。在金融领域情感词典的自动构建过程中，未来研究可以在种子情感词汇的选取和情感词汇的分类模型构建方面进行深入研究，可以基于现有中文金融语料抽取更为全面及精准的种子情感词汇，可以进一步探索深度学习算法，以实现更为准确的情感词汇自动分类。此外，在情感分类方面，未来研究可以进一步探索领域文本的自动标注方法，以实现基于机器学习的金融领域文本的情感分类；未来研究还可以将情感分类与社会神经科学领域的方法进行结合，从社会认知的神经机制角度提出更精准的情感计算方法。

（3）优化财务危机预警方法。本书主要是利用黑箱的机器学习模型实现上市

187

公司财务危机预警，未来研究可以进一步探索可解释性较好的智能模型在财务危机预警中的应用，以提升财务危机预警模型的现实适用性。此外，在财务危机预警方法层面，可以将系统建模仿真的方法引入财务危机预警研究，也可以将知识图谱等可视化方法应用于财务危机预警研究，以实现财务危机预警服务的应用与推广。

（4）扩充财务危机预警信息来源。本书主要以上市公司主动披露的财务、股票、公司内部治理、上市公司年度报告和网络财经新闻为财务危机预警信息来源。未来研究可以进一步扩充财务危机预警信息获取方法及来源，在信息获取方法方面，可以将现场调查与访谈的方法引入财务危机预警研究，以求获取更为全面的公司内部信息；在信息来源方面，可以将宏观环境变化、事件冲击和投资者的认知与情绪等企业外部信息引入财务危机预警研究，以求综合利用企业内外部信息实现财务危机预警。

参 考 文 献

[1] 边海容，万常选，刘德喜，等．考虑 Web 金融信息的上市企业财务危机预测模型研究 [J]．计算机科学，2013，40（11）：295-298.

[2] 操玮，李灿，朱卫东．多源信息融合视角下中小企业财务危机预警研究——基于集成学习的数据挖掘方法 [J]．财会通讯，2018（05）：95-99+129.

[3] 曾厚强，陳柏琳，宋曜廷．探究使用基於類神經網路之特徵於文本可讀性分類 [J]．中文計算語言學期刊，2017，22（02）：31-45.

[4] 曾庆生，周波，张程，陈信元．年报语调与内部人交易："表里如一"还是"口是心非"？[J]．管理世界，2018，34（09）：143-160.

[5] 朝乐门．数据科学理论与实践 [M]．北京：清华大学出版社，2019.

[6] 陈国进，丁杰，赵向琴．"好"的不确定性、"坏"的不确定性与股票市场定价——基于中国股市高频数据分析 [J]．金融研究，2019（07）：174-190.

[7] 陈海文，蔡志平，方峰．应用财经新闻挖掘的金融品种价格走势预测 [J]．计算机工程与科学，2016（9）：1909-1916.

[8] 陈浪南，苏湋．社交媒体对股票市场影响的实证研究 [J]．投资研究，2017，36（11）：17-35.

[9] 陈晓红，万光羽，曹裕．行业竞争、资本结构与产品市场竞争力 [J]．科研管理，2010，31（04）：188 -196.

[10] 陈燕，廖冠民．大股东行为、公司治理与财务危机 [J]．当代财经，2006（05）：113-117.

[11] 陈艺云，贺建风，覃福东．基于中文年报管理层讨论与分析文本特征的上市公司财务困境预测研究 [J]．预测，2018，37（04）：53-59.

[12] 陈艺云. 基于信息披露文本的上市公司财务困境预测：以中文年报管理层讨论与分析为样本的研究 [J]. 中国管理科学, 2019 (7)：23-34.

[13] 陈艺云. 大数据时代基于文本信息的信用风险管理研究 [J]. 金融理论与实践, 2017 (04)：14-20.

[14] 陈永丽, 龚枢. 我国上市公司财务治理结构有效性研究的新途径——信息传染效应的引入 [J]. 管理世界, 2012 (10)：184-185.

[15] 陈芸. 基于年报重述视角的内部控制报告可靠性研究——以广东省上市公司为例 [J]. 会计之友, 2017 (9)：100-106.

[16] 崔文娟, 郝佳赫, 盖亚洁. 财务报表可读性对股票收益率的影响 [J]. 会计之友, 2019 (14)：52-57.

[17] 党洪莉. 知识科学视角下我国知识融合研究现状解析 [J]. 情报杂志, 2015, 34 (08)：158-162.

[18] 董明刚, 姜振龙, 敬超. 基于海林格距离和 SMOTE 的多类不平衡学习算法 [J]. 计算机科学, 2020, 47 (01)：102-109.

[19] 董淑兰, 刘思琳. 社会责任视角下企业财务危机预警模型构建与应用 [C]. 中国会计学会会计基础理论专业委员会：中国会计学会, 2014：15.

[20] 冯勇, 屈渤浩, 徐红艳, 王嵘冰, 张永刚. 融合 TF-IDF 和 LDA 的中文 FastText 短文本分类方法 [J]. 应用科学学报, 2019, 37 (03)：378-388.

[21] 傅荣, 吴世农. 我国上市公司经营失败风险的判定分析——BP 神经网络模型和 Fisher 多类线性判定模型 [J]. 东南学术, 2002 (02)：71-79.

[22] 高国伟, 梁力琛, 李永先, 等. 大数据背景下知识融合研究综述 [J]. 电子商务, 2019 (06)：66-67+91.

[23] 高劲松, 梁艳琪. 关联数据环境下知识融合模型研究 [J]. 情报科学, 2016, 35 (2)：50-54.

[24] 高小雪. 基于多元概率比回归模型的上市公司财务危机预警分析 [J]. 企业经济, 2015 (04)：188-192.

[25] 宫海亮, 迟旭升, 徐婷婷. 我国中小企业治理结构与财务风险相关性研究——基于中小企业板上市公司的经验数据 [J]. 苏州大学学报 (哲学社会科学版), 2014, 35 (04)：123-131.

[26] 缑锦，杨建刚，蒋云良，等. 基于元信息和本体论的知识融合算法 [J]. 计算机辅助设计与图形学学报，2006，18（6）：819-823.

[27] 顾善雯. 扩张型企业财务危机影响因素的实证研究 [D]. 昆明：云南财经大学，2013.

[28] 郭韧，陈福集，程小刚. 基于证据推理的网络舆情知识动态匹配 [J]. 情报学报，2017，36（12）：1290-1301.

[29] 郭顺利. 社会化问答社区用户生成答案知识聚合及服务研究 [D]. 长春：吉林大学，2018.

[30] 韩建光. 企业财务困境预测动态建模研究 [D]. 哈尔滨：哈尔滨工业大学，2011.

[31] 韩先培. 基于语义知识挖掘与融合的实体消歧技术研究 [D]. 北京：中国科学院，2010.

[32] 洪娜，钱庆，范炜，等. 关联数据中关系发现的可视化实践 [J]. 现代图书情报技术，2013（02）：11-17.

[33] 胡蓓，王聪颖. 基于信息融合的发展中国家高技术产业集群知识融合与创新模型研究 [J]. 图书情报工作，2009，53（02）：38-41+73.

[34] 胡家珩，岑咏华，吴承尧. 基于深度学习的领域情感词典自动构建——以金融领域为例 [J]. 数据分析与知识发现，2018，2（10）：95-102.

[35] 黄进，阮彤，蒋锐权. 基于 SVM 结合依存句法的金融领域舆情分析 [J]. 计算机工程与应用，2015，51（23）：230-235.

[36] 黄曼行，任家华. 制度环境、股权结构与财务风险——来自我国民营上市公司的实证 [J]. 云南财经大学学报，2014（01）：133-139.

[37] 黄璞. 基于流形学习的特征提取与人脸识别研究 [D]. 南京：南京理工大学，2014.

[38] 黄仁，张卫. 基于 word2vec 的互联网商品评论情感倾向研究 [J]. 计算机科学，2016，43（S1）：387-389.

[39] 黄欣荣. 遗传进化方法：复杂组织的演化分析 [J]. 系统科学学报，2014，22（04）：26-29+41.

[40] 黄新平. 政府网站信息资源多维语义知识融合研究 [D]. 长春：吉林大

学，2017.

[41] 籍永建，王红军. 基于等距映射算法的回转机械运行状态识别理论研究
[J]. 制造业自动化，2015, 37 (01)：86-88.

[42] 蒋永福，李景正. 论知识组织方法 [J]. 中国图书馆学报，2001 (01)：3-
7.

[43] 蒋永福. 论知识组织 [J]. 图书情报工作，2000 (06)：5-10.

[44] 金燕华，陈冬至. 公司治理结构变化与财务危机识别——基于中国深、沪
两市 ST 上市公司的实证研究 [J]. 经济评论，2009 (02)：57-64+72.

[45] 孔翔宇，毕秀春，张曙光. 财经新闻与股市预测——基于数据挖掘技术的
实证分析 [J]. 数理统计与管理，2016, 35 (02)：215-224.

[46] 李秉祥，扈文秀. 基于期权理论的上市公司财务危机动态预测方法研究
[J]. 管理评论，2004 (04)：54-58+64.

[47] 李广建，陈瑜. 知识融合研究的现状分析及建议 [J]. 图书情报工作，
2019, 63 (01)：41-51.

[48] 李桂贞，郑建明. 论数字图书馆的知识组织 [J]. 图书馆理论与实践，
2007 (05)：70-73.

[49] 李慧，温素彬，焦然. 基于盈利质量的 DANP 变权财务预警模型 [J]. 系
统工程理论与实践，2019, 39 (07)：1651-1668.

[50] 李建军，韩珣. 非金融企业影子银行化与经营风险 [J]. 经济研究，2019,
54 (08)：21-35.

[51] 李洁，毕强. 数字图书馆资源知识聚合可视化模型构建研究 [J]. 情报学
报，2016, 35 (12)：1273-1284.

[52] 李娟莉，杨兆建. 提升机故障诊断不确定性推理方法 [J]. 煤炭学报，
2014, 39 (03)：586-592.

[53] 李善民，杨继彬，钟君煜. 风险投资具有咨询功能吗？——异地风投在异
地并购中的功能研究 [J]. 管理世界，2019, 35 (12)：164-180+215-216.

[54] 李寿山，李逸薇，黄居仁，苏艳. 基于双语信息和标签传播算法的中文情
感词典构建方法 [J]. 中文信息学报，2013, 27 (06)：75-81.

[55] 李鲜，王艳，罗勇，周激流. 基于随机森林特征选择算法的鼻咽肿瘤分割

[J]. 计算机应用, 2019, 39 (05): 1485-1489.

[56] 李亚婷. 知识聚合研究述评 [J]. 图书情报工作, 2016 (21): 128-136.

[57] 李洋, 赵鸣, 徐梦瑶, 等. 多源信息融合技术研究综述 [J]. 智能计算机与应用, 2019, 9 (05): 186-189.

[58] 李云鹤, 李湛. 管理者代理行为、公司过度投资与公司治理——基于企业生命周期视角的实证研究 [J]. 管理评论, 2012 (07): 119-133.

[59] 林海伦, 王元卓, 贾岩涛等. 面向网络大数据的知识融合方法综述 [J]. 计算机学报, 2017 (01): 3-29.

[60] 刘斌, 黄坤, 酒莉莉. 独立董事连锁能够提高会计信息可比性吗? [J]. 会计研究, 2019 (04): 36-42.

[61] 刘畅, 李建华. 面向创新生态系统的企业知识整合研究 [J]. 图书情报工作, 2019, 63 (10): 143-150.

[62] 刘成锴, 王斌君, 吴勇. 基于遗传算法的文本特征选择 [J]. 科学技术与工程, 2019, 19 (33): 302-307.

[63] 刘德喜, 聂建云, 张晶, 等, 廖国琼. 中文微博情感词提取: N-Gram 为特征的分类方法 [J]. 中文信息学报, 2016, 30 (04): 193-205+212.

[64] 刘国光, 王慧敏, 张兵. 考虑违约距离的上市公司危机预警模型研究 [J]. 财经研究, 2005, 31 (11): 59-68.

[65] 刘清松, 张仰森. 基于多词典融合的词汇语义倾向判别 [J]. 计算机技术与发展, 2015, 25 (05): 104-109.

[66] 刘若兰, 年梅, 玛尔哈巴·艾赛提. 基于连词的维吾尔语情感词库扩展研究 [J]. 中文信息学报, 2018, 32 (03): 49-54.

[67] 刘文琦. 引入公司内部治理的财务危机预警研究 [J]. 江西社会科学, 2012, 32 (08): 56-60.

[68] 刘逸爽, 陈艺云. 管理层语调与上市公司信用风险预警——基于公司年报文本内容分析的研究 [J]. 金融经济学研究, 2018, 33 (04): 46-54.

[69] 柳位平, 朱艳辉, 栗春亮, 等. 中文基础情感词词典构建方法研究 [J]. 计算机应用, 2009, 29 (10): 2875-2877.

[70] 龙文, 毛元丰, 管利静, 崔凌道. 财经新闻的话题会影响股票收益率

吗？——基于行业板块的研究 [J]. 管理评论, 2019, 31 (05): 18-27.

[71] 卢永艳. 基于面板数据的上市公司财务困境预测 [D]. 大连: 东北财经大学, 2012.

[72] 鲁慧民, 冯博琴, 李旭. 面向多源知识融合的扩展主题图相似性算法 [J]. 西安交通大学学报, 2010, 44 (2): 20-24.

[73] 吕峻. 基于不同指标类型的公司财务危机征兆和预测比较研究 [J]. 山西财经大学学报, 2014, 36 (01): 103-113.

[74] 吕长江, 徐丽莉, 周琳. 上市公司财务困境与财务破产的比较分析 [J]. 经济研究, 2004 (8): 64-73.

[75] 吕长江, 赵岩. 上市公司财务状况分类研究 [J]. 会计研究, 2004 (11): 53-61+97.

[76] 马威, 方莹. BP 网络模型在财务危机预警中的应用 [J]. 财会月刊, 2009 (06): 51-54.

[77] 马永杰, 云文霞. 遗传算法研究进展 [J]. 计算机应用研究, 2012, 29 (04): 1201-1206+1210.

[78] 孟小峰, 杜治娟. 大数据融合研究: 问题与挑战 [J]. 计算机研究与发展, 2016, 53 (02): 231-246.

[79] 孟雪井, 杨亚飞, 赵新泉. 财经新闻与股市投资策略研究——基于财经网站的文本挖掘 [J]. 投资研究, 2016 (8): 29-37.

[80] 苗霞, 李秉成. 管理层超额乐观语调与企业财务危机预测——基于年报前瞻性信息的分析 [J]. 商业研究, 2019 (02): 129-137.

[81] 穆肇南, 张健. 数据挖掘技术在经济预测中的应用 [J]. 计算机仿真, 2012, 29 (06): 347-350.

[82] 牛晓青, 叶庆卫, 周宇, 王晓东. 基于遗传算法特征选择的自回归模型脑电信号识别 [J]. 计算机工程, 2016, 42 (03): 283-288+294.

[83] 潘彬, 凌飞. 引入违约距离的上市公司财务危机预警应用 [J]. 系统工程, 2012, 30 (03): 45-51.

[84] 潘泉, 王增福, 梁彦, 杨峰, 刘准钆. 信息融合理论的基本方法与进展 (Ⅱ) [J]. 控制理论与应用, 2012, 29 (10): 1233-1244.

[85] 潘晓英，陈柳，余慧敏，赵逸喆，肖康泞．主题爬虫技术研究综述 ［J］．计算机应用研究：1-6 ［2020-02-09］．

[86] 祁友杰，王琦．多源数据融合算法综述 ［J］．航天电子对抗，2017，33 （06）：37-41.

[87] 秦小丽，田高良．基于灰色理论和神经网络的公司财务预警模型 ［J］．统计与决策，2011 （16）：176-178.

[88] 丘心颖，郑小翠，邓可斌．分析师能有效发挥专业解读信息的作用吗？——基于汉字年报复杂性指标的研究 ［J］．经济学（季刊），2016，15 （04）：1483-1506.

[89] 邱均平，刘国徽．基于期刊作者耦合的学科知识聚合研究 ［J］．情报杂志，2014 （04）：21-26.

[90] 邱均平，余厚强．知识科学视角下国际知识融合研究进展与趋势 ［J］．图书情报工作，2015，59 （08）：126-132+148.

[91] 芮明杰，刘明宇．网络状产业链的知识整合研究 ［J］．中国工业经济，2006 （1）：49-55.

[92] 邵海鹏，李静娴，谢沛，慕伟．基于贝叶斯网络的公交停靠站时两轮车穿插行为研究 ［J］．武汉理工大学学报（交通科学与工程版），2017，41 （06）：969-973.

[93] 沈超群．企业生命周期、内部控制与非效率投资关系影响研究 ［D］．杭州：浙江工商大学，2017.

[94] 沈兰奔，武志昊，纪宇泽，林友芳，万怀宇．结合注意力机制与双向LSTM的中文事件检测方法 ［J］．中文信息学报，2019，33 （09）：79-87.

[95] 沈旺，李亚峰，侯昊辰．数字参考咨询知识融合框架研究 ［J］．图书情报工作，2013，57 （19）：139-143.

[96] 石洪波，陈雨文，陈鑫．SMOTE过采样及其改进算法研究综述 ［J］．智能系统学报，2019，14 （06）：1073-1083.

[97] 时建中，程龙生，牛俊磊．基于RS-Bag分类器集成技术的上市公司财务危机预测 ［J］．数理统计与管理，2013 （05）：185-194.

[98] 宋彪，朱建明，李煦．基于大数据的企业财务预警研究 ［J］．中央财经大学

学报, 2015 (6): 55-64.

[99] 苏志, 张骐. 基于网络大数据的社会经济预测综述 [J]. 情报杂志, 2015, 34 (07): 18-21.

[100] 孙宏英. 年报非财务信息中所隐含的财务信息——基于上市公司多案例分析 [J]. 财会月刊, 2015 (34): 28-30.

[101] 孙建强, 许秀梅, 高洁. 企业生命周期的界定及其阶段分析 [J]. 商业研究, 2003 (18): 12-14.

[102] 孙洁, 李辉. 企业财务困境的多分类器混合组合预测 [J]. 系统工程理论与实践, 2009, 29 (02): 78-86.

[103] 孙洁. 企业财务危机预警的智能决策方法 [M]. 北京: 中国社会科学出版社, 2013.

[104] 孙文章. 董事会秘书声誉与信息披露可读性——基于沪深 A 股公司年报文本挖掘的证据 [J]. 经济管理, 2019, 41 (07): 136-153.

[105] 唐成华, 汤申生, 强保华. DS 融合知识的网络安全态势评估及验证 [J]. 计算机科学, 2014 (04): 113-116+131.

[106] 唐晓波, 刘广超. 基于两层知识融合的金融知识服务模型研究 [J]. 图书馆学研究, 2018 (16): 79-85.

[107] 唐晓波, 谭明亮, 李诗轩, 郑杜. 企业破产预测系统模型构建及实现研究 [J]. 情报学报, 2019, 38 (10): 1051-1065.

[108] 唐晓波, 魏巍. 知识融合: 大数据时代知识服务的增长点 [J]. 图书馆学研究, 2015 (05): 9-14+8.

[109] 唐晓波, 朱娟, 杨丰华. 大数据环境下的知识融合框架模型研究 [J]. 图书馆学研究, 2016 (1): 32-35.

[110] 唐晓波, 朱娟. 大数据环境下知识融合的关键问题研究综述 [J]. 图书馆杂志, 2017, 36 (07): 10-16.

[111] 陶兴, 张向先, 郭顺利. 基于 DPCA 的社会化问答社区用户生成答案知识聚合与主题发现服务研究 [J]. 情报理论与实践, 2019, 42 (06): 94-98+87.

[112] 田芳, 孙晓, 孙本旺. 基于网络知识百科的情感语义抽取研究 [J]. 计算

机技术与发展，2019（6）：52-56.

[113] 万建武，杨明．代价敏感学习方法综述［J］．软件学报：1-26［2020-03-10］.

[114] 王炳成．企业生命周期研究述评［J］．技术经济与管理研究，2011（4）：52-55.

[115] 王昌厚，王菲．使用基于模式的 Bootstrapping 方法抽取情感词［J］．计算机工程与应用，2014，50（01）：127-129.

[116] 王科，夏睿．情感词典自动构建方法综述［J］．自动化学报，2016，42（04）：495-511.

[117] 王鲁．上市企业财务危机动态预测的集成方法研究［D］．哈尔滨：哈尔滨工业大学，2017.

[118] 王瑞．针对类别不平衡和代价敏感分类问题的特征选择和分类算法［D］．北京：中国科学技术大学，2013.

[119] 王文琦．企业财务危机形成的外部因素［J］．市场研究，2016（05）：54-55.

[120] 王小健，刘延平．基于多源知识融合的企业知识管理方法［J］．科研管理，2015，36（08）：77-85.

[121] 王欣，徐明卉，李春青．基于知识聚合的高校图书馆个性化科研知识推送服务研究［J］．图书馆学研究，2019（14）：66-70.

[122] 王欣瑞，何跃．社交媒体用户交互行为与股票市场的关联分析研究：基于新浪财经博客的实证［J］．数据分析与知识发现，2019，3（11）：108-119.

[123] 王艺．基于利益相关者视角的企业财务危机预警仿真研究［D］．徐州：江苏师范大学，2017.

[124] 王远，徐华，贾培发．多机器人系统中的信息融合技术综述［J］．微电子学与计算机，2007，24（12）：150-152.

[125] 王曰芬，岑咏华．大数据时代知识融合体系架构设计研究［J］．数字图书馆论坛，2016（10）：16-24.

[126] 文家富，郭伟．基于知识融合的汽车覆盖件模具设计方法研究［J］．重庆

邮电大学学报（自然科学版），2018，30（03）：139-146.

[127] 吴春雷，马林梅．上市公司最佳资本结构：基于财务预警的实证研究 [J]．经济纵横，2007（10x）：23-25.

[128] 吴江，唐常杰，李太勇，等．基于语义规则的 Web 金融文本情感分析 [J]．计算机应用，2014，34（2）：481-485.

[129] 吴世农，卢贤义．我国上市公司财务困境的预测模型研究 [J]．经济研究，2001（6）：46-55.

[130] 吴思远，蔡建永，于东，江新．文本可读性的自动分析研究综述 [J]．中文信息学报，2018，32（12）：1-10.

[131] 吴小华，陈莉，魏甜甜，范婷婷．基于 Self-Attention 和 Bi-LSTM 的中文短文本情感分析 [J]．中文信息学报，2019，33（06）：100-107.

[132] 吴星泽．财务危机预警研究：存在问题与框架重构 [J]．会计研究，2011（02）：59-65+97.

[133] 吴争，董育宁．网络视频流量分类的特征选择方法研究 [J]．计算机工程与应用，2018，54（06）：7-13.

[134] 武梦超，李随成．知识积累与产品创新性：知识整合机制与动态知识能力的作用 [J]．科学学与科学技术管理，2019，40（06）：37-53.

[135] 郗亚辉．产品评论中领域情感词典的构建 [J]．中文信息学报，2016，30（05）：136-144.

[136] 鲜文铎，向锐．基于混合 Logit 模型的财务困境预测研究 [J]．数量经济技术经济研究，2007，24（9）：68-76.

[137] 肖洪，赵洪，毋晓霞．基于知识挖掘与协同融合的情报研究方法 [J]．情报理论与实践，2018，41（10）：19-23.

[138] 肖江，丁星，何荣杰．基于领域情感词典的中文微博情感分析 [J]．电子设计工程，2015，23（12）：18-21.

[139] 谢能付．基于语义 Web 技术的知识融合和同步方法研究 [D]．北京：中国科学院研究生院（计算技术研究所），2005.

[140] 谢松县，赵舒怡．一种基于混合特征的中文情感词典扩展方法 [J]．计算机工程与科学，2016，38（07）：1502-1509.

[141] 谢松县. 社交媒体中观点信息分析与应用 [D]. 长沙：国防科学技术大学，2014.

[142] 徐赐军，李爱平，刘雪梅. 基于本体的知识融合框架 [J]. 计算机辅助设计与图形学学报，2010，22（7）：1230-1236.

[143] 徐光华，沈弋. 企业内部控制与财务危机预警耦合研究——一个基于契约理论的分析框架 [J]. 会计研究，2012（05）：72-76+94.

[144] 徐少成，李东喜. 基于随机森林的加权特征选择算法 [J]. 统计与决策，2018，34（18）：25-28.

[145] 徐晓燕. 基于企业生命周期的财务诊断方法 [J]. 预测，2004（04）：61-64.

[146] 许卓斌，郑海山，潘竹虹. 基于改进自编码器的文本分类算法 [J]. 计算机科学，2018，45（06）：214-216+246.

[147] 闫昱姝，雷玉霞. 多源文本知识融合算法分析 [J]. 软件导刊，2018，17（05）：62-64.

[148] 严承希，房小可. 开放世界视角：面向多源词表的知识融合框架 MtFFO 研究 [J]. 中国图书馆学报，2017，43（04）：114-12.

[149] 杨春明，张晖，何天翔，等. 具有共现关系的中文褒贬词典构建 [J]. 计算机工程与应用，2016，52（09）：164-169.

[150] 杨华. 利益相关者视角下财务危机预警体系构建——以制造业上市公司为例 [J]. 财会通讯，2015（01）：49-51.

[151] 杨瑞仙，朱甜甜. 国内外知识融合研究现状比较分析 [J]. 图书馆理论与实践，2016（08）：42-45+80.

[152] 杨文睿. 基于知识基础观的海外并购技术整合及风险研究 [D]. 北京：北京交通大学，2017.

[153] 杨小平，张中夏，王良，张永俊，马奇凤，吴佳楠，张悦. 基于 Word2Vec 的情感词典自动构建与优化 [J]. 计算机科学，2017，44（01）：42-47+74.

[154] 杨晓光，程建华. 经济预测的认知与定量方法 [J]. 系统科学与数学，2019，39（10）：1553-1582.

[155] 姚路, 康剑山, 曾斌. 结合 DSmT 理论和系统建模的知识融合算法 [J].
火力与指挥控制, 2014 (12): 88-91.

[156] 叶勇, 王涵. 盈余管理对企业年度报告可读性的影响研究 [J]. 四川理工
学院学报 (社会科学版), 2018, 33 (06): 52-63.

[157] 余敏, 朱兆珍. 财务危机预警指标体系及指数构建——来自创业板上市公
司的证据 [J]. 河海大学学报 (哲学社会科学版), 2015, 17 (1): 60-65.

[158] 袁振兴. 财务目标: 最大化还是均衡——基于利益相关者财务框架 [J].
会计研究, 2004 (11): 36-40.

[159] 张彪, 韩伟, 庞海玉, 薛芳, 厚磊, 王子兴, 王钰嫣, 姜晶梅. 完全随机
缺失条件下分类随机变量数据缺失插补方法的比较研究 [J]. 中国卫生统
计, 2015, 32 (05): 903-905+907.

[160] 张建红. 基于语义关联的海量数字资源知识聚合与服务研究 [J]. 图书馆
工作与研究, 2016 (08): 44-47.

[161] 张茂军, 刘庆华, 朱宁. 基于 Aalen 可加模型的中国上市公司 ST 预测
[J]. 系统管理学报, 2019, 28 (01): 101-110.

[162] 张倩. 企业生命周期视角下的财务危机预警模型研究 [D]. 沈阳: 东北
大学, 2013.

[163] 张少龙, 巩知乐, 廖海斌. 融合 LLE 和 ISOMAP 的非线性降维方法 [J].
计算机应用研究, 2014, 31 (1): 277-280.

[164] 张卫东, 左娜, 陆璐. 政府网站信息资源知识融合体系架构设计 [J]. 图
书情报工作, 2018, 62 (17): 112-119.

[165] 张晓琴, 程誉莹. 基于随机森林模型的成分数据缺失值填补法 [J]. 应用
概率统计, 2017, 33 (01): 102-110.

[166] 张心源, 邱均平. 大数据环境下的知识融合框架研究 [J]. 图书馆学研
究, 2016b, 08: 66-70+43.

[167] 张心源, 邱均平. 国内图书情报领域知识融合研究的发展与分析 [J]. 数
字图书馆论坛, 2016a, 03: 17-23.

[168] 张仰森, 黄改娟. 人工智能教程 (第 2 版) [M]. 北京: 高等教育出版
社, 2016.

[169] 张瑶，李蜀瑜，汤玥．大数据下的多源异构知识融合算法研究 [J]．计算机技术与发展，2017，27（09）：12-16.

[170] 张耀辉，万水林．产品市场竞争与资本结构的战略决策 [J]．财贸研究，2005（05）：93-98.

[171] 张一妹，张红，张春晖．旅游上市公司财务危机的突变级数预测模型及实证研究 [J]．资源开发与市场，2011，27（8）：690-693.

[172] 张振海，王晓明，党建武，等．基于专家知识融合的贝叶斯网络结构学习方法 [J]．计算机工程与应用，2014，50（2）：1-4.

[173] 赵明清，武圣强．基于微博情感分析的股市加权预测方法研究 [J]．数据分析与知识发现，2019，3（02）：47-55.

[174] 周芳，韩立岩．基于知识融合的公司失败判别方法 [J]．财会通讯，2015（8）：61-63.

[175] 周芳，王鹏波，韩立岩．多源知识融合处理算法 [J]．北京航空航天大学学报，2013，39（01）：109-114.

[176] 周利琴，范昊，潘建鹏．网络大数据中的知识融合框架研究 [J]．情报杂志，2018，37（01）：145-150+197.

[177] 周咏梅，杨佳能，阳爱民．面向文本情感分析的中文情感词典构建方法 [J]．山东大学学报（工学版），2013，43（06）：27-33.

[178] 周志华．机器学习 [M]．清华大学出版社，2016.

[179] 朱娟，唐晓波．基于三层知识融合模型的个性化商品推荐 [J]．图书馆学研究，2017（05）：26-32.

[180] 朱木易洁，鲍秉坤，徐常胜．知识图谱发展与构建的研究进展 [J]．南京信息工程大学学报（自然科学版），2017（06）：13-20.

[181] 朱兆珍．企业生命周期视角下财务危机预警研究 [D]．南京：东南大学，2016.

[182] 祝振媛，李广建．"数据—信息—知识"整体视角下的知识融合初探——数据融合、信息融合、知识融合的关联与比较 [J]．情报理论与实践，2017，40（02）：12-18.

[183] 宗成庆，夏睿，张家俊．文本数据挖掘 [M]．北京：清华大学出版社，

2019.

[184] Ackoff R L. From data to wisdom [J]. Journal of applied systems analysis, 1989, 16 (1): 3-9.

[185] Adreevskaia A, Bergler S. Mining wordnet for a fuzzy sentiment: Sentiment tag extraction from wordnet glosses [C] //11th conference of the European chapter of the Association for Computational Linguistics. 2006.

[186] Ahn H, Kim K. Bankruptcy prediction modeling with hybrid case-based reasoning and genetic algorithms approach [J]. Applied Soft Computing, 2009, 9 (2): 599-607.

[187] Ain Q T, Ali M, Riaz A, et al. Sentiment analysis using deep learning techniques: a review [J]. Int J Adv Comput Sci Appl, 2017, 8 (6): 424-433.

[188] Ajina A, Laouiti M, Msolli B. Guiding through the Fog: Does annual report readability reveal earnings management?[J]. Research in International Business and Finance, 2016, 38: 509-516.

[189] Alexandropoulos S A N, Aridas C K, Kotsiantis S B, et al. A Deep Dense Neural Network for Bankruptcy Prediction [C] //International Conference on Engineering Applications of Neural Networks. Springer, Cham, 2019: 435-444.

[190] Alfaro E, García N, Gámez M, et al. Bankruptcy forecasting: An empirical comparison of AdaBoost and neural networks [J]. Decision Support Systems, 2008, 45 (1): 110-122.

[191] Almeida H, Philippon T. The risk-adjusted cost of financial distress [J]. The Journal of Finance, 2007, 62 (6): 2557-2586.

[192] Altman E I, Iwanicz-Drozdowska M, Laitinen E K, et al. Financial distress prediction in an international context: A review and empirical analysis of Altman's Z-score model [J]. Journal of International Financial Management & Accounting, 2017, 28 (2): 131-171.

[193] Altman E I. Financial ratios, discriminant analysis and the prediction of corporate bankruptcy [J]. The journal of finance, 1968, 23 (4): 589-609.

［194］ Arras L, Montavon G, Müller K R, et al. Explaining recurrent neural network predictions in sentiment analysis ［J］. arXiv preprint arXiv: 1706.07206, 2017.

［195］ Asquith P, Gertner R, Scharfstein D. Anatomy of financial distress: An examination of junk-bond issuers ［J］. The Quarterly Journal of Economics, 1994, 109（3）: 625-658.

［196］ Baccianella S, Esuli A, Sebastiani F. Sentiwordnet 3.0: an enhanced lexical resource for sentiment analysis and opinion mining ［C］//Lrec. 2010, 10（2010）: 2200-2204.

［197］ Balazs J A, Velásquez J D. Opinion mining and information fusion: a survey ［J］. Information Fusion, 2016, 27: 95-110.

［198］ Bauer, J, Agarwal, V. Are hazard models superior to tra- ditional bankruptcy prediction approaches? A comprehensive test ［J］. Journal of Banking and Finance, 2014, 40: 432-442.

［199］ Beaver W H. Financial ratios as predictors of failure ［J］. Journal of accounting research, 1966: 71-111.

［200］ Bian S, Jia D, Li F, et al. A New Chinese Financial Sentiment Dictionary for Textual Analysis in Accounting and Finance ［J］. Available at SSRN 3446388, 2019.

［201］ Blair-Goldensohn S, Hannan K, McDonald R, et al. Building a sentiment summarizer for local service reviews ［C］//Proceedings of the WWW2008 Workshop: NLP in the Information Explosion Era. Beijing, China: NLPIX, 2008. 200-207.

［202］ Bollen J, Mao H, Zeng X. Twitter mood predicts the stock market ［J］. Journal of computational science, 2011, 2（1）: 1-8.

［203］ Breeze R. Researching evaluative discourse in Annual Reports using semantic tagging ［J］. Ibérica: Revista de la Asociación Europea de Lenguas para Fines Específicos （AELFE）, 2018（35）: 41-66.

［204］ Carvalho R N, Matsumoto S, Laskey K B, et al. Probabilistic ontology and knowledge fusion for procurement fraud detection in brazil [M] //Uncertainty reasoning for the semantic web ii. Springer, Berlin, Heidelberg, 2010: 19-40.

[205] Cha M, Gwon Y, Kung H T. Language modeling by clustering with word embeddings for text readability assessment [C] //Proceedings of the 2017 ACM on Conference on Information and Knowledge Management. 2017: 2003-2006.

[206] Chandrashekar G, Sahin F. A survey on feature selection methods [J]. Computers & Electrical Engineering, 2014, 40 (1): 16-28.

[207] Chang C. On the Construction and Analysis of Chinese Financial Sentiment Lexicon for Financial News [D]. University of Taipei, 2015.

[208] Chaudhari S, Polatkan G, Ramanath R, et al. An attentive survey of attention models [J]. arXiv preprint arXiv: 1904.02874, 2019.

[209] Chemmanur T J, Yan A. Advertising, attention, and stock returns [J]. Quarterly Journal of Finance, 2019, 9 (3): 1950009.

[210] Chen M Y. Predicting corporate financial distress based on integration of decision tree classification and logistic regression [J]. Expert Systems with Applications, 2011, 38 (9): 11261-11272.

[211] Chen N, Ribeiro B, Chen A. Financial credit risk assessment: a recent review [J]. Artificial Intelligence Review, 2016, 45 (1): 1-23.

[212] Chen W, Cai Y, Lai K, et al. A topic-based sentiment analysis model to predict stock market price movement using Weibo mood [C] //Web Intelligence. IOS Press, 2016, 14 (4): 287-300.

[213] Clarke A, Steele R. Smartphone-based public health information systems: Anonymity, privacy and intervention [J]. Journal of the Association for Information Science and Technology, 2015, 66 (12): 2596-2608.

[214] Clements M, Hendry D. An overview of economic forecasting [J]. A Companion to Economic Forecasting. Oxford: Blackwell, 2002: 1-18.

[215] Coats P K, Fant L F. Recognizing financial distress patterns using a neuralnetwork tool [J]. Financial management, 1993: 142-155.

［216］ Coussement K, Benoit D F, Antioco M. A Bayesian approach for incorporating expert opinions into decision support systems: A case study of online consumer-satisfaction detection ［J］. Decision Support Systems, 2015, 79: 24-32.

［217］ Dash M, Liu H. Feature selection for classification ［J］. Intelligent data analysis, 1997, 1 (3): 131-156.

［218］ Deakin E B. A discriminant analysis of predictors of business failure ［J］. Journal of accounting research, 1972: 167-179.

［219］ Deng H, Runger G. Gene selection with guided regularized random forest ［J］. Pattern Recognition, 2013, 46 (12): 3483-3489.

［220］ Diez-Olivan A, Del Ser J, Galar D, et al. Data fusion and machine learning for industrial prognosis: Trends and perspectives towards industry 4.0 ［J］. Information Fusion, 2019, 50: 92-111.

［221］ Dong W, Liao S, Zhang Z. Leveraging financial social media data for corporate fraud detection ［J］. Journal of Management Information Systems, 2018, 35 (2): 461-487.

［222］ Dong X L, Gabrilovich E, Heitz G, et al. From data fusion to knowledge fusion ［J］. Proceedings of the VLDB Endowment, 2014, 7 (10): 881-892.

［223］ Dorigo M, Gambardella L M, Birattari M, Martinoli A, Poli R, & Stützle T. (Eds.). Ant Colony Optimization and Swarm Intelligence: 5th International Workshop, ANTS 2006, Brussels, Belgium, September 4-7, 2006, Proceedings ［M］. Springer, 2006.

［224］ du Jardin P. A two-stage classification technique for bankruptcy prediction ［J］. European Journal of Operational Research, 2016, 254 (1): 236-252.

［225］ Du X, Lai S. Financial distress, investment opportunity, and the contagion effect of low audit quality: Evidence from china ［J］. Journal of Business Ethics, 2018, 147 (3): 565-593.

［226］ Duan Y, Lu Z, Zhou Z, et al. Data Privacy Protection for Edge Computing of Smart City in a DIKW Architecture ［J］. Engineering Applications of Artificial Intelligence, 2019, 81: 323-335.

[227] Ertugrul M, Lei J, Qiu J, et al. Annual report readability, tone ambiguity, and the cost of borrowing [J]. Journal of Financial and Quantitative Analysis, 2017, 52 (2): 811-836.

[228] Eslami M H, Lakemond N, Brusoni S. The dynamics of knowledge integration in collaborative product development: Evidence from the capital goods industry [J]. Industrial Marketing Management, 2018, 75: 146-159.

[229] Esuli A, Sebastiani F. Pageranking wordnet synsets: An application to opinion mining [C] //Proceedings of the 45th Annual Meeting of the Association of Computational Linguistics. 2007: 424-431.

[230] Evans III J H, Luo S, Nagarajan N J. CEO turnover, financial distress, and contractual innovations [J]. The accounting review, 2013, 89 (3): 959-990.

[231] Fallahpour S, Lakvan E N, Zadeh M H. Using an ensemble classifier based on sequential floating forward selection for financial distress prediction problem [J]. Journal of Retailing and Consumer Services, 2017, 34: 159-167.

[232] Farooq U, Qamar M A J. Predicting multistage financial distress: Reflections on sampling, feature and model selection criteria [J]. Journal of Forecasting, 2019, 38 (7): 632-648.

[233] Fisch D, Kalkowski E, Sick B. Knowledge fusion for probabilistic generative classifiers with data mining applications [J]. IEEE Transactions on Knowledge and Data Engineering, 2014, 26 (3): 652-666.

[234] Fitzpatrick J, Ogden J P. The detection and dynamics of financial distress [J]. International Review of Finance, 2011, 11 (1): 87-121.

[235] Flood M D, Jagadish H V, Raschid L. Big data challenges and opportunities in financial stability monitoring [J]. Banque de France, Financial Stability Review, 2016, 20: 129-42.

[236] Friedman A L, Miles S. Developing stakeholder theory [J]. Journal of management studies, 2002, 39 (1): 1-21.

[237] Frydman H, Altman E I, Kao D L. Introducing recursive partitioning for financial classification: the case of financial distress [J]. The Journal of

Finance, 1985, 40 (1): 269-291.

[238] Gandhi P, Loughran T, McDonald B. Using annual report sentiment as a proxy for financial distress in US banks [J]. Journal of Behavioral Finance, 2019, 20 (4): 424-436.

[239] Geng R, Bose I, Chen X. Prediction of financial distress: An empirical study of listed Chinese companies using data mining [J]. European Journal of Operational Research, 2015, 241 (1): 236-247.

[240] Ghazali A W, Shafie N A, Sanusi Z M. Earnings management: An analysis of opportunistic behaviour, monitoring mechanism and financial distress [J]. Procedia Economics and Finance, 2015, 28: 190-201.

[241] Gilbert L R, Menon K, Schwartz K B. Predicting bankruptcy for firms in financial distress [J]. Journal of Business Finance & Accounting, 1990, 17 (1): 161-171.

[242] Gordini N. A genetic algorithm approach for SMEs bankruptcy prediction: Empirical evidence from Italy [J]. Expert Systems with Applications, 2014, 41 (14): 6433-6445.

[243] Gou J, Wu Y, Luo W. Knowledge fusion: a new method to share and integrate distributed knowledge sources [C] //European Conference on Technology Enhanced Learning. Springer, Berlin, Heidelberg, 2006: 609-614.

[244] Gray P M D, Preece A, Fiddian N J, et al. KRAFT: Knowledge fusion from distributed databases and knowledge bases [C] //Database and Expert Systems Applications. 8th International Conference, DEXA'97. Proceedings. IEEE, 1997: 682-691.

[245] Gu Y, Cheng L, Chang Z. Classification of Imbalanced Data Based on MTS-CBPSO Method: A Case Study of Financial Distress Prediction [J]. Journal of Information Processing Systems, 2019, 15 (3): 682-693.

[246] Guiñazú M F, Cortés V, Ibáñez C F, et al. Employing online social networks in precision-medicine approach using information fusion predictive model to improve substance use surveillance: A lesson from Twitter and marijuana

consumption [J]. Information Fusion, 2020, 55: 150-163.

[247] Gul F A, Khedmati M, Lim E K Y, et al. Managerial ability, financial distress, and audit fees [J]. Accounting Horizons, 2018, 32 (1): 29-51.

[248] Haire M. Biological models and empirical histories of the growth of organizations [J]. Modern organization theory, 1959: 272-306.

[249] Hájek P, Henriques R. Mining corporate annual reports for intelligent detection of financial statement fraud—A comparative study of machine learning methods [J]. Knowledge-Based Systems, 2017, 128: 139-152.

[250] Hájek P, Olej V, Myskova R. Forecasting corporate financial performance using sentiment in annual reports for stakeholders' decision-making [J]. Technological and Economic Development of Economy, 2014, 20 (4): 721-738.

[251] Hassan A, Abu-Jbara A, Jha R, et al. Identifying the semantic orientation of foreign words [C] //Proceedings of the 49th annual meeting of the association for computational linguistics: human language technologies: short papers-volume 2. Association for Computational Linguistics, 2011: 592-597.

[252] Hosaka T. Bankruptcy prediction using imaged financial ratios and convolutional neural networks [J]. Expert systems with Applications, 2019, 117: 287-299.

[253] Hsu M F, Pai P F. Incorporating support vector machines with multiple criteria decision making for financial crisis analysis [J]. Quality & Quantity, 2013, 47 (6): 3481-3492.

[254] Hu M, Liu B. Mining and summarizing customer reviews [C] //Proceedings of the tenth ACM SIGKDD international conference on Knowledge discovery and data mining. ACM, 2004: 168-177.

[255] Hua Z, Wang Y, Xu X, et al. Predicting corporate financial distress based on integration of support vector machine and logistic regression [J]. Expert Systems with Applications, 2007, 33 (2): 434-440.

[256] Huang S, Niu Z, Shi C. Automatic construction of domain-specific sentiment lexicon based on constrained label propagation [J]. Knowledge-Based Systems,

2014, 56: 191-200.

[257] Hughes M, Li I, Kotoulas S, et al. Medical text classification using convolutional neural networks [J]. Stud Health Technol Inform, 2017, 235: 246-250.

[258] Jabeur S B. Bankruptcy prediction using partial least squares logistic regression [J]. Journal of Retailing and Consumer Services, 2017, 36: 197-202.

[259] Jiang Y, Jones S. Corporate distress prediction in China: a machine learning approach [J]. Accounting & Finance, 2018, 58 (4): 1063-1109.

[260] Jiang Y, Li W, Hossain M S, et al. A snapshot research and implementation of multimodal information fusion for data-driven emotion recognition [J]. Information Fusion, 2020, 53: 209-221.

[261] Jo N O, Shin K S. Bankruptcy Prediction Modeling Using Qualitative Information Based on Big Data Analytics [J]. Journal of intelligence and information systems, 2016, 22 (2): 33-56.

[262] Jones S, Hensher D A. Predicting firm financial distress: A mixed logit model [J]. The Accounting Review, 2004, 79 (4): 1011-1038.

[263] Kam A, Citron D B, Muradoglu Y G. The characteristics of corporate distress in an emerging market: The case of China [J]. Cass Business School Research Paper, 2005.

[264] Kamps J, Marx M, Mokken R J, et al. Using WordNet to measure semantic orientations of adjectives [C] //In: Proceedings of the 4th International Conference on Language Resources and Evaluation. Paris: European Language Re- sources Association, 2004. 1115-1118.

[265] Kim S Y, Upneja A. Predicting restaurant financial distress using decision tree and AdaBoosted decision tree models [J]. Economic Modelling, 2014, 36: 354-362.

[266] Koh S K, Durand R B, Dai L, et al. Financial distress: Lifecycle and corporate restructuring [J]. Journal of Corporate Finance, 2015, 33: 19-33.

[267] Kölbel J F, Busch T, Jancso L M. How media coverage of corporate social

irresponsibility increases financial risk [J]. Strategic Management Journal, 2017, 38 (11): 2266-2284.

[268] Kraus M, Feuerriegel S. Decision support from financial disclosures with deep neural networks and transfer learning [J]. Decision Support Systems, 2017, 104: 38-48.

[269] Krestel R, Siersdorfer S. Generating contextualized sentiment lexica based on latent topics and user ratings [C] //Proceedings of the 24th ACM Conference on Hypertext and Social Media. ACM, 2013: 129-138.

[270] Kuo T T, Tseng S S, Lin YT. Ontology-based knowledge fusion framework using graph partitioning [C] //International conference on industrial, engineering and other applications of applied intelligent systems. Springer, Berlin, Heidelberg, 2003: 11-20.

[271] Laitinen E K, Suvas A. Financial distress prediction in an international context: Moderating effects of Hofstede's original cultural dimensions [J]. Journal of Behavioral and Experimental Finance, 2016, 9: 98-118.

[272] Lau A H L. A five-state financial distress prediction model [J]. Journal of accounting research, 1987: 127-138.

[273] Lau B P L, Marakkalage S H, Zhou Y, et al. A survey of data fusion in smart city applications [J]. Information Fusion, 2019, 52: 357-374.

[274] Lehavy R, Li F, Merkley K. The effect of annual report readability on analyst following and the properties of their earnings forecasts [J]. The Accounting Review, 2011, 86 (3): 1087-1115.

[275] Li C, Lu Y, Wu J, et al. LDA Meets Word2Vec: A Novel Model for Academic Abstract Clustering [C] //Companion Proceedings of the The Web Conference 2018. International World Wide Web Conferences Steering Committee, 2018: 1699-1706.

[276] Li F, Qian Y, Wang J, et al. Multigranulation information fusion: A Dempster-Shafer evidence theory-based clustering ensemble method [J]. Information sciences, 2017, 378: 389-409.

［277］ Li F. Annual report readability, current earnings, and earnings persistence ［J］. Journal of Accounting and economics, 2008, 45 (2-3): 221-247.

［278］ Li H, Wang F, Li H. Integrating expert knowledge for Bayesian network structure learning based on intuitionistic fuzzy set and Genetic Algorithm ［J］. Intelligent Data Analysis, 2019, 23 (1): 41-56.

［279］ Li J, Qin Y, Yi D, et al. Feature selection for support vector machine in the study of financial early warning system ［J］. Quality and Reliability Engineering International, 2014, 30 (6): 867-877.

［280］ Li X, Xie H, Chen L, et al. News impact on stock price return via sentiment analysis ［J］. Knowledge-Based Systems, 2014, 69: 14-23.

［281］ Liang D, Lu C C, Tsai C F, et al. Financial ratios and corporate governance indicators in bankruptcy prediction: A comprehensive study ［J］. European Journal of Operational Research, 2016, 252 (2): 561-572.

［282］ Liang D, Tsai C F, Dai A J, et al. A novel classifier ensemble approach for financial distress prediction ［J］. Knowledge and Information Systems, 2018, 54 (2): 437-462.

［283］ Liang D, Tsai C F, Wu H T. The effect of feature selection on financial distress prediction ［J］. Knowledge-Based Systems, 2015, 73: 289-297.

［284］ Lin F, Liang D, Yeh C C, et al. Novel feature selection methods to financial distress prediction ［J］. Expert Systems with Applications, 2014, 41 (5): 2472-2483.

［285］ Lin S L. A two-stage logistic regression-ANN model for the prediction of distress banks: Evidence from 11 emerging countries ［J］. African Journal of Business Management, 2010, 4 (14): 3149-3168.

［286］ LiuJ, Li B. An ontology-based architecture for service-orientated design knowledge fusion in Group Corporation Cloud Manufacturing ［C］// Proceedings of the 2012 IEEE 16th International Conference on Computer Supported Cooperative Work in Design (CSCWD). IEEE, 2012: 811-816.

［287］ Liu J, Wu C, Li Y. Improving Financial Distress Prediction Using Financial

Network-Based Information and GA-Based Gradient Boosting Method [J]. Computational Economics, 2019, 53 (2): 851-872.

[288] Liu J, Wu C. Dynamic forecasting of financial distress: The hybrid use of incremental bagging and genetic algorithm—Empirical study of Chinese listed corporations [J]. Risk Management, 2017, 19 (1): 32-52.

[289] Lo K, Ramos F, Rogo R. Earnings management and annual report readability [J]. Journal of Accounting and Economics, 2017, 63 (1): 1-25.

[290] Loughran T, McDonald B. Textual analysis in accounting and finance: A survey [J]. Journal of Accounting Research, 2016, 54 (4): 1187-1230.

[291] Loughran T, McDonald B. When is a liability not a liability? Textual analysis, dictionaries, and 10-Ks [J]. The Journal of Finance, 2011, 66 (1): 35-65.

[292] Lundqvist S A. Why firms implement risk governance-Stepping beyond traditional risk management to enterprise risk management [J]. Journal of Accounting and Public Policy, 2015, 34 (5): 441-466.

[293] Ma F, Gu W, Zhang W, et al. Speech emotion recognition via attention-based dnn from multi-task learning [C] //Proceedings of the 16th ACM Conference on Embedded Networked Sensor Systems. 2018: 363-364.

[294] Ma Y, Peng H, Cambria E. Targeted aspect-based sentiment analysis via embedding commonsense knowledge into an attentive LSTM [C] //Thirty-Second AAAI Conference on Artificial Intelligence. 2018.

[295] Mai F, Tian S, Lee C, et al. Deep learning models for bankruptcy prediction using textual disclosures [J]. European Journal of Operational Research, 2019, 274 (2): 743-758.

[296] Manzaneque M, GarcíA-Pérez-De-Lema D, Antón Renart M. Bootstrap Replacement to Validate the Influence of the Economic Cycle on the Structure and the Accuracy Level of Business Failure Prediction Models [J]. Journal of Forecasting, 2015, 34 (4): 275-289.

[297] Manzaneque M, Merino E, Priego A M. The role of institutional shareholders as owners and directors and the financial distress likelihood. Evidence from a

concentrated ownership context [J]. European Management Journal, 2016, 34 (4): 439-451.

[298] Manzaneque M, Priego A M, Merino E. Corporate governance effect on financial distress likelihood: Evidence from Spain [J]. Revista de Contabilidad, 2016, 19 (1): 111-121.

[299] McNamara R, Duncan K, Kelly S. Micro and macro determinants of financial distress [C] //15th International Business Research Conference. Sydney, Australia. 2011.

[300] Miglani S, Ahmed K, Henry D. Voluntary corporate governance structure and financial distress: Evidence from Australia [J]. Journal of Contemporary Accounting & Economics, 2015, 11 (1): 18-30.

[301] Mikolov T, Chen K, Corrado G, et al. Efficient estimation of word representations in vector space [J]. arXiv preprint arXiv: 1301. 3781, 2013.

[302] Miles S. Stakeholder theory classification: A theoretical and empirical evaluation of definitions [J]. Journal of Business Ethics, 2017, 142 (3): 437-459.

[303] Min J H, Lee Y C. Bankruptcy prediction using support vector machine with optimal choice of kernel function parameters [J]. Expert systems with applications, 2005, 28 (4): 603-614.

[304] Mio C, Venturelli A. Non-financial information about sustainable development and environmental policy in the annual reports of listed companies: Evidence from Italy and the UK [J]. Corporate Social Responsibility and Environmental Management, 2013, 20 (6): 340-358.

[305] Mselmi N, Lahiani A, Hamza T. Financial distress prediction: The case of French small and medium-sized firms [J]. International Review of Financial Analysis, 2017, 50: 67-80.

[306] Muñoz-Izquierdo N, Laitinen E K, Camacho-Miñano M M, et al. Does audit report information improve financial distress prediction over Altman's traditional Z-Score model? [J]. Journal of International Financial Management &

Accounting, 2019.

[307] Myšková, R, Hájek, P. Comprehensive assessment of firm financial performance using financial ratios and linguistic anal- ysis of annual reports [J]. Journal of International Studies, 2017, 10 (4): 96-108.

[308] Neviarouskaya A, Prendinger H, Ishizuka M. SentiFul: A lexicon for sentiment analysis [J]. IEEE Transactions on Affective Computing, 2011, 2 (1): 22-36.

[309] Nguyen T H, Shirai K, Velcin J. Sentiment analysis on social media for stock movement prediction [J]. Expert Systems with Applications, 2015, 42 (24): 9603-9611.

[310] Nguyen T H, Shirai K. Topic modeling based sentiment analysis on social media for stock market prediction [C] //Proceedings of the 53rd Annual Meeting of the Association for Computational Linguistics and the 7th International Joint Conference on Natural Language Processing (Volume 1: Long Papers) . 2015: 1354-1364.

[311] Ninh B P V, Do Thanh T, Hong D V. Financial distress and bankruptcy prediction: An appropriate model for listed firms in Vietnam [J]. Economic Systems, 2018, 42 (4): 616-624.

[312] Nwogugu M I C. Reasoning and Repeated Decisions in Financial Distress [M] //Complex Systems, Multi-Sided Incentives and Risk Perception in Companies. Palgrave Macmillan, London, 2019: 653-675.

[313] Odom M D, Sharda R. A neural network model for bankruptcy prediction [C] //1990 IJCNN International Joint Conference on neural networks. IEEE, 1990: 163-168.

[314] Ohlson J A. Financial ratios and the probabilistic prediction of bankruptcy [J]. Journal of accounting research, 1980: 109-131.

[315] Omidi M, Min Q, Moradinaftchali V, et al. The Efficacy of Predictive Methods in Financial Statement Fraud [J]. Discrete Dynamics in Nature and Society, 2019.

［316］ Pagano M S, Sedunov J. A comprehensive approach to measuring the relation between systemic risk exposure and sovereign debt ［J］. Journal of Financial Stability, 2016, 23: 62-78.

［317］ Pan Y, Zhang L, Wu X, et al. Multi-classifier information fusion in risk analysis ［J］. Information Fusion, 2020, 60: 121-136.

［318］ Pradhana M A B, Suputra I D G D. Pengaruh audit fee, going concern, financial distress, ukuran perusahaan, pergantian manajemen pada pergantian auditor ［J］. E-Jurnal Akuntansi, 2015: 713-729.

［319］ Preece A, Hui K, Gray A, et al. Designing for Scalabilty in a Knowledge Fusion System ［M］//Research and Development in Intelligent Systems XVII. Springer, London, 2001a: 320-333.

［320］ Preece A, Hui K, Gray A, et al. KRAFT: An agent architecture for knowledge fusion ［J］. International journal of cooperative information systems, 2001b, 10 (01n02): 171-195.

［321］ Preece A, Hui K, Gray A, et al. The KRAFT architecture for knowledge fusion and transformation ［M］//Research and Development in Intelligent Systems XVI. Springer, London, 2000: 23-38.

［322］ Pretorius J G, Mathews M J, Maré P, et al. Implementing a DIKW model on a deep mine cooling system ［J］. International Journal of Mining Science and Technology, 2019, 29 (2): 319-326.

［323］ Rönnqvist S, Sarlin P. Bank distress in the news: Describing events through deep learning ［J］. Neurocomputing, 2017, 264: 57-70.

［324］ Ruta M, Scioscia F, Gramegna F, et al. A knowledge fusion approach for context awareness in vehicular networks ［J］. IEEE Internet of Things Journal, 2018, 5 (4): 2407-2419.

［325］ Salunke S, Weerawardena J, McColl-Kennedy J R. The central role of knowledge integration capability in service innovation-based competitive strategy ［J］. Industrial Marketing Management, 2019, 76: 144-156.

［326］ Samanhyia S, Oware K M, Anisom-Yaansah F. Financial distress and bankruptcy prediction: Evidence from Ghana [J]. Expert Journal of Finance, 2016, 4 (1): 52-65.

[327] Santos Jr E, Wilkinson J T, Santos E E. Fusing multiple Bayesian knowledge sources [J]. International Journal of Approximate Reasoning, 2011, 52 (7): 935-947.

[328] Sharma V, Pandey B, Kumar V. Importance of big data in financial fraud detection [J]. International Journal of Automation and Logistics, 2016, 2 (4): 332-348.

[329] Shin K S, Lee T S, Kim H. An application of support vector machines in bankruptcy prediction model [J]. Expert systems with applications, 2005, 28 (1): 127-135.

[330] Shin K S, Lee Y J. A genetic algorithm application in bankruptcy prediction modeling [J]. Expert Systems with Applications, 2002, 23 (3): 321-328.

[331] Shroff G, Agarwal P, Dey L. Enterprise information fusion for real-time business intelligence [C] //14th International Conference on Information Fusion. IEEE, 2011: 1-8.

[332] Smales L A. News sentiment and bank credit risk [J]. Journal of Empirical Finance, 2016, 38: 37-61.

[333] Smirnov A, Levashova T, Shilov N. Patterns for context-based knowledge fusion in decision support systems [J]. Information Fusion, 2015, 21: 114-129.

[334] Song K, Feng S, Gao W, et al. Build emotion lexicon from microblogs by combining effects of seed words and emoticons in a heterogeneous graph [C] //Proceedings of the 26th ACM conference on hypertext & social media. 2015: 283-292.

[335] Song Y, Wang H, Zhu M. Sustainable strategy for corporate governance based on the sentiment analysis of financial reports with CSR [J]. Financial Innovation, 2018, 4 (1): 1-14.

[336] Sun J, Jia M Y, Li H. AdaBoost ensemble for financial distress prediction: An empirical comparison with data from Chinese listed companies [J]. Expert

Systems with Applications, 2011, 38 (8): 9305-9312.

[337] Sun J, Li H, Chang P C, et al. The dynamic financial distress prediction method of EBW-VSTW-SVM [J]. Enterprise Information Systems, 2016, 10 (6): 611-638.

[338] Sun J, Li H, Huang Q H, et al. Predicting financial distress and corporate failure: A review from the state-of-the-art definitions, modeling, sampling, and featuring approaches [J]. Knowledge-Based Systems, 2014, 57: 41-56.

[339] Sun J, Li H. Data mining method for listed companies' financial distress prediction [J]. Knowledge-Based Systems, 2008, 21 (1): 1-5.

[340] Sun J, Li H. Dynamic financial distress prediction using instance selection for the disposal of concept drift [J]. Expert Systems with Applications, 2011, 38 (3): 2566-2576.

[341] Sun J, Zhou M, Ai W, et al. Dynamic prediction of relative financial distress based on imbalanced data stream: from the view of one industry [J]. Risk Management, 2019, 21 (4): 215-242.

[342] Sun L, Wang Y. A multi-attribute fusion approach extending Dempster-Shafer theory for combinatorial-type evidences [J]. Expert Systems with Applications, 2018, 96: 218-229.

[343] Sung Y T, Chen J L, Cha J H, et al. Constructing and validating readability models: the method of integrating multilevel linguistic features with machine learning [J]. Behavior research methods, 2015, 47 (2): 340-354.

[344] Sung Y T, Chen J L, Lee Y S, et al. Investigating Chinese text readability: linguistic features, modeling, and validation [J]. Chinese Journal of Psychology, 2013, 55 (1): 75-106.

[345] Tai Y J, Kao H Y. Automatic domain-specific sentiment lexicon generation with label propagation [C] //Proceedings of International Conference on Information Integration and Web-based Applications & Services. ACM, 2013: 191-200.

[346] Tang X, Li S, Gu N, Tan, M. Exploring repost features of police-generated

microblogs through topic and sentiment analysis [J]. The Electronic Library, 2019, 37 (4): 607-623.

[347] Tang X, Li S, Tan M, Shi W. Incorporating textual and management factors into financial distress prediction: A comparative study of machine learning methods [J]. Journal of Forecasting, 2020, early view.

[348] Thoma S, Rettinger A, Both F. Knowledge fusion via embeddings from text, knowledge graphs, and images [J]. arXiv preprint arXiv: 1704. 06084, 2017.

[349] Tian S, Yu Y. Financial ratios and bankruptcy predictions: An international evidence [J]. International Review of Economics & Finance, 2017, 51: 510-526.

[350] Tsai F T, Lu H M, Hung M W. The impact of news articles and corporate disclosure on credit risk valuation [J]. Journal of Banking & Finance, 2016, 68: 100-116.

[351] Tseng H C, Hung H T, Sung Y T, et al. Classification of Text Readability Based on Deep Neural Network and Representation Learning Techniques. [C] //Proceedings of the 28th Conference on Computational Linguistics and Speech Processing (ROCLING 2016) . 2016: 255-270.

[352] Václav K, David H. Predicting financial distress of agriculture companies in EU [J]. Agricultural Economics, 2017, 63 (8): 347-355.

[353] Velikovich L, Blair-Goldensohn S, Hannan K, et al. The viability of web-derived polarity lexicons [C] //Human Language Technologies: The 2010 Annual Conference of the North American Chapter of the Association for Computational Linguistics. Association for Computational Linguistics, 2010: 777-785.

[354] Volkova S, Wilson T, Yarowsky D. Exploring sentiment in social media: Bootstrapping subjectivity clues from multilingual twitter streams [C] // Proceedings of the 51st Annual Meeting of the Association for Computational Linguistics, 2013: 505-510.

[355] Wang G, Chen G, Chu Y. A new random subspace method incorporating

sentiment and textual information for financial distress prediction [J]. Electronic Commerce Research and Applications, 2018, 29: 30-49.

[356] Wang G, Ma J, Yang S. An improved boosting based on feature selection for corporate bankruptcy prediction [J]. Expert Systems with Applications, 2014, 41 (5): 2353-2361.

[357] Wang Z, Wang R, Gao J, et al. Fault recognition using an ensemble classifier based on Dempster-Shafer Theory [J]. Pattern Recognition, 2020, 99: 107079.

[358] Weil R L, Schipper K, Francis J. Financial accounting: an introduction to concepts, methods and uses [M]. Cengage Learning, 2013.

[359] Wen Y, Jiao Y. Knowledge fusion creation model and its implementation based on wiki platform [C] //2009 International Symposium on Information Engineering and Electronic Commerce. IEEE, 2009: 495-499.

[360] Wisniewski T P, Yekini L S. Stock market returns and the content of annual report narratives [C] //Accounting Forum. Taylor & Francis, 2015, 39 (4): 281-294.

[361] Wu D D, Zheng L, Olson D L. A decision support approach for online stock forum sentiment analysis [J]. IEEE transactions on systems, man, and cybernetics: systems, 2014, 44 (8): 1077-1087.

[362] Wu Y. An Early Warning Model of Financial Distress Prediction Based on Logistic-AHP-BP Neural Network Model [J]. Economic Management Journal, 2018, 7 (2): 184-194.

[363] Xia Y, Cambria E, Hussain A, et al. Word polarity disambiguation using bayesian model and opinion-level features [J]. Cognitive Computation, 2015, 7 (3): 369-380.

[364] Xie C, Luo C, Yu X. Financial distress prediction based on SVM and MDA methods: the case of Chinese listed companies [J]. Quality & Quantity, 2011, 45 (3): 671-686.

[365] Xie N. Research on agricultural ontology and fusion rules based knowledge

fusion framework [J]. Agricultural Science & Technology, 2012, 13 (12): 2638-2641.

[366] Yan R, Li G, Liu B. Knowledge fusion based on DS theoryand its application on Expert System for software fault diagnosis [C] //2015 Prognostics and System Health Management Conference (PHM) . IEEE, 2015: 1-5.

[367] Yu T, Ding J, Song Y, et al. Research on model of cooperative technology service based on genetic fusion algorithm [C] //2012 International Conference on Management Science & Engineering 19th Annual Conference Proceedings. IEEE, 2012: 1673-1679.

[368] Yue W, Chen X, Gui W, et al. A knowledge reasoning Fuzzy-Bayesian network for root cause analysis of abnormal aluminum electrolysis cell condition [J]. Frontiers of Chemical Science and Engineering, 2017, 11 (3): 414-428.

[369] Yusoff A, Din N M, Yussof S, et al. Predictive analytics for network big data using knowledge-based reasoning for smart retrieval of data, information, knowledge, and wisdom (DIKW) [M] //Big Data and Computational Intelligence in Networking. CRC Press, 2017: 209-226.

[370] Zhang Y, Yang Z. Research on the Relationship between CEO's Overconfidence and Corporate Investment Financing Behavior [J]. Journal of Modeling and Optimization, 2018, 10 (1): 8-8.

[371] Zhao Q, Wang Y. Pay gap, inventor promotion and corporate technology innovation [J]. China Finance Review International, 2019, 9 (2): 154-182.

[372] Zhao Y, Li J, Yu L. A deep learning ensemble approach for crude oil price forecasting [J]. Energy Economics, 2017, 66: 9-16.

[373] Zheng J, Yu H. Assessing the readability of medical documents: a ranking approach [J]. JMIR medical informatics, 2018, 6 (1): e17.

[374] Zhou L, Tam K P, Fujita H. Predicting the listing status of Chinese listed companies with multi-class classification models [J]. Information Sciences, 2016, 328: 222-236.

[375] Zięba M, Tomczak S K, Tomczak J M. Ensemble boosted trees with synthetic

featuresgeneration in application to bankruptcy prediction ［J］. Expert Systems with Applications, 2016, 58: 93-101.

［376］ Zmijewski M E. Methodological issues related to the estimation of financial distress prediction models ［J］. Journal of Accounting research, 1984: 59-82.